Eu quero acreditar

AUTONOMIA
LITERÁRIA

Este livro foi publicado originalmente sob o título de *I want to believe*, pela Pluto Press, 345 Archway Road, London N6 5AA

Coordenação editorial
Cauê Seignemartin Ameni, Hugo Albuquerque, Manuela Beloni
Tradução: Artur Renzo
Revisão: Letícia Bergamini
Capa: Rodrigo Côrrea/studiocisma
Diagramação: Manuela Beloni

Dados Internacionais de Catalogação na Publicação (CIP)
(eDOC BRASIL, Belo Horizonte/MG)

G536e

Gittlitz, A. M.
Eu quero acreditar: posadismo, OVNIs e comunismo do apocalipse / A. M. Gittlitz; tradução Artur Renzo. – São Paulo, SP: Autonomia Literária, 2024.
350 p. : 14 x 21 cm

Título original: I Want to Believe: Posadism, UFOs and Apocalypse Communism
ISBN 978-65-5497-024-2

1. Ovnis. 2. Posadismo. 3. Comunismo. I. Renzo, Artur. II. Título.
CDD 320.53

Elaborado por Maurício Amormino Júnior – CRB6/2422

Autonomia Literária
Rua Conselheiro Ramalho, 945
CEP: 01325-001 São Paulo – SP
autonomialiteraria.com.br

A. M. Gittlitz

Eu quero acreditar

Posadismo, óvnis e comunismo do apocalipse

Tradução: Artur Renzo

2024
Autonomia Literária

Sumário

Abreviações

AAA Aliança Anticomunista Argentina
AAA Associação de Astronautas Autônomos
CGT Confederação Geral do Trabalho [Argentina]
CNT/FAI Confederação Nacional do Trabalho/ Federação Anarquista Ibérica
COB Central Operária Boliviana
DFS Direção Federal de Segurança [México]
ERP Exército Revolucionário do Povo [Argentina]
FA Frente Ampla [Uruguai]
FALC Comunismo de Luxo Totalmente Automatizado
FAR Forças Armadas Rebeldes [Guatemala]
FIGU Comunidade Livre de Interesse pelas Ciências Espirituais e Fronteiriças e Estudos Ufológicos
FLN Frente de Libertação Nacional [Argélia]
FORA Federação Operária Regional Argentina
FRAL Frente Ampla de Libertação [Argentina]
GCI Grupo Quarta Internacional [Argentina]
GCR Grupo Comunista Revolucionário [Itália]
GIRD Grupo para o Estudo de Propulsão Reativa
GOM Grupo Operário Marxista [Argentina]
GOU Grupo de Oficiais Unidos [Argentina]
SI Secretariado Internacional [Quarta Internacional]
IC Comitê Internacional da Quarta Internacional
IWL-P Liga Intergaláctica dos Trabalhadores – Posadista
JP Juventude Peronista
LCI Liga Comunista Internacional
LOM Liga Operária Marxista [México]

MAS Movimento ao Socialismo [Argentina]
MNR Movimento Nacionalista Revolucionário [Bolívia]
MR-13 Movimento Revolucionário 13 de Novembro [Guatemala]
MUFON Rede Mútua de OVNIS
PCA Partido Comunista da Argentina
PCF Partido Comunista Francês
PCI Partido Comunista Italiano
PGT Partido Guatemalteco do Trabalho
PO(T) Partido Operário Trotskista
POR(T) Partido Operário Revolucionário (Trotskista)
PORS Partido Operário Revolucionário Socialista [Argentina]
POUM Partido Operário de Unificação Marxista
PRI Partido Revolucionário Institucional [México]
PRT Partido Revolucionário dos Trabalhadores [Argentina]
PSI Partido Socialista Italiano
PSO Partido Socialista Operário [Argentina]
PSP Partido Socialista Popular [Cuba]
PT Partido dos Trabalhadores [Brasil]
RWP Partido Revolucionário dos Trabalhadores Posadista [Reino Unido]
SLATO Secretariado Latino-Americano de Trotskismo Ortodoxo
SWP Partido Socialista dos Trabalhadores [EUA]
UCR União Cívica Radical
USEC Secretariado Unificado da Quarta Internacional

Agradecimentos

Atuando sob e contra a repressão sanguinária de inúmeros regimes anticomunistas, o movimento posadista se recobriu do estilo organizativo clandestino inaugurado pelos bolcheviques. Ainda há muitos mistérios em torno dos posadistas, inclusive sobre a estrutura e o verdadeiro alcance da sua Internacional, bem como sobre a identidade de militantes citados em circulares apenas por uma única inicial correspondendo as seus "pseudônimos no partido", que por sua vez ainda costumavam ser trocados com o tempo. Para me auxiliar na decodificação dos milhares de documentos internos do movimento – muitos deles escritos em um espanhol saturado de *lunfardismos* e transcritos por um secretário italiano – recorri a uma série de livros de memórias e entrevistas que me deram uma noção melhor do quadro geral. Sou especialmente grato pela ajuda dos ex-posadistas Luciano Dondero, Guillermo Almeyra e Héctor Menéndez, bem como dos pesquisadores Alejandro Agostinelli, Carlos Mignon, Constanza Bosch e Horacio Tarcus.

Como boa parte dos integrantes do movimento posadista contemporâneo se recusaram a ser entrevistados, contudo, é possível que os mitos por vezes se sobreponham à realidade. Por conta disso, o livro também dedica menos atenção do que eu gostaria à vida e militância das mulheres do movimento, em especial à esposa de Posadas, Candida Previtera, sua filha mais velha Elvira, sua parceira nos últimos anos de vida, conhecida apenas pelo pseudônimo de partido "Ines", e Rene, a tutora de sua segunda filha. Espero que com a publicação deste livro suas histórias possam vir a ser contadas, se elas assim o quiserem.

Todas as traduções são minhas, exceto quando indicado em contrário. Busquei uma tradução padrão para os textos não assinados por Posadas, recorrendo bastante a *softwares* e falantes nativos. Os militantes não hispanófonos da Internacional eram orientados a deixar intactas as gírias argentinas de Posadas, bem como suas redundâncias pesadas, a fim de não interferir na "poesia" de seus textos. "Diziam que Posadas era um poeta em língua espanhola, e que boa parte de sua sabedoria residia na forma pela qual ele construía suas frases", conta Dave Douglas, membro da seção inglesa do movimento; "não podíamos simplesmente traduzir os textos para um inglês mais prático, então o resultado acabava ficando meio *nonsense*."

Quero agradecer à Biblioteca Pública de Nova Iorque, à Biblioteca Nacional da França, ao Instituto Internacional de História Social, de Amsterdã, à Senate House Library, de Londres, ao Archivo General de la Nación, de Montevidéu, ao CeDinCI, de Buenos Aires, à Instituição Hoover, em Stanford, ao Archivo General de la Nación, do México, e a todos os arquivistas pacientes e dedicados que encontrei nessas instituições.

Por fim, quero agradecer a todos que me estimularam a escrever este livro, em especial Sebastien Budgen e McKenzie Wark, e a todos que me ajudaram com moradia, dicas, traduções e leitura de provas durante meus dois anos de pesquisa (em ordem específica): Eugene Lerner, Erik Davis, MJ Banias, Pablo Klappenbach, Frank García Hernández, S. Sándor John, David Broder, Ben Mabie, Ross Wolfe, David Shulman, Aniela Troglia, Maria Chehonadskih, Jacob Blumenfeld, Sarah Olle, Andy Battle, Julia Judge, Stephanie Monohan, Mitchell Verter, Alex Gendler, Shyam Khanna, George MacBeth, Lily Probst, Lizzi Gage e família, Lucia Vazquez e família, Alex Cline e família, Camila e C.C., a Bricolage, Sean KB, Woodbine; mate, fernet e meu pai.

O velho mundo cavou sua própria cova: está agora derruindo. Vamos dar-lhe um empurrãozinho. Milhões de homens que não eram nada estão emergindo à vida: são incapazes de não o fazer. Nós somos esses milhões. Nossa única escolha é entender isso e realizá-lo de olhos abertos. Por meio desse consentimento, dessa clareza de visão, escapamos do destino cego. Tudo o que foi perdido será novamente encontrado.

Victor Serge, *Ville conquise*

Introdução

Em meio à barbárie surgiu uma nova abertura política. Desde 2016, dezenas de milhares de pessoas participam de marchas, bloqueios e ocupações contra a Patrulha de Fronteira e a agência de Fiscalização Imigratória e Alfandegária (ICE) dos EUA, em especial contra os campos de concentração em que se transformaram seus centros de detenção. Muitos dos detidos nesses locais são centro-americanos que foram forçados a fugir da violência e da pobreza causadas por ditadores apoiados pelos EUA e pela catástrofe climática – um ecocídio capitalista que também mobilizou milhões em todo o mundo nas "greves climáticas" de setembro de 2019. As revoltas antiautoritárias daquele outono-inverno incendiaram as ruas de Hong Kong, Haiti, Porto Rico, Egito, Líbano, Iraque, Irã, Equador e Chile, em uma onda de calor cada vez maior de raiva difusa.

Naquele mesmo mês, milhares de pessoas se reuniram no deserto de Nevada do lado de fora da instalação militar secreta da Força Aérea dos Estados Unidos, no lago Groom, com uma missão muito mais clara. Elas haviam sido mobilizadas pelo evento de Facebook "Storm Area 51 They Can't Stop Us All" [Tomar de Assalto a Área 51: Eles Não Podem Deter Todos Nós Juntos], cuja intenção declarada era reunir uma massa crítica capaz de vencer o exército para resgatar os pilotos extraterrestres que estariam supostamente sendo mantidos lá desde o incidente de 1949 no qual um disco voador havia caído em Roswell. Por mais irônico que fosse o movimento, milhões aderiram à sua reivindicação central: *Deixem-nos ver os alienígenas!*

Este livro, sobre assuntos que muitos consideram marginais, estranhos, tolos e com ares de seita (óvnis e trotskismo), foi escrito sob a crença de que há algo de valioso nesses desejos insurgentes confusos. Eles representam um lampejo de esperança em meio à crise climática, ao deslocamento massivo de refugiados, ao retorno de mitos etnonacionalistas, homens fascistas e fortes e ao absurdo da proliferação nuclear. À medida que o centro político se desintegra, uma nova geração questiona o mantra neoliberal de que "Não Há Alternativa" – a ideia de que a história teria chegado ao beco sem saída da democracia burguesa. Na esperança de que o processo dialético não pode ter chegado ao seu término, um número crescente de jovens hoje vasculha a lata de lixo da história em busca de figuras descartadas antes de seu tempo, ou, pelo menos, à procura de algum alívio cômico do ciclo de atrocidades em que se converteu o noticiário.

Esse mergulho desesperado na lixeira trouxe à tona as obras de J. Posadas – o revolucionário argentino da classe trabalhadora que liderou o trotskismo latino-americano nos anos 1950 e 1960 com um programa de peitar o capitalismo e o imperialismo antes e depois da guerra nuclear. Esse "derradeiro acerto de contas" não veio, e seu movimento se converteu em um culto irrelevante até a data de sua morte, em 1981. Durante décadas, ele foi lembrado apenas por alguns trotskistas rivais por seu catastrofismo extremo e outras características bizarras como seus apelos à solidariedade com extraterrestres e golfinhos. Na década de 2000, com os jovens voltando às ruas em protesto contra a globalização e as guerras imperialistas, começaram a pipocar boatos do posadismo entre esquerdistas curiosos de plantão nas regiões remotas da internet, despontando ao *mainstream* do mundo dos memes durante o caos político de 2016. Hoje ele foi reabilitado como um dos nomes mais reconhecíveis do cânone trotskista, às vezes até rivalizando com o próprio inventor da lata de lixo da história: Leon Trótski. Para essa geração de revolucionários meio irônicos, Posadas é o ancestral folclórico do socialismo cósmico, um santo padroeiro da esperança maníaca contra a desesperança racional, cuja vertente futurista de comunismo apocalíptico e xenofilia radical representa uma síntese de barbárie e socialismo, tragédia e farsa.

Embora os aspectos leninistas mais ortodoxos de seu programa sejam geralmente ignorados, sua improvável reencarnação talvez preconize um reencontro iminente das massas com ideias que, assim como o primeiro contato com alienígenas, há muito são consideradas igualmente ridículas, impossíveis ou tresloucadas: ação de massas, revolução e comunismo.

Afinal, a invasão alienígena é menos premissa de ficção científica do que fato histórico. No século XVI, gerações de indígenas argentinos já circulavam histórias de estranhas naves aparecendo à distância. A forma e o tamanho dessas embarcações não correspondiam a nada do que era conhecido, tampouco à maneira como elas deslizavam rapidamente, vindas de sua terra natal desconhecida com propósitos misteriosos. Dizia-se que uma delas havia pousado no interior há décadas. Os habitantes locais lutaram para se defender e sofreram baixas pesadas por conta de seus armamentos futuristas antes de bater em retirada. De repente, o que parecia ser a nave-mãe apareceu flutuando sobre o horizonte do Rio de la Plata, e uma pequena frota de naves de desembarque se aproximou da costa. Apesar dos rumores de sua hostilidade, os Querandí os receberam como se fossem parentes, com porções de carne e peixe. Mais estranhos foram chegando à medida que viam que era seguro. Ao longo das duas semanas seguintes, os presentes continuaram chegando e os visitantes instalaram um acampamento com um nome que aludia ao clima hospitaleiro daquele novo mundo: *Buenos Aires*.

Por mais gratos que os recém-chegados devessem estar, eles não ofereceram nada em termos de reciprocidade. Depois de duas semanas, a delegação de boas-vindas decidiu parar de ir, e o comandante alienígena, um príncipe sifilítico incapaz de sair da cama, enviou mensageiros ao acampamento nativo exigindo que os suprimentos continuassem vindo. Foi um insulto para além de qualquer justificativa de falta de familiaridade cultural: um ato de dominação e guerra que implicava que os estrangeiros deveriam receber tributos como se fossem deuses. Os mensageiros voltaram a Buenos Aires tendo tomado uma surra.

Sabendo que haveria represália, os Querandí reuniram todas as tribos da área para fazer frente à pequena aldeia e repelir os invasores. Eles logo aprenderam que eram verdadeiras as lendas a respeito de seu poder de fogo superior. Depois de dizimar seus anfitriões, os visitantes retornaram à sua estranha nave para seguir rio acima e repetir o processo várias vezes, deixando sua cidade de lama para se desintegrar na chuva.[1]

Os conquistadores logo determinaram que tinham pouco interesse nos vastos territórios que denominaram *Argentina*, palavra latina que designava a prata que eles não conseguiram encontrar lá. Foi só depois de séculos de pilhagem dos tesouros do império inca ocidental que os espanhóis voltaram aos *pampas* argentinos, pradarias extensas e férteis o suficiente para alimentar toda a Europa. Lá estabeleceram uma colônia neofeudal administrada por chefes militares *caudillos* e suas tropas de *gauchos* que supervisionavam a *hacienda*, plantações que empregavam mão de obra de peões nativos e escravos africanos. Ao longo do século XIX, uma burguesia mercantil localizada nos portos de Buenos Aires derrubou a aristocracia espanhola e disputou com os *caudillos* o domínio unitário da região. Seu *slogan* era "liberdade, igualdade e fraternidade" e seu símbolo, um barrete frígio – ambos apropriados dos revolucionários franceses como indicadores da racionalidade e do esclareci-

[1] Relato adaptado do diário de Ulrich Schmidt publicado em *The Conquest of the River Plate (1535-1555)*. Nova York: Burt Franklin, 2015.

mento que justificavam seu domínio. Eles seguiram demonstrando seu liberalismo abolindo a escravidão e recrutando os homens libertos como soldados para subjugar ainda mais os *caudillos* e varrer dos pampas as tribos nativas remanescentes.

Na segunda metade do século, a Argentina estava aberta para negócios. Só faltavam os trabalhadores. Entre os despossuídos da Europa foi se espalhando a notícia de que havia uma oportunidade de dobrar seus salários anuais trabalhando na colheita de uma segunda safra no verão do hemisfério Sul. Eles chegaram aos milhões – a maior onda de imigrantes depois da que desembarcou nos Estados Unidos. No início, por conta das condições miseráveis e da falta de moradia, suas estadias eram apenas sazonais, mas com a expansão de Buenos Aires e o aprofundamento da turbulência política e econômica na Europa, muitos foram criando raízes no país.[2] Além da sua força de trabalho, esses europeus trouxeram ainda sua própria interpretação das pretensões "iluministas" sobre as quais o país fora fundado. A principal *liberdade* concedida era a liberdade de escolher entre trabalhar para a classe capitalista emergente ou morrer de fome. Esses trabalhadores certamente não eram *iguais* aos seus chefes abastados que viviam no luxo, praticamente sem trabalhar, e a relação entre essas classes estava muito mais para uma luta constante, violenta, do que uma associação *fraterna*.

A crise econômica da década de 1890 piorou as já tenebrosas condições de vida para os trabalhadores argentinos espremidos em *conventillos* [cortiços] e dando duro em pequenas oficinas sem garantia de regulamentação salarial, salubridade ou segurança. Inspirados pela Comuna de Paris de 1871, que visou consumar promessas igualitárias da Revolução Francesa, e pela Revolta de Haymarket, que reivindicou a jornada de trabalho de

---

[2] Ronaldo Munck, *Argentina: From Anarchism to Peronism*. Londres: Zed Books, 1987, p. 42.

oito horas na Chicago de 1886 e terminou com a execução de diversos anarquistas, esses trabalhadores superaram as barreiras de língua, etnia e religião para organizar a Federação Operária Regional Argentina (FORA) em 1901. Era a primeira central sindical do país, dedicada a não apenas melhorar os salários, reduzir as jornadas de trabalho e abaixar o custo dos aluguéis, como a promover toda uma nova maneira de viver, livre da hierarquia e da exploração. Ao contrário do recém-fundado e minúsculo Partido Socialista, eles não buscavam negociar uma paz social entre a classe dominante e os trabalhadores, nem conquistar o poder estatal pela via eleitoral; visavam, antes, uma revolução anarquista e comunista que aboliria da região as classes e o Estado, deixando-a livre para ser governada de maneira cooperativa por um espírito de solidariedade e apoio mútuo que seus predecessores haviam tão arbitrariamente exterminado.

Em nossa atual era apocalíptica, é difícil lembrar que um século atrás o capitalismo parecia representar o ingresso revolucionário da humanidade na maturidade, e não o seu fim senil. A humanidade deu tantos saltos no século XIX que romancistas e poetas começaram a imaginar que só poderia haver feitos incríveis reservados para o futuro. A combinação entre nova ciência e ficção especulativa criou uma caixa de experimentação imaginativa para um futuro não muito distante, no qual a humanidade não estaria mais presa à necessidade, à mortalidade ou até mesmo ao próprio planeta Terra. Mary Shelley especulou que a eletricidade seria capaz de reviver os mortos. Júlio Verne imaginou os engenheiros da Guerra Civil estadunidense projetando um foguete capaz de viajar até a lua. Lentes telescópicas de ponta examinavam as superfícies de nossos planetas vizinhos pela primeira vez. Quando foi observado na superfície de Marte algo que aparentava ser um sistema de canais artificiais, um pânico de que os humanos não eram excepcionais se alastrou. H. G. Wells foi um dos primeiros autores a explorar essa neurose moderna em seu romance de 1897, *A guerra dos mundos*: e se nossos vizinhos marcianos decidissem desembarcar no condado de Surrey e tratassem os ingleses como estes tratavam seus súditos coloniais?

O romance logo se tornou um dos livros mais populares do mundo, inspirando dezenas de obras semelhantes. Entre elas estava *Estrela vermelha*,[3] no qual um jovem participante russo no levante antitsarista de 1905 é abduzido para Marte. Ao contrário dos marcianos de Wells, essa civilização era avançada tanto tecnológica quanto *socialmente*. As fábricas eram totalmente automatizadas, o que eliminava a escassez e tornava obsoleto o dinheiro, já que qualquer pessoa poderia consumir o quanto quisesse. Todo o trabalho não automatizado era realizado de maneira voluntária em prol do bem da sociedade. Tudo era compartilhado, incluindo a própria vida – jovens marcianos doavam seu sangue aos idosos para estender o tempo de vida deles.

O autor de *Estrela vermelha*, Aleksandr Bogdánov, não era mero fabulista. Ele havia participado do levante de 1905 como membro de uma organização dedicada a criar o socialismo na Terra: o Partido Bolchevique. Depois de 1905, Bogdánov foi uma das figuras mais proeminentes e respeitadas do partido, reconhecido por seus escritos abrangentes e inovadores sobre política, ciência e filosofia. No entanto, seu utopismo o colocou em atrito com uma figura mais conservadora entre os bolcheviques: Vladimir Lênin.[4]

---

[3] Edição brasileira: Aleksandr Bogdánov, *Estrela vermelha*, trad. Paula Vaz de Almeida e Ekaterina Vólkova Américo São Paulo: Boitempo, 2020. [N.T.]

[4] McKenzie Wark, *Molecular Red: Theory for the Anthropocene*. Lon-

Em um retiro do Partido em 1908, os dois se sentaram para jogar uma partida de xadrez em um terraço em Capri, com vista para o Mediterrâneo. Era para servir de respiro em meio à vida dura que a militância antitsarista travava na clandestinidade. Mas à medida que os dois davam seus lances, a partida foi dando corpo às tensões entre eles. Bogdánov argumentava que o partido deveria permanecer na clandestinidade, promovendo a agitação dos trabalhadores em direção à consciência de classe e oferecendo uma visão positiva da fantástica nova realidade que eles poderiam criar uma vez que os meios de produção estivessem plenamente em suas mãos. Filosoficamente, ele acreditava que a colaboração inerente ao processo de trabalho da fábrica capitalista industrial romperia as estruturas autoritárias da sociedade feudal e capitalista, preparando o terreno para uma concepção intersubjetiva da realidade. Muitos futuristas russos que pensavam nesses termos acreditavam que, sob essa nova epistemologia socialista, a ciência e a religião se fundiriam para realizar as mais fantásticas profecias messiânicas, como literalmente abolir a morte e viajar aos céus.[5] Lênin rebatia dizendo que o partido deveria ser organizado de maneira monolítica, possuir uma hierarquia clara de responsabilidades e avançar em direção à legalidade, buscando representação no parlamento russo, e deu a entender que Bogdánov era essencialmente um místico que deveria se restringir à ficção científica e deixar a política a cargo dele.[6]

Bogdánov venceu na partida, mas perdeu no partido. No ano seguinte, Lênin publicou uma polêmica chamando a religião materialista de Bogdánov de criptoidealista e acusando sua

---

dres: Verso, 2015, p. 48.

[5] Zenovia A. Sochor, *Revolution and Culture. The Bogdanov-Lenin Controversy*. Ithaca: Cornell University Press, 1998, p. 31-2.

[6] McKenzie Wark, op. op. cit., p. 53.

epistemologia socialista de solipsismo.[7] Já a realidade – objetiva e material – era mais bem compreendida por um partido de vanguarda composto por revolucionários profissionais e liderado por um núcleo intelectual militante. A revolução cultural proposta por Bogdánov só poderia ocorrer depois que o partido tomasse o poder do Estado e revolucionasse a produção *em nome* das massas ignorantes. O que faltou ao texto, em termos de solidez filosófica ou científica, era compensado com a assertividade de sua denúncia brutal, algo que escandalizou tanto Bogdánov a ponto de marginalizá-lo da liderança bolchevique.

Sem se deixar abater, Bogdánov seguiu trabalhando num projeto de educação de massas dedicado à criação de uma "cultura proletária" autônoma do Estado ou do partido, a *Proletkult*. Por mais que a Rússia tivesse uma economia e um proletariado industrial incrivelmente atrasados em comparação com os da Europa Ocidental (que dirá os do planeta Marte de *Estrela vermelha*), Bogdánov acreditava que o socialismo poderia ser introduzido com o auxílio de um partido de massas politicamente imaginativo. E, é claro, com a ajuda do colapso inevitável da ordem mundial capitalista.[8]

Quem lia com entusiasmo a literatura de Bogdánov era o iconoclasta Leon Trótski, que também tinha suas ideias originais a respeito da transição para o socialismo.[9] Assim como os bolcheviques e todos os outros social-democratas, ele acreditava que o feudalismo evoluía para o capitalismo e depois para o

---

[7] V.I. Lenin, *Materialism and Empirio-criticism, Critical Comments on a Reactionary Philosophy*, trad. Abraham Fineberg, in *Lenin Collected Works, vol. 14*. Moscou: Progress Publishers, 1972 [ed. bras.: "Materialismo e empirocriticismo: notas e críticas sobre uma filosofia reacionária", in *Obras completas, vol. XIII*, trad. Abguar Bastos. Rio de Janeiro: Calvino, 1946].

[8] Zenovia A. Sochor, op. op. cit., p. 48.

[9] Ibid., p. 43.

comunismo por meio de uma série de etapas definidas. Para a maioria dos socialistas, isso significava que a revolução deveria ocorrer primeiro nos países onde o capitalismo era mais avançado, mas Trótski acreditava que os trabalhadores e camponeses dos países atrasados poderiam ser protagonistas de uma revolução que ultrapassasse a etapa da democracia liberal e saltasse diretamente para a repentina expropriação do Estado e da economia da burguesia: a ditadura do proletariado. Foi possível vislumbrar isso em 1905, quando manifestações inicialmente antitsaristas em algumas cidades russas levaram a formações avançadas de luta proletária insurrecional por todo o império: os conselhos de trabalhadores, ou *sovietes*, que organizavam-se às margens do Estado e contra ele. Trótski denominou o efeito social interno e sua irradiação externa de "revolução permanente", uma "luta interna contínua [na qual] todas as relações sociais são recriadas [...]. As revoluções econômica, técnica, do conhecimento, da família, do modo de vida cotidiano e dos costumes desenvolvem-se na interação complexa de umas com as outras, não permitindo que a sociedade atinja um equilíbrio."[10]

Era uma teoria pouco ortodoxa para a época, e muitos líderes socialistas a consideravam excessivamente otimista. Mas Trótski entendia que o alcance global do capitalismo significava que uma crise em uma ponta do mundo seria sentida na outra – um fenômeno que se tornou muito claro quando o assassinato de um arquiduque austríaco em um cantinho dos Bálcãs se transformou na maior guerra da história mundial. Descrevendo-a como uma carnificina sem sentido, Lênin e um pequeno círculo formado em torno dele convocaram os trabalhadores a

---

[10] Citado em Robert Jackson Alexander, *International Trotskyism, 1929-1985: A Documented Analysis of the Movement*. Durham: Duke UP, 1991, p. 30 [ed. bras.: Leon Trotsky, *A revolução permanente*. São Paulo: Expressão Popular, 2007].

entrar em greve e incitaram os soldados a se amotinar. E assim a guerra imperialista se transformou em uma guerra civil.

Muitos socialistas concordavam em larga medida com o sentimento internacionalista. Contudo, por avaliar que a classe trabalhadora ainda não estava pronta para descartar seus laços nacionalistas, a maioria votou em apoio à guerra. Após apenas dois anos, o capitalismo industrial havia transformado completamente o imaginário tradicional da guerra: das antigas e pitorescas cargas de cavalaria em pastagens verdes, o que se via agora era uma paisagem infernal, até então inimaginável, de bombardeios constantes, marinhas subaquáticas, engenhocas voadoras bizarras, nuvens asfixiantes de gás venenoso, bombas massivas capazes de implodir montanhas e canhões gigantescos armados para lançar as bombas pelos ares a cidades distantes. A Europa se tornou uma vasta terra de ninguém, repleta de cadáveres mutilados se desintegrando na lama junto com as pretensões patrióticas da guerra. Ainda assim, os açougueiros loucos que operavam essa máquina de moer gente continuavam incapazes de fazer outra coisa que não conceber novos esquemas ofensivos, como se a solução só pudesse ser alcançada por meio da redução de cidades e populações inteiras a emaranhados fumegantes de carne e metal despedaçados.

Com o absurdo da guerra se arrastando pelo seu terceiro ano consecutivo, começaram a pipocar motins e greves em países como a França e a Inglaterra. Em nenhum lugar, contudo, elas foram mais intensas do que na Rússia em fevereiro de 1917. Foi se espalhando entre as massas famintas o boato de que a aristocracia já impopular, aparentemente sob a influência de um místico bêbado, estava planejando dobrar a aposta nos seus fracassados esforços de guerra. Tomaram-se então as ruas e praças gélidas da nação exigindo pão, em cenas que ecoavam 1905. Dessa vez, as forças armadas do Estado se juntaram às massas. O palácio foi tomado, a família real, detida, e estabeleceu-se um governo provisório. A maioria era socialista, e quase todos ainda entendiam que sua tarefa era transferir o poder da monarquia para a burguesia, que por sua vez continuaria a industrialização e a guerra sob a democracia liberal.

Em abril, Lênin chegava à estação de São Petersburgo depois de uma década de exílio. Pela sua previsão heroica de que a guerra levaria à revolução, uma multidão de admiradores e militantes profissionais se reuniram na plataforma de desembarque para recebê-lo, como discípulos à espera do Messias. Fiéis como eram, nenhum deles esperava que Lênin iria lhes orientar a jogar toda a cautela aos ventos da história e forçar a revolução a ainda mais longe. A burguesia tinha medo demais dos trabalhadores para estar confiável, disse; por isso o que precisava ser feito era arrancar dela o poder, acabar com a guerra, abolir a polícia e substituir o governo transicional por uma ditadura do proletariado liderada pelos sovietes. Era uma revolução que, uma vez bem-sucedida, não só acabaria com a frente oriental da guerra como se espalharia pela Europa e pelo mundo. Seus pares na liderança bolchevique ficaram chocados. Muitos se perguntaram em voz alta se ele havia se tornado um trotskista, um anarquista ou um agente alemão, ou se tinha simplesmente enlouquecido. O próprio Bogdánov chegou a se referir às *Teses de abril* como o "desvario de um louco".[11] Ainda assim, Lênin insistiu e, nas semanas que se seguiram, à medida que suas ideias de expropriar a burguesia foram ganhando adesão das massas, eventualmente conquistou o apoio de seu partido.

Em maio, Trótski também voltou do exílio e de repente se viu em pleno acordo com a posição de Lênin. Na sua concepção de socialismo, ele sempre reconheceu dois lados de uma mesma moeda. O socialismo, por um lado, era uma abordagem

---

[11] Citado em Tony Cliff, *Lenin 2: All Power to the Soviets*. Londres: Pluto Press, 1976.

humanista e crítica da economia que visava a reforma agrária e a concretização de liberdades civis. Mas seus pensadores mais potentes, aqueles cujos rostos de perfil seriam alçados ao totem canônico da tradição, eram capazes de, no momento crucial, transformar esse pragmatismo tecnocrático em um milenarismo extasiado a fim de pregar uma revolução violenta em prol da utopia iminente. Com as forças tsaristas se reagrupando e a guerra ainda em um impasse sombrio, Trótski e Lênin organizaram uma insurreição para tomar o poder em outubro. Estabeleceu-se uma ditadura encabeçada pelos bolcheviques, negociou-se um acordo de paz com a Alemanha, e os socialistas que condenaram esse movimento como um golpe foram removidos do poder. "Vocês são indivíduos miseráveis e isolados", disse Trótski aos berros enquanto eles se retiravam de um congresso pós-revolucionário. "Seu papel aqui terminou. Vão logo para onde pertencem: para a lata de lixo da história!"[12]

Os inimigos da revolução, entretanto, não iriam simplesmente se retirar para lá de maneira tranquila e resignada. A Rússia afundou em uma terrível guerra civil que durou dois anos. Trótski comandou o Exército Vermelho para uma vitória que custou milhões de vidas, bem como as pretensões libertárias da revolução. As forças policiais, cuja abolição Lênin havia conclamado anteriormente, foi substituída por outra, que levou a cabo o Terror Vermelho para se contrapor ao Terror Branco dos tsaristas. Inicialmente seus principais alvos eram sabotadores contrarrevolucionários, mas conforme a guerra foi se arrastando, centenas de socialistas à esquerda da ditadura bolchevique foram presos e executados. O ponto culminante disso se deu em 1921, quando um grupo anarquista de marinheiros

---

[12] Citado por Isaac Deutscher, *The Prophet Armed: Trotsky 1879-1921*. Londres: Verso, 2003, p. 314 [ed. bras.: *Trotski, o profeta armado, 1879-1921*, trad. Valtensir Dutra. Rio de Janeiro: Civilização Brasileira, 1968].

que denunciava o duro racionamento da guerra e a supressão de greves campesinas e operárias liderou um motim na fortaleza naval de Kronstadt. Trótski mobilizou o Exército Vermelho para suprimir a rebelião – decisão que acarretou a morte de milhares dos que participaram. Era um risco que Trótski havia previsto, antes de 1917, e agora defendia: a ditadura do proletariado se converteu na ditadura de um partido de vanguarda *sobre* o proletariado.

Por mais exitosa que tenha sido no combate contra todos seus inimigos, o verdadeiro fracasso da permanente revolução bolchevique estava fora de seu controle. Na Europa Ocidental, mais desenvolvida, muitos avaliavam que ainda não era o momento certo para uma investida rumo ao comunismo, e a revolução do proletariado europeu não veio. A União Soviética emergiu da guerra empobrecida e isolada, mas ainda certa de que o capitalismo estava nos "estertores da morte" e que a retomada da onda revolucionária aconteceria a qualquer momento.

Os bolcheviques deram início a um programa massivo de industrialização para reanimar a produção e tentar atingir uma condição de autossustentabilidade econômica enquanto a revolução nos países mais desenvolvidos não vinha. Em uma visita à Rússia em 1920, H. G. Wells, embora crítico do marxismo, ficou impressionado com o progresso em direção a um comunismo que Lênin recentemente definira como *sovietes mais eletrificação*[13], e com como Lênin aparentemente havia se inspirado em seu trabalho. Wells conta que Lênin teria elogiado seu romance *A máquina do tempo* por tê-lo ajudado a perceber "que as ideias humanas são baseadas na escala do planeta em que vivemos [...]. Se conseguirmos entrar em contato com outros planetas, todas as nossas ideias filosóficas, sociais e morais

[13] Paráfrase de V. I. Lenin, *Collected Works Vol. 31*, trad. Julius Katzer. Moscou: Progress Publishers, 1965, p. 408-26.

terão de ser revistas, e em tal situação essas potencialidades se tornarão ilimitadas e porão fim à violência como um meio necessário para o progresso".[14]

O acelerado processo de modernização do pós-guerra difundiu nas bases da sociedade soviética um entusiasmo por um futuro tecnossocialista. Uma perspectiva particularmente popular era a de poder viajar ao espaço. O cosmista e pioneiro da ciência de foguetes Konstantin Tsiolkóvski prometia que seria possível chegar ao espaço em questão de poucos anos. Seguiu-se uma explosão de revistas populares de divulgação científica, livros e filmes de ficção científica, todos especulando sobre como seria a vida no espaço e que coisas incríveis poderíamos vir a aprender com as civilizações alienígenas que nos cercavam. No auge da histeria espacial, a polícia de Moscou teve que lidar com um bando quase amotinado de trabalhadores que acreditavam que estava prestes a ocorrer uma viagem tripulada à Lua.[15]

Pouco depois, Tsiolkóvski e seus companheiros cosmistas e imortalistas também sofreram repressão por conta das suas visões utópicas, cada vez mais tidas como conflitantes com o objetivo prático de alcançar a estabilidade soviética. Lênin articulou a absorção da *Proletkult* de Bogdánov pelo Ministério da Educação do Estado, forçando-o a encontrar outro local para atualizar sua visão futurista do socialismo. Bogdánov fundou um instituto clínico dedicado a comprovar a viabilidade da parabiose praticada pelos marcianos em *Estrela vermelha*, e

---

[14] Citado por J. Kagarlitski, *The Life and Thought of H.G. Wells*, trad. Moura Budberg. Londres: Sidgwick and Jackson, 1966, p. 46. Vale notar que há certo ceticismo quanto à autenticidade dessa citação. Ver: Patrick L. McGuire, *Red Stars: Political Aspects of Soviet Science Fiction*. Ann Arbor: UMI Research Press, 1977, p. 122, n. 39.

[15] Asif A. Siddiqi, "Imagining the Cosmos: Utopians, Mystics, and the Popular Culture of Spaceflight in Revolutionary Russia," *Osiris*, v. 23, n. 1, 2008, p. 271.

perdeu a vida ao se voluntariar como cobaia para compartilhar seu sangue saudável com o de um paciente doente, que no fim acabou se recuperando completamente.

Lênin morreu em 1924. Originalmente sua preferência era que Leon Trótski assumisse seu lugar como sucessor. Durante seus últimos anos no leito de morte, contudo, Josef Stálin conseguiu manobrar a situação a fim de marginalizar Trótski como líder de uma ala leal de "oposição de esquerda" a um Partido Comunista e uma Internacional (a Terceira Internacional Comunista, ou Comintern) cada vez mais sob seu controle. Ao final da década, Trótski já se veria exilado e forçado a pingar de país em país sob pressão de agentes stalinistas no movimento internacional. Eventualmente ele conseguiu desembarcar em segurança na América Latina, onde iniciou uma Quarta Internacional para se contrapor às ameaças do stalinismo, do fascismo, do imperialismo e da guerra mundial que estava fadada a ocorrer em meio a isso tudo. Ele tinha consciência de que seria modesta em termos de filiados e recursos, mas com a crença de que a guerra nivelaria a ordem global, a nova organização representava uma esperança espectral de um retorno da revolução internacional e interestelar.

Criado na época em que a revolução bolchevique ecoava pelo mundo, Posadas descobriu o trotskismo como uma alternativa às posições contrarrevolucionárias da socialdemocracia e do stalinismo. Exímio organizador sindical e articulador de agitação e propaganda, ele galgou as fileiras da Quarta Internacional até se tornar secretário de seu *bureau* latino-americano. Inspirado e encorajado pela revolução cubana de 1959, ele dividiu seções em sua própria Internacional, ancorada no movimento dos trabalhadores latino-americanos e nas lutas de guerrilha que despontavam naquele momento.

Foi o ápice da influência de Posadas, coincidindo com o período mais ardente da corrida espacial, quando os poucos cosmistas soviéticos que haviam sobrevivido aos *gulags* impulsionaram a humanidade a novos patamares com o lançamento do Sputnik. Em nenhuma outra época os impulsos destrutivos e criativos da humanidade estiveram tão obviamente alinhados – uma época na qual mísseis balísticos intercontinentais projetados para erradicar cidades distantes eram redirecionados aos céus para transportar a humanidade a novas alturas, e podia-se ler ficção científica de primeira sobre colônias espaciais utópicas no aconchego de um abrigo nuclear.

Enquanto Posadas tramava sua ruptura dramática no outono de 1961, outro pequeno grupo dedicado a mudar o mundo se reunia para uma conferência informal na cidade de Green Bank, na Virgínia Ocidental. Quem estava por trás da convocação era um sujeito chamado Frank Drake. Astrônomo e astrofísico pioneiro da nova ciência de busca por inteligência extraterrestre (Search for Extraterrestrial Intelligence - SETI), ele convidara para a ocasião onze cientistas do tal campo emergente, entre eles cinco vencedores do Prêmio Nobel, químicos, neurocientistas e astrônomos.

Logo na abertura da conferência, Drake rabiscou aos presentes a seguinte equação no quadro negro:

$$N = R^{*} fp\ ne\ fl\ fi\ fc\ L.$$

N representava o número de civilizações em nossa galáxia com as quais poderíamos plausivelmente nos comunicar. Se o trabalho deles valesse algo, a multiplicação de uma estimativa conservadora de cada uma das variáveis da fórmula produziria um valor de *N* que fosse maior ou igual a um. As primeiras três ou quatro variáveis eram questões de exobiologia, um novo campo da ciência especulativa que estudava a possibilidade de formação de vida em outros planetas com base no que se sabia sobre como ela se formou na Terra: a taxa média de formação de estrelas por ano (R^*), a fração dessas estrelas que comportam planetas (*fp*), o número médio de planetas que desenvolvem ecossistemas (*ne*) e a fração desses planetas que, por sua vez, chegam a desenvolver vida (*fl*). Sem muita discussão, eles logo determinaram, com base na vastidão da galáxia e no quão improvável era o fato de que a Terra fosse um caso totalmente anômalo, que existiriam muitos planetas habitados.

A variável seguinte (*fi*) era mais filosófica. Ela representava a porcentagem desses seres vivos que chega a desenvolver inteligência. Afinal, o que significa ser inteligente? Em seu livro sobre a história da SETI, *Five Billion Years of Solitude* [Cinco bilhões de anos de solidão], Lee Billings reconstrói o argumento convincente apresentado pelo neurocientista John Lilly nesse sentido. Com base em alguns dos achados de suas pesquisas particulares, ele defendia a hipótese de que a existência de vida inteligente podia muito bem ser algo comum em planetas habitados:

> Ele narrou suas várias tentativas de se comunicar com os golfinhos na própria linguagem de cliques e assobios deles, e contou histórias de golfinhos que haviam resgatado marinheiros perdidos no mar. Ele se concentrou em um caso no qual dois dos golfinhos que ele estudava em cativeiro agiram juntos para resgatar um terceiro que estava se afogando por sofrer de fadiga na água fria de uma das piscinas. O golfinho que passava frio emitiu dois assobios agudos em um aparente pedido de ajuda, incitando os dois socorristas a se comunicar, traçar um plano e resgatar seu companheiro em apuros. O ocorrido tinha convencido Lilly de que os golfinhos constituíam uma segunda inteligência terrestre, concomitante a nós, humanos, capaz de comunicação complexa, planejamento futuro, empatia e autorreflexão.[16]

---

[16] Lee Billings. *Five Billion Years of Solitude: The Search for Life Among the Stars*. Nova York: Current, 2013, p. 42.

Valendo-se ainda da teoria da evolução convergente (que postulava que semelhanças nas condições ambientais levavam populações isoladas a evoluírem de maneira parecida), a conferência estipulou a probabilidade otimista de que 1% dos planetas com vida desenvolveriam também inteligência. As duas variáveis seguintes já entravam em territórios de ficção científica, antropologia e teoria política: (*fc*) representava a fração dessa vida inteligente que chega a desenvolver a capacidade de comunicação interestelar, e (*L*) designava quanto tempo, em média, essas civilizações durariam com essa habilidade, sua longevidade.[17] A conferência debateu o surgimento de impérios e de colonialismo e indagou até que ponto seria necessariamente preferível que seres inteligentes se civilizassem, desenvolvessem tecnologia e explorassem seus entornos. No final das contas, eles decidiram que uma porcentagem significativa de vida inteligente compartilharia nosso desejo de descobrir nosso lugar no cosmo.

A única questão que restava era determinar quanto tempo uma civilização alienígena comunicativa sobreviveria. Phillip Morrison, um veterano do Projeto Manhattan que havia sido pessoalmente responsável por montar a bomba atômica que arrasou Nagasaki, apresentou um argumento sombrio: se eles tinham usado a civilização humana como parâmetro otimista para definir a variável anterior, seria coerente aplicá-la também como parâmetro pessimista para esta. Foi o participante mais jovem da conferência, um astrônomo de vinte e sete anos e cabelo desgrenhado chamado Carl Sagan, que ofereceu a defesa mais vocal da longevidade. Ele lembrou a Morrison que eles já haviam aceitado a hipótese de que existiria uma vasta quantidade de civilizações alienígenas, e que dessa enorme massa os resultados seriam variados. Algumas civilizações poderiam ser como a nossa, possivelmente se autodestruindo no momento da descoberta

[17] https://www.seti.org/drake-equation-index.

da comunicação interestelar. Mas outras haveriam de superar ou até contornar esse momento por completo, passando para um estágio mais elevado de sabedoria e sustentabilidade, a partir do qual seria possível descobrir o segredo da viagem interestelar e da imortalidade. Afinal, recordou ele aos presentes, essa era uma potencialidade que ainda existia para nós.[18]

Drake tirou uma média da diferença entre as posições de Morrison e Sagan, e estipulou o prazo final em dez mil anos. Com isso, chegaram à constatação de que haveria potencialmente cerca de dez mil civilizações comunicáveis contemporâneas em nossa galáxia. A conferência terminou com um brinde à longevidade – a nossa e a delas.[19] O resultado pode ter satisfeito a maioria dos presentes, mas Sagan acreditava que as estimativas para a variável *N* ainda estavam baixas demais. Ele passou a colaborar com o astrônomo soviético Iosif Chklóvski em um projeto para desenvolver um argumento totalmente científico para sua concepção das civilizações extraterrestres. Em 1966 eles publicaram *A vida inteligente no universo*, que afirmava existir algo entre entre cinquenta mil e um milhão de civilizações avançadas na galáxia,[20] e defendia que deveríamos tentar entrar em contato com elas:

> De nada adianta manter um silêncio de rádio interestelar; o sinal já foi enviado. A quarenta anos-luz da Terra, a notícia de uma nova civilização técnica revoa entre as estrelas. Se houver seres lá fora, vasculhando seus céus em busca de notícias de uma nova civilização técnica, eles saberão dela, para o bem ou para o mal. Se o voo espacial interestelar for mesmo algo comum para as

---

[18] Lee Billings, op. op. cit., p. 46-9.

[19] Ibid., p. 50-1.

[20] Carl Sagan e I. S. Chklóvski, *Intelligent Life in the Universe*. São Francisco: Holden-Day, 1966, p. 418.

> civilizações técnicas avançadas, é bem possível que nos chegue um emissário dentro das próximas centenas de anos. Com sorte, ainda haverá uma próspera civilização terrestre para saudar os visitantes das estrelas distantes.[21]

Chklóvski encerrou a edição russa do livro sublinhando que considerava a erradicação do capitalismo e a construção do comunismo necessários para tornar a civilização humana sustentável. Sagan não chegou a discordar, mas limitou-se a dizer que esperava que até lá pudessem surgir novos sistemas mais avançados do que a visão ainda não realizada de Karl Marx.[22] Ele continuou essa distância tímida da política ao longo de toda a sua carreira, recusando-se a confirmar ou negar se acreditava no socialismo, enquanto conduzia a SETI no rumo explicitamente político e implicitamente anticapitalista de ajudar a organizar vida humana em prol de melhorar a sociedade e promover sustentabilidade.[23] Ativista antiguerra, antinuclear,[24] e ambiental,[25] talvez o que melhor represente seu amor pelo planeta e pela humanidade sejam os discos de ouro que ele e sua esposa Ann Druyan, também ambiguamente marxista,[26] colocaram a bordo

---

[21] Ibid., p. 464.

[22] Ibid., p. 437.

[23] Em 1989, Ted Turner perguntou a Carl Sagan se ele era socialista em uma das primeiras transmissões da CNN. Ele não disse que sim, mas essencialmente respondeu na afirmativa.

[24] https://www.smithsonianmag.com/science-nature/when-carl-sagan-warned-world-about-nuclear-winter-180967198/.

[25] https://io9.gizmodo.com/heres-carl-sagans-original-essay-on-the-dangers-of-cl-1481304135.

[26] Joel Achenbach, *Captured by Aliens: The Search for Life and Truth in a Very Large Universe*, Londres: Simon & Schuster, 1999, p. 95. Ver também: https://www.mail-archive.com/pen-l@galaxy.csuchico.edu/msg30144.html.

da espaçonave Voyager como um convite caloroso destinado a estrelas distantes. As mensagens eram "vangloriosamente utópicas", escreveu Billings, e "não mencionavam falhas humanas entrópicas como criminalidade, fome, doenças e morte". Elas traziam saudações em cinquenta e quatro idiomas, centenas de imagens idílicas de nosso planeta, canções de todo o mundo e um mapa indicando como nos encontrar.[27]

Nos anos 1980 eles transmitiram essa concepção xenófila da SETI para as massas em *Cosmos*, um programa televisivo que fez de Sagan um dos cientistas mais queridos e influentes do planeta. Quando ele faleceu em 1996, o trabalho deles havia fortalecido, mais do que nunca, a crença do público em geral na vida extraterrestre e na importância de tentar estabelecer contato. Mas isso ocorreu em um momento no qual as verbas federais que financiavam a SETI estavam sendo brutalmente cortadas, junto com todos os outros gastos sociais e investimentos públicos na ciência. Essa pesquisa hoje ficou à mercê de doadores privados que provavelmente não verão rentabilidade em investir numa busca que pode levar milênios.[28] Era uma demonstração de como até mesmo a ciência, a religião secular do liberalismo, poderia ser estorvada por aquele inimigo da longevidade que, como ele e Morrison concordavam, não poderia continuar para sempre: o capitalismo.

Hoje podemos imaginar os imortais de Sagan ou um marciano socialista de *Estrela vermelha* olhando para a Terra e se perguntando por que ainda somos tão retrógrados, beligerantes e autodestrutivos. A ideia de que estamos sendo visitados, abduzidos ou simplesmente monitorados por uma inteligência muito

[27] Lee Billings, op. op. cit., p. 421.

[28] Billings, op. op. cit., p. 26-9.

superior cria uma sensação daquilo que a teórica política Jodi Dean chamou de "olhar extraterrestre";[29] uma perspectiva que ajuda a sustentar o "realismo capitalista"[30] – a ideia de que o capitalismo liberal-democrático representa o fim da história e que nada melhor pode existir.

Mas se as gerações mais jovens de hoje têm dificuldade de entender como milhões de pessoas acreditaram no comunismo nas décadas de 1950 e 1960, isso não significa que elas não queiram um mundo melhor. Agora que fantasiar sobre uma comuna *queer* em Marte se tornou tão realista quanto acreditar na perspectiva de haver água potável em Flint, piadas sobre um "comunismo espacial gay de luxo totalmente automatizado" comunicam que, se hoje nada é possível, pelo menos podemos exigir o que realmente queremos, já que isso será tão inatingível quanto nossas preocupações mais "pragmáticas". Os revolucionários sempre insistiram no argumento de que nossos verdadeiros desejos só podem ser alcançados por meio da derrubada da ordem social vigente, e Posadas injetou certo catastrofismo interespacial nessa lógica. Ele o fez com um talento amadorístico para a especulação e, dado o que hoje se sabe sobre o inverno nuclear, ele estava completamente errado. Mas pensando por esse outro lado, o resto das pessoas também estava.

Do farto catálogo de profecias não cumpridas de Posadas, uma resume esse aspecto trágico da comédia posadista. "A piada vai desaparecer", escreveu em 1976. "Daqui a vinte ou trinta anos, as piadas serão algo antiquado [...]; elas são produto dessas relações de propriedade privada [...] para vencer dificuldades, batalhar, disputar [...]; no socialismo não haverá neces-

---

[29] Jodi Dean, *Aliens in America*. Ithaca: Cornell University Press, 1998, p. 11.

[30] Conceito cunhado por Mark Fisher para designar a incapacidade de se imaginar um sistema para além do capitalismo.

sidade de humor."[31] Ela acabou virando uma espécie de piada de internet, um "meme", que serviu de Dispositivo Gênesis do *neoposadismo*. Imagens compartilhadas nas redes sociais retratavam o senhor argentino em seu macacão cinza e sua cabeleira branca inserido num fundo com nuvens de cogumelo, golfinhos e discos voadores. O fato de que retratos humorísticos de aspectos excêntricos foram fundamentais para seu reaparecimento levanta a seguinte questão: é melhor ser lembrado de maneira caricatural ou esquecido de forma precisa?

Não são só suas crenças bizarras que continuam fazendo de Posadas uma piada, mas também o próprio fato de que ele acreditava em algo. Embora os posadistas possam ser popularmente lembrados como bolcheviques que sofreram uma lavagem cerebral ou cientologistas socialistas, seu compromisso com a luta de classes era muito real. Eles lutaram nas *sierras* cubanas e guatemalenses ao lado de Fidel Castro e Yon Sosa, organizaram fábricas na Argentina, Uruguai, Grã-Bretanha e França, lutaram na linha de frente do movimento estudantil mexicano e organizaram um movimento campesino de massas no Brasil. Passaram décadas na prisão, alguns chegaram a desaparecer em câmaras de tortura ou atirados dos helicópteros das ditaduras da Operação Condor. Será que eles eram todos tolos embasbacados por um charlatão carismático, ou havia ali um caminho para o socialismo que, por algum acaso da história, agora parece permanentemente bloqueado?

No livro final de Sagan e Druyan, *O mundo assombrado pelos demônios*, o casal revela um estranho hobby de "contrabandear rotineiramente" exemplares da *História da Revolução Russa*, de Trótski, para seus colegas na União Soviética para que eles "pudessem conhecer um pouco sobre seus próprios primórdios políticos." Comparando a perseguição de Trótski por Stálin à

---

[31] J. Posadas, "On the Function of the Joke and Irony in History," 18 ago. 1976, *Posadas Tendency Collection*, MS1209/10/1, Senate House Archives.

xenofobia estadunidense e à caça às bruxas da idade das trevas, ele esperava que um encontro com essas origens desconhecidas pudesse ajudar a guiá-los a um futuro melhor. "É difícil manter verdades históricas potentes reprimidas para sempre. Novos repositórios de dados são revelados. Novas gerações de historiadores, menos ideológicas, se desenvolvem".[32] Mensagens de um passado morto e derrotado, sejam elas sobre revolucionários fracassados ou civilizações há muito extintas, ainda têm muito a nos dizer sobre nosso futuro.

A postura niilista da juventude de hoje, por outro lado, combina um reconhecimento dos fracassos do século passado com uma incapacidade de imaginar um novo começo. Em certo sentido, a possibilidade de revolução se apresenta para esses jovens quase como um fenômeno paranormal. Embora essa possibilidade possa ser pintada por reacionários como delírio psicopático ou invocação demoníaca, para quem a vivenciou em momentos de luta coletiva, sentiu-a como uma premonição ou simplesmente leu a respeito em livros, ela é um convite para uma realidade radicalmente livre de suas limitações preconcebidas. A insurreição ou o primeiro contato podem vir a qualquer dia, dizem-nos tanto os marxistas quanto os ufólogos; mas ambos fenômenos são muito mais prováveis de ocorrer se os desejarmos, abraçando um sentimento enigmaticamente expresso em um meme surgido antes de seu tempo no seriado de ficção científica *noir* dos anos 1990, *Arquivo X*. Um pôster fixado na parede do escritório do agente desgarrado do FBI, Fox Mulder: pairando sobre uma imagem granulada de um disco voador comicamente inverossímil, as palavras *EU QUERO ACREDITAR*.

[32] Carl Sagan e Ann Druyan, *The Demon Haunted World*. Nova York: Headline, 1997, p. 390 [ed. bras.: *O mundo assombrado pelos demônios: a ciência vista como uma vela no escuro*, trad. Rosaura Eichenberg. São Paulo: Companhia das Letras, 2006].

PARTE I:
O século trágico

1. Comentários sobre a infância do camarada Posadas

Em 1919 o mundo estava à beira da revolução. Aos sete anos de idade, o pequeno Homero Cristalli, que um dia se chamaria J. Posadas, assistiu à história de camarote da janela de sua casa geminada em Boedo, Buenos Aires. "Tiveram dois dias em que não podíamos sair", recordou Posadas no final da vida, "porque [o bairro] estava ocupado pelos bombeiros, pela polícia e pelo exército".[33]

A agitação tinha começado no início daquele verão com uma greve aparentemente rotineira na metalúrgica de Vasena, situada nas proximidades do bairro. Os gestores se recusaram a negociar e organizaram a contratação de mão de obra substituta. Os grevistas responderam bloqueando os portões da fábrica e enfrentando os policiais enviados para desfazer o piquete. O empurra-empurra se intensificou, e houve até troca de tiros. Um policial e cinco trabalhadores foram mortos. Um cortejo fúnebre pelo centro de Buenos Aires se transformou em uma manifestação de massa e depois em um motim generalizado, quando a polícia mais uma vez abriu fogo. Houve resposta de trabalhadores de toda a cidade, alguns deles armados. Sindicatos dos mais radicais aos mais pelegos se uniram na convocatória de uma greve geral. Com ruas fechadas por barricadas e bondes virados, as fábricas ficaram paradas por dias. Os trabalhadores saquearam arsenais e botaram fogo em prédios do governo, estilhaçando

[33] J. Posadas, "Comentarios de la infancia del cda. Posadas" [circular], 13 fev. 1981, Posadas Tendency Collection, MS1209/17/1 219, p. 2, Senate House Archives.

uma era de paz social que até então havia marcado o governo do presidente populista Hipólito Yrigoyen. Com o Estado cada vez menos no controle da situação, o espírito do movimento revolucionário dos trabalhadores que dominara a região na década anterior voltou a despertar em cenas que invocavam as palavras de seu padroeiro anarquista-comunista, Mikhail Bakunin: "A paixão pela destruição também é uma paixão criativa!"

A inspiração mais recente dos insurretos, no entanto, era a revolução que tinha acabado de eclodir na Rússia no final de 1917. Uma onda de levantes vinha irradiando de lá para países como Hungria, Alemanha, Itália, Bélgica, Holanda, Irlanda, Finlândia, México e Egito. Os trabalhadores ocupavam fábricas, se amotinavam contra seus supervisores, organizavam greves de massa, formavam conselhos e armavam investidas contra autoridades coloniais. Agora, o pequeno Homero observava os trabalhadores se organizando e peitando as ordens da polícia. Primeiro eram dezenas, depois centenas – homens, mulheres, crianças, creoles, italianos, espanhóis, franceses, eslavos, africanos, indígenas. De repente era uma única massa, uma multidão insurgente, armada quase somente pelo fogo nos olhos deflagrado pelo assassinato de camaradas – que a maioria nem conhecia e cuja língua talvez sequer compartilhassem. O momento que fez com que aquilo tudo fosse possível na Rússia, disse-lhe o pai socialista de Homero, foi quando as forças armadas passaram para o lado do povo. Ao ver policiais argentinos recusando ordens de abrir fogo, ele agora acreditava estar testemunhando a história se repetindo.

Depois disso, ele começou a perceber uns novos rostos "posicionados nas esquinas, observando a manifestação". Eram unidades armadas sinistras enviadas para terminar o serviço: "Primeiro dispararam para o alto, e depois... contra o povo."[34]

[34] Ibid.

Centenas de pessoas foram mortas por toda a cidade, dezoito delas, conta Posadas, bem ali na sua rua. Aquilo que poderia ter sido uma possível "Revolução Argentina", em vez disso, descambou em uma espiral de violência protofascista e repressão estatal que ficou conhecida como a Semana Trágica, na qual delinquentes patrióticos inflamados por teorias conspiratórias invadiram bairros russos, judeus e catalães para arrancar imigrantes inocentes de suas casas e massacrá-los na rua. A violência eventualmente levou Yrigoyen a resolver a disputa de Vasena em favor dos trabalhadores. Mas assim que a temperatura baixou, ele aproveitou para prender quase 50 mil supostos amotinados.[35] Buenos Aires voltou à normalidade, mas Homero Cristalli nunca seria o mesmo.

As outras memórias de infância de Posadas eram muito menos dramáticas. A maioria não passava de cenas de uma pobreza humilhante. Seus pais, Emmanuelle e Elvira Cristalli, eram sapateiros em Matera, a região mais pobre do sul da Itália. Chegaram a Buenos Aires e a seus precaríssimos cortiços e *conventillos* na virada do século, e logo tornaram-se trabalhadores militantes na FORA, de inspiração anarquista. Com pelo menos sete filhos,[36] sendo Homero o do meio, eles começaram montando *espadrilles* (as alpercatas de lona com sola de borracha

---

[35] Scott Nicholas Nappalos e Joshua Neuhouser, "Introdução", em: Oswaldo Bayer, *Rebellion in Patagonia*, trad. Scott Nicholas Nappalos e Joshua Neuhouser, Chico: Ak Press, 2016, p. 5.

[36] Muitas fontes alegam que Posadas tinha ao menos dez irmãos e irmãs. Seu filho, León Cristalli, diz que havia sete no ano em que sua mãe faleceu. Ver o curta metragem *J Posadas: Un fantasma recorre el cosmos* (2020), dir. Pablo Klappenbach, Buenos Aires, acessado online em: https://www.youtube.com/watch?v=n3BIktpAjbs.

usadas por quase todos os trabalhadores do país na época), até galgarem um trabalho mais bem remunerado fabricando botas para os oligarcas e, enfim, conseguirem a casa própria em Boedo. O casal deixou a FORA e se juntou ao Partido Socialista, cuja aversão à ideia de revolução e táticas violentas o tornava uma escolha mais segura para muitos trabalhadores.

A modesta ascensão da família em direção à classe média terminou abruptamente quando Elvira morreu de uma doença cardíaca por volta de 1917. De repente, Homero, seu pai e seus irmãos se viram à beira da fome. Emmanuelle dava às crianças uma caixa de bananas verdes para a semana inteira, enquanto se virava para arranjar bicos vendendo cobras em feiras de atrações ou apanhando por dinheiro em exposições cruéis de orgulho regional do velho mundo, reminiscentes da cena de boxe em *Luzes da cidade* (1931), de Chaplin.[37] Se quisessem qualquer outra coisa para saciar a fome, só apelando para os vizinhos para perguntar se eles teriam algum ovo sobrando.[38]

Apesar de todo o aperto, Emanuelle sempre insistiu na importância de permanecer fiel à ética da classe trabalhadora. Posadas lembra que certo dia roubou cinquenta centavos do pai para ir ao cinema. Alguns dias depois, com a consciência pesada, confessou. "Nunca mais roubei [...]. Meu pai nos ensinou a dizer a verdade, a confrontar a verdade. Aprendemos bem. Era uma questão de orgulho socialista, como quando ele me disse: 'Nunca fure uma greve'. Esse era o sentimento da condição militante."[39]

---

37 J. Posadas, "Anecdotas de la video de Luis" [circular], 7 mar. 1981, Posadas Tendency Collection, MS1209/17/1 205, p. 2, Senate House Archives.

38 J. Posadas, "Anecdotas de la video de Luis" [circular], 2 fev. 1981, Posadas Tendency Collection, MS1209/17/1 151, p. 1, Senate House Archives.

39 J. Posadas, "Parte Final de la Historia de la Cuarta Internacional" [circular], 18 dez. 1969, Posadas Tendency Collection, MS1209/2/1 1374, Senate House Archives.

Aos dez anos de idade, Homero encontrou um método jovial de garantir a sobrevivência em meio ao desespero. Com um grupo de crianças locais, ele formou uma *murga*, um coro itinerante carnavalesco, cujas canções satíricas sobre a vida proletária em Boedo eram recompensadas com pãezinhos e biscoitos. "Fazíamos canções [...], principalmente ataques, queixas, protestos [...], geralmente sobre o lixo – porque ninguém passava para retirar o lixo –, e as pessoas adoravam!"[40]

Na adolescência, Homero seguiu desenvolvendo sua performance de propagandista trovador. Era a década do *criollismo* na Argentina, uma era de renascimento cultural na qual os filhos da onda de imigração misturavam suas várias heranças com uma pegada boêmia que veio a definir a cultura *porteña* da capital – e a produção cultural de Boedo era particularmente conhecida pelo seu fervor socialista. Na rua de baixo da casa de Homero ficava o café *El Japones*, onde o Grupo de Boedo desenvolveu um estilo assertivamente esquerdista em oposição à bandeira apolítica de "arte pela arte" defendida pelo Grupo de Florida. Em San Nicolás, o cantor popular franco-argentino Carlos Gardel combinava os ritmos sensuais das antessalas de bordel com a poética sentimental *porteña* para criar os primeiros sucessos do tango. Com a ajuda de seu vizinho Enrique Santos Discépolo, um cantor bem menos famoso do gênero, Homero aprendeu a emular a voz de Gardel, trocando metade das suas letras trágicas por versos em defesa das ações grevistas locais. Todos que ouviam concordavam que a imitação era extraordinária.[41]

Pobre e inquieto demais para a educação formal, Homero abandonou a escola depois de dois anos para tentar uma carreira no único fenômeno *criollo* mais popular que a poesia e o

---

[40] Ibid.

[41] Guillermo Almeyra, *Militante crítico: Una vida de lucha sin concesiones.* Buenos Aires: Ediciones Continente, 2013, p. 90.

tango: o futebol. Aqui também havia politização. Um dos times se chamava Mártires de Chicago (atualmente o Argentinos Juniors) em homenagem aos anarquistas enforcados acusados de explodirem uma bomba na Revolta de Haymarket em 1886; e o clube Chacarita Juniors havia sido fundado por anarquistas em uma livraria libertária no 1º de maio.[42] Anos depois, Homero comentaria mais de uma vez como o esporte incentivava o tipo de trabalho em equipe, solidariedade e esforço coletivo necessários para coordenar a luta de classes.

Cristalli começou jogando pelo San Lorenzo, time do seu bairro, antes de ser escalado para o Estudiantes de La Plata em 1928.[43] Era um dos melhores clubes do país, famoso pelo lendário quinteto de atacantes apelidado de "Los Professores".[44] Como a "Murderer's Row" dos Yankees, suas proezas ofensivas trouxeram um aspecto de celebridade ao esporte. Desenvolveram-se identidades regionais em função das habilidades de cada um dos times – os diferentes bairros de Buenos Aires, uns contra os outros, e os clubes do interior contra as melhores da capital. Cristalli era meio-campista reserva, uma posição que joga entre a defesa e o ataque, com a função devolver a bola para frente, criando oportunidades ofensivas. Embora ele só tenha entrado em campo em dezessete dos setenta jogos em que participou, marcando três gols nas temporadas de 1928 e 1929, ele se sentiu parte de algo imenso – principalmente quando as

---

[42] Osvaldo Bayer, *Futbol Argentino*. Buenos Aires: Editorial Planeta, 2016, p. 21.

[43] León Cristalli, "J. Posadas – Fútbol e inicios en la política," vídeo de YouTube, minuto 3:19, https://www.youtube.com/watch?v=n3BIktpAjbss.

[44] Miguel Ángel Lauri, Alejandro Scopelli, Alberto Zozaya, Manuel Ferreira e Enrique Guaita.

partidas começaram a ser disputadas em estádios diante de dezenas de milhares de fãs.[45]

Para grande parte da geração mais velha, no entanto, futebol e tango eram sinais perigosos de despolitização. O jornal *La Protesta*, do FORA, adotou um estranho tom socialmente conservador ao criticar o esporte como uma "idiotização perniciosa baseada no pontapear de um objeto esférico", gastando tinta para comentar como haviam jovens faltando nos piqueniques políticos de domingo para jogar bola ou aparecendo de ressaca depois de uma noitada.[46] Quando enfim reconheceram os grandes interesses empresariais e o espetáculo de massa criado em torno do esporte, os jogadores anarquistas convocaram uma greve para antes da temporada de 1930, reivindicando maior regulamentação trabalhista e exigindo a criação de um sindicato de jogadores. A vitória da greve marcou o fim da era amadora do esporte. Com o dinheiro faturado nas bilheterias, os grandes clubes tinham cacife para reter ou comprar os melhores atletas, deixando para trás os times (e os jogadores) menores.

A greve fazia parte de uma nova onda de militância trabalhista surgida na esteira da depressão econômica internacional. Alarmados, setores da oligarquia argentina responderam com pulso firme na Casa Rosada, liderado pelo general fascistoide José Félix Uriburu, que depôs Yrigoyen. Depois do golpe, os jogadores anarquistas foram postos numa lista suja, e a FORA ficou quase completamente na clandestinidade.[47] Os trinta anos de repressão que se seguiram – durante os quais o regime distribuiu 500 mil anos de sentenças de prisão aos anarquistas e

---

45 Osvaldo Bayer, op. op. cit. p. 40.

46 Idem. p. 21.

47 Robert J. Alexander, *A History of Organized Labor in Argentina*. Westport: Praeger, 2003, p. 52.

seus aliados, e ainda matou mais cinco mil – foram o golpe final para o comunismo anarquista argentino.[48]

Muitos revolucionários fugiram para a Espanha, onde ainda parecia possível realizar o antigo sonho, tão caro aos trabalhadores do início do século XX, de estabelecer uma sociedade sem classes e sem Estado. O jovem Homero, por outro lado, chegava aos vinte anos de idade ainda fantasiando sobre aquela grande partida – as multidões ensandecidas, a luta coletiva, e o momento decisivo em torno do qual todos os esforços giravam. Mas de repente se viu sem time.

[48] Scott Nicholas Nappalos e Joshua Neuhouser, op. op. cit.

2. Juventude revolucionária ou juventude patriótica?

Com o fim de sua breve carreira futebolística, Homero Cristalli retornou a seu bairro como um deus secundário caído do Olimpo. Seu nome, entretanto, não lhe garantia grande coisa nas bodegas de Boedo, e voltar a seu velho posto de operário também se mostrou difícil. A perspectiva desagradável de ficar com as costas arqueadas, se dedicando ao penoso e repetitivo trabalho de costurar sapatos, afastava o inquieto Homero do ofício familiar. Passou então à vida mais frenética de metalúrgico, uma ocupação comum na Argentina, onde as máquinas caras importadas da Europa muitas vezes acabavam precisando de peças de reposição nacionais. Aqui, também, a produção trabalhosa e fracionada de pequenas peças exigia intermináveis horas de dedicação. Não demorou muito para que um acidente de trabalho ceifasse sua carreira de torneiro mecânico, junto com metade de seus dedos mindinho e indicador.[49]

Ele passou então a viver de bicos, ou *oficios varios*. Com a mão lesionada, tentou a sorte como pedreiro, carpinteiro e caixeiro-viajante,[50] até que se encontrou no serviço bastante requisitado de pintar casas e paredes. Com o pincel em mãos, Cristalli se tornou um mestre da eficiência, articulando com

---

[49] Luciano Dondero, "J. Posadas and Flying Saucers," 14 mai. 2014, acessado online: http://waisworld.org/go.jsp?id=02a&o=85038?.

[50] International Secretariat of the Posadist IV International, "Biographical note on Comrade J. Posadas," 17 jun. 1981, publicado em *Red Flag 314*, 24 jul. 1981, p. 3. Acessado online: https://www.marxists.org/history/etol/newspape/red-flag-posadas/red_1981.pdf.

seus colegas de trabalho estratégias para terminar o serviço o mais rápido possível para que pudessem voltar a se dedicar à sua verdadeira paixão.

Para ele, essa paixão era a política. Passou a integrar a juventude do Partido Socialista, a Juventude Socialista (JS), na qual ganhou a reputação de destemido entregador de jornal. Todo dia ele pulava no bonde para distribuir o jornal do grupo entre os bairros de Liniers e Avellenada – um trajeto de três horas e meia. Uma força sem igual, ele logo foi nomeado secretário local da organização.[51]

A posição vinha ganhando mais importância naquele início dos anos 1930, à medida que o Partido Socialista crescia com a onda grevista que reagia às diversas investidas que a classe trabalhadora estava sofrendo[52] – com a depressão econômica internacional, vieram cortes salariais, demissões em massa e outros ataques a direitos trabalhistas e liberdades civis conquistados a duras penas. Nessa situação, uma organização como a FORA representava uma escolha mais perigosa do que nunca. Por isso, os principais sindicatos se fundiram na Confederação Geral do Trabalho (CGT) em 1930. A campanha coordenada que a confederação promoveu conseguiu defender a jornada de oito horas diárias, com direito a fim de semana, e pressionou o Estado a substituir José Félix Uriburu por Agustin P. Justo em 1931. Justo era um populista mais nos moldes de Yrigoyen, disposto a sentar para negociar com a GCT – contanto que ela passasse longe de táticas e ideais radicais. Com uma série de pequenas vitórias consecutivas, as fileiras da CGT foram en-

[51] Horacio Tarcus, *Diccionario biográfico de la izquierda argentina: De los anarquistas a la "nueva izquierda" 1870-1976*. Buenos Aires: Emecé Editores, 2007, p. 525.

[52] Ronaldo Munck, *Argentina: From Anarchism to Peronism*. Londres: Zed Books, 1987, p. 108.

grossando a ponto de chegar na casa das centenas de milhares de membros. Gozando de uma nova base de apoio eleitoral, o Partido Socialista, que liderava a confederação, chegou a ficar em segundo lugar nas eleições legislativas de 1934, arrebatando quase vinte por cento dos votos.[53]

Mas à medida que o fascismo se espalhou pela Europa, a posição política da CGT ficou cada vez mais ultrapassada. Os argentinos acompanhavam de perto o desdobrar dos acontecimentos em seus antigos países natais, particularmente a gangorra política na qual a Espanha se encontrava. A monarquia havia finalmente sido derrubada em 1931, e a Segunda República Espanhola inaugurada na sequência contava com uma maioria parlamentar socialista, na contramão da guinada à direita pela qual passava o restante do continente. Em 1935, contudo, o governo da Frente Popular que reunira comunistas, socialistas e liberais já se via à beira do colapso, pressionado por elementos reacionários liderados pelo general Francisco Franco. Ele colocou em marcha um golpe contra a República em 1936, e a guerra civil que se seguiu tornou-se claramente uma frente da batalha entre socialismo e fascismo que estava sendo travada a nível global. Com armamentos e agentes soviéticos entrando aos montes em Madri, de um lado, e aviões alemães bombardeando cidades republicanas, de outro, uma nova geração de membros do Partido Socialista se radicalizou. Um caso notável foi o grupo de ferroviários da CGT que resolveu se engajar em uma defesa mais militante contra o fascismo e dispensou os comissários que discordaram.[54]

Os apoiadores dessa ação formaram uma tendência de esquerda no interior do Partido Socialista: o Partido Socialista

---

[53] Dieter Nohlen, *Elections in the Americas: A Data Handbook*, Vol. 2: South America. Oxford: Oxford University Press, 2005, p. 83.

[54] Ronaldo Munck, *Argentina*, op. cit., p. 109.

Operário (PSO). Cristalli foi um dos que apoiou essa linha política. Embora desconhecesse as complexidades da situação global, ele estava mais do que disposto a apoiar a República Espanhola e ajudou a integrar membros da Juventude Socialista a uma coalizão solidária encabeçada por imigrantes espanhóis, intitulada "Comitê para Defender a Revolução Espanhola".[55] Nos encontros sociais do grupo, eles compartilhavam histórias da guerra, explicando a um curiosíssimo Homero por que optavam pela palavra "revolução" em vez de "república." Uma importante força na Espanha naquele momento era a Confederação Nacional do Trabalho/Federação Anarquista Ibérica (CNT/FAI), uma agremiação sindical comunista-anarquista semelhante à FORA, mas com uma base de filiados na ordem dos milhões. Apesar de terem boicotado as eleições da República, eles prontamente se ergueram em defesa do governo da Frente Popular contra o ataque franquista. Para eles, a guerra tinha menos a ver com defender a democracia liberal do fascismo do que com efetivamente destruir o capitalismo – e eles buscaram fazer as duas coisas ao mesmo tempo. Ao lado dos comunistas antistalinistas do Partido Operário de Unificação Marxista (POUM), eles assumiram controle total da Catalunha, tomaram e coletivizaram fábricas e fazendas a fim de fabricar armamentos e alimentos para dar apoio ao esforço de guerra, e efetivamente começaram a criar uma sociedade anarquista funcional na região. Homero percebeu que a revolução vindoura que ele testemunhara da sua janela em Boedo aos sete anos de idade não tinha sido totalmente suprimida na bala. Ela tinha apenas mudado de forma e de local à medida que era transferida para uma nova geração capaz de redimir os fracassos do passado.

---

55 J. Posadas, "Historia de la IV INTERNACIONAL" [circular], 29 jul. 1972, MS1209/5/1, p. 3, Senate House Archives, Londres.

Enquanto os radicais debatiam os detalhes da guerra e da revolução – os socialistas defendiam apoio incondicional à República, e os anarquistas insistiam na necessidade de pressionar para além disso –, Cristalli, que não tinha muito mais a contribuir, interrompeu a discussão com uma canção improvisada ao som de um velho hino da FORA:

Camaradas, cessem a discordância,
que nisso não há nacionalidade,
pois a Espanha luta por todos,
pelo mundo da liberdade.
Venham, irmãos,
Vamos todos nos unir,
que esta luta
precisamos ganhar.
Faremos o canalha capitalista
sumir da face da terra.[56]

O salão explodiu em brados e aplausos efusivos. As diferenças entre eles permaneciam profundas, mas a paixão inocente de Cristalli os fez lembrar do motivo pelo qual lutavam. Um membro do comitê transcreveu as letras na forma de um poema para ser publicado no *El Republicano*, um jornal de espanhóis expatriados muito popular entre os revolucionários internacionalistas da cidade.

Entre seus leitores estavam os "bolchevo-leninistas" da Liga Comunista Internacional (LCI), um pequeno círculo de intelectuais boêmios, dentre os quais se encontravam membros fundadores do Partido Comunista da Argentina (PCA), artistas de vanguarda e filósofos existencialistas. O que mais os unia era o

---

[56] Suplemento de obituário do *Lucha Communista*, set. 1981, p. 8. Providenciado por Marie Lynam.

apoio que compartilhavam pelo POUM como parte da oposição internacional de esquerda de Leon Trótski. Seu membro mais notório era Liborio Justo, filho de Augustín. Por conta dos seus princípios bolcheviques intransigentes, ele era conhecido entre seus camaradas como Quebracho – o nome se referia a uma árvore nativa que tinha o tronco tão duro que os colonos a batizaram de *quebra-hacha* (quebra-machado). Para todos os demais ele era "o filho comunista do presidente", apelido inventado pelo jornalismo de tabloide depois do episódio em que ele gritou "Abaixo o imperialismo ianque!" na cara de Franklin D. Roosevelt durante uma visita de Estado do presidente estadunidense. Bem menos noticiados foram a sua saída do Partido Comunista, sua denúncia de Stálin por ter colocado a causa da União Soviética acima da revolução mundial, e seu apelo público pela a construção de um novo partido, verdadeiramente revolucionário.[57] Outros membros notáveis da Liga foram Carlos Liacho, filho de imigrantes russos e tradutor de textos da Oposição de Esquerda, Antonio Gallo, um ensaísta político mais conhecido pelos seus escritos sobre tango, e Hector Raurich, um advogado e estudioso de Hegel que havia fundado uma das primeiras revistas bolcheviques da Argentina em 1920.[58] Com poucos vínculos com a classe trabalhadora, sua prática política ficava em larga medida confinada a longas noitadas discutindo poesia, filosofia e marxismo, e ralhando a liderança contrarrevolucioná-

---

[57] Constanza Daniela Bosch Alessio, "Los orígenes de La Cuarta Internacional en Argentina. Liborio Justo y el Caso del Grupo Obrero Revolucionario y la Liga Obrera Revolucionaria", *Diálogos Revista Electrónica de Historia*, v. 18, n. 1, San Pedro de Montes de Oca, 2017, p. 202–3, http://www.redalyc.org/articulo.oa?id=43952199007.

[58] Horacio Tarcus, *Diccionario biográfico de la izquierda argentina*, op. cit., p. 554-55.

ria dos partidos Socialista e Comunista de dentro das cafeterias portenhas de *art déco*, entre goles de café, vinho ou licor.

"Eles tinham uma concepção literária do trotskismo", escreveria Posadas décadas depois de ter rompido com eles. "Todos os trotskistas de primeiro estágio eram assim, com uma atitude sectária e, consequentemente, aristocrática."[59] O próprio Trótski tinha uma opinião semelhante de seus admiradores argentinos, chamando-os de "onanistas de café."[60]

Na esperança de que Cristalli pudesse representar uma possível saída para seu isolamento intelectual, eles o convocaram para um de seus cantinhos boêmios na Avenida de Mayo. Inicialmente, elogiaram o forte sentimento revolucionário do seu poema. Seus versos eram simples, nada enfadonhos, e seu apelo à unidade especificamente contra o capitalismo exprimia aquilo que se encontrava no cerne da queixa que tinham com o Partido Socialista e com a estratégia stalinista de compor uma frente com os liberais contra o fascismo. Mas, enfatizando a necessidade de uma abordagem mais dinâmica, eles o bombardearam de perguntas. O que ele pensava sobre o PCA, sobre Stálin e sobre a União Soviética? Qual era a opinião dele sobre Trótski? E sobre a recente crítica dele aos seus seguidores no POUM por terem se juntado à República Espanhola ao lado dos anarquistas? De que forma o PSO deveria se reposicionar diante dessa crítica? E por que ele não podia escrever mais como Federico García Lorca?[61]

---

[59] J. Posadas, "Anecdota sobre Historia de La IV Internacional" [circular], 17 jul. 1969, Carpeta 7, 1160-468, Quatrième Internationale Posadiste Collection, International Institute for Social History, Amsterdam, p. 4.

[60] Osvaldo Coggiola, *O trotskismo na América Latina* [col. Tudo é história, n. 94]. São Paulo, Brasiliense, 1984.

[61] J. Posadas, "Anecdota sobre Historia de La IV Internacional", op. cit. p. 4.

Completamente aquém daquelas discussões, Posadas lembra que o encontro lhe foi humilhante. Ainda assim, ele não deixou de ficar bastante impressionado. Assim como os camaradas espanhóis, eles falavam abertamente de uma revolução, internacional e *permanente*, a desenrolar dentro de uma sociedade como a Catalunha antes de se espalhar pelo mundo. Eles se correspondiam com revolucionários em dezenas de países, bolcheviques russos, POUMistas, os surrealistas na Europa e o pintor socialista Diego Rivera do México, sempre em busca do caminho certo a seguir. E o mais sedutor de tudo: eles precisavam dele. "Eu era o único trabalhador, o único militante ou organizador sindical", escreveu Posadas, "então eles diziam que eu era membro do grupo."[62]

Nas reuniões seguintes, eles foram lhe passando o básico da linhagem histórica e orientação política do grupo. Depois que a URSS ganhou sua guerra civil, o malogro de uma onda revolucionária internacional deixara o regime bolchevique isolado; com isso, foram se encastelando cada vez mais numa burocracia a fim de controlar a economia e conseguir defender as vitórias da Revolução de Outubro. Ao final dos anos 1920, Stálin tinha conduzido a URSS e a Terceira Internacional Comunista em um "zigue-zague" de posições extremas até eventualmente assumir a postura resignada de tocar o socialismo em um só país (a URSS) e preservar os privilégios de sua classe burocrática. Daí o abandono da estratégia bolchevique original de articular uma "Frente Única" de partidos anticapitalistas em favor de uma estratégia de Frente Popular que visava proteger os regimes liberal-democráticos que toleravam a existência de partidos comunistas. A ameaça fascista era aterradora, dizia Trótski, mas se aliar à burguesia sacrificava não só os princípios

[62] Ibid.

da política deles, como também a arma mais poderosa contra o fascismo: a revolução proletária.

Aqui Cristalli seria útil. Exilado, Trótski estimulou seus militantes a entrarem para grupos antifascistas para fazer avançar a estratégia da Frente Ampla. Alguns membros da LCI haviam entrado recentemente para o PSO e começado a promover suas posições no interior do partido por meio do *Boletín de Marxismo Revolucionario* que começaram a produzir e circular. Mas os agentes stalinistas do PCA também tinham sua própria facção interna. Assim, com a ajuda de Cristalli, o LCI esperava conseguir multiplicar sua influência, conquistar a liderança da tendência e afastar a base de massa do Partido Socialista do colaboracionismo de classe.

Cristalli aceitou o desafio, e efetivamente conduziu seu capítulo da Juventude Socialista conforme a estratégia entrista da LCI. Ele rapidamente se provou ser tão leal que Justo lhe deu uma segunda grande tarefa: viajar a Córdoba, uma metrópole industrial situada no interior da Argentina, para reorganizar o sindicato dos sapateiros que havia sido dizimado no final dos anos 1930, e trazer alguns de seus trabalhadores para sua facção do PSO. Ele deixou Buenos Aires quase imediatamente a caminho da casa do advogado trabalhista Esteban Rey.

Rey o levou para seu primeiro alvo: a Céspedes, Tettamanti y Cía, a maior fábrica de calçados da região. O resto ele tirou de letra. Todos os dias ele encostava nos portões da fábrica, perguntando a todos os trabalhadores que passavam por ele se faziam parte do sindicato e, se não, insistia para que se sindicalizassem ali mesmo. Um deles, Ángel Miguel Gonzalez, contou ao historiador Roberto Ferrero que sua memória de Cristalli era de uma figura um tanto deslocada. Ele era um "sujeito enorme, um gringo" comparado aos *cordobéses* mais mestiços que tendiam a desconfiar dos *porteños* depois de um século de conflito regional. Cristalli só conseguiu superar esse obstáculo, recordou Gonzalez, porque era "muito determinado". Durante meses, ele foi se impondo como uma presença constante, naquela fábrica e em outras confecções e pequenas manufaturas, vivendo só de bicos de pintor e almoços hospitalares surrupiados usando um crachá emprestado de estudante de medicina.[63]

Com o aumento da filiação sindical, os trabalhadores ficaram mais confiantes para fazer reivindicações. Não demorou para que os proprietários começassem a contratar agentes policiais privados, forçando Cristalli e Rey a bolarem um sistema inovador de vigia. Um dia, quando Cristalli panfletava na saída da enorme fábrica da GRAFA, seu camarada, da outra esquina, abriu um jornal na frente do rosto para sinalizar que os capangas da administração estavam subindo o quarteirão. Cristalli jogou seus panfletos debaixo de um carro e se enfiou na multidão de trabalhadores, assobiando *A internacional*.[64]

Esses esforços culminaram em uma grande greve que eclodiu na região no final de 1937. Cristalli tinha sido um dos líderes dessa empreitada bem-sucedida, e, conforme planejado, a posição da LCI saiu fortalecida. Na convenção nacional que o PSO realizou em Córdoba naquele ano, vários de seus membros foram aprovados para concorrer pela chapa do partido nas eleições para a Câmara dos Deputados. Os socialistas tinham conseguido 43 cadeiras nas eleições anteriores, quatro anos antes, e esperavam ampliar essa bancada com o aumento da atividade sindical.[65] Cristalli, agora um herói tanto dos gramados quanto do sindicalismo, foi escalado para concorrer em sua cidade na-

---

[63] Citado por Roberto Ferrero, *En la huella de Abelardo: Ensayos de izquierda nacional*. Buenos Aires: Ediciones del CEPEN, 2013.

[64] J. Posadas, "Historia de la Internacional", 24 jan. 1969, Quatrième Internationale Posadiste Collection, ARCH01158, Carpeta 5, 983–1302, International Institute for Social History, Amsterdã, p. 1.

[65] Dieter Nohlen, *Elections in the Americas*, op. cit., p. 83.

tal, Buenos Aires, onde os candidatos do PS tinham mais chances de ganhar.

Mas depois de se corresponder com Diego Rivera, Justo já estava começando a ter dúvidas sobre a estratégia entrista de agir de dentro do PSO. O artista havia recentemente começado a hospedar Trótski em sua casa em Coyoacán, subúrbio da capital mexicana, depois de negociar um acordo de asilo com o presidente Lázaro Cárdenas. No ano anterior, Trótski havia sido julgado *in absentia* em Moscou e condenado à morte sob acusações absurdas de ter conspirado com as potências fascistas para matar Stálin e destruir a União Soviética. Nos meses que se seguiram, Stálin começou a levar a cabo essa sentença em amigos e seguidores de Trótski dentro do partido bolchevique e internacionalmente. Agentes stalinistas na Espanha começaram a prender, torturar e executar POUMistas, anarquistas e outros grupos hostis à liderança de Stálin em uma onda de terror contrarrevolucionário que logo permitiu a tomada do controle de todo o país pelas forças de Franco. Para Trótski, isso sinalizava o quão baixo Stálin estava disposto a ir para proteger seu próprio regime às custas da revolução – chegando a prever que ele se alinharia com Hitler para dividir a Europa. O Führer depois viria a trair Stálin, levando a uma guerra mundial total, exponencialmente pior do que a primeira. Mas isso também aumentaria de maneira absurda a probabilidade de um desfecho revolucionário. "Os modernos instrumentos de destruição são tão aperfeiçoados que a humanidade provavelmente não será capaz de resistir à guerra mais do que alguns meses", diria Trótski mais tarde ao candidato do PSO Matteo Fossa durante uma visita ao México. "O desespero, a indignação, o ódio levarão as massas de todos os países em guerra a uma insurreição armada. A revolução socialista é inevitável."[66]

[66] Matteo Fossa, "Uma Entrevista com Leon Trotsky", 23 set. 1938.

Justo convocou a LCI e outros camaradas em sua casa em Buenos Aires a fim de anunciar um novo plano de ação traçado com base nessa perspectiva. Aos presentes, ele contou que Trótski formaria uma nova Internacional Comunista para substituir a de Stálin. Aos cuidados do Partido Socialista dos Trabalhadores (SWP) estadunidense, sediado em Nova York e, portanto, longe de perigo, essa nova organização se prepararia para coordenar e liderar uma revolução internacional ao final da guerra. Na Argentina, eles precisariam de seu próprio partido independente capaz de tomar o poder e estabelecer uma União Soviética Latino-Americana. Isso significava abandonar imediatamente a estratégia eleitoral do PSO.

Embora todos ali respeitassem profundamente Justo e Trótski, foram poucos os que se convenceram. Liacho e Gallo insistiram que a estratégia entrista de agir dentro do partido continuava sendo o melhor caminho para expandir as fileiras e a influência do movimento. Os cordobeses não gostavam da ideia de serem liderados por Buenos Aires, muito menos por Nova York. Posadas conta que a reunião foi virando um "circo", e terminou produzindo "oito grupos diferentes".[67] Para piorar, recorda, o cenário em que se dava o encontro só tornava a situação toda ainda mais absurda: o "palácio" de Justo, uma relíquia da oligarquia de Buenos Aires.

Cristalli permaneceu em campanha. Para ele, parecia ser mais um passo em sua improvável trajetória ascendente rumo a uma carreira política. Com a eleição se aproximando, ele participou diariamente como orador principal de comícios diários que atraíam centenas de pessoas em Córdoba e milhares em

---

Disponível online em: https://www.marxists.org/portugues/trotsky/1938/09/23.htm.

[67] J. Posadas, "Anecdota sobre Historia de La IV Internacional", op. cit., p. 4.

Buenos Aires.[68] Mas as multidões entusiasmadas não se traduziram em votos. Juntos, os candidatos do PSO não receberam mais que 28 mil votos em Buenos Aires – um terço do que conseguiram os principais candidatos do PS, que por sua vez já eram um terço do que o partido havia arrematado em 1934.[69] Suplantado pela mais moderada União Cívica Radical (UCR) de Yrigoyen, a bancada do PS conseguiu só cinco cadeiras, perdendo trinta.[70]

Junto com a derrota, a LCI ganhou nova notoriedade. Até então, eles haviam usado uma série de nomes para se referir a si mesmos: bolcheviques-leninistas, socialistas de esquerda ou marxistas revolucionários. Uma crítica do PCA, entretanto, deu-lhes finalmente um nome que colou:

> Entre os inimigos declarados da aliança democrática [a frente popular] estão os trotskistas. Sua importância não decorre de seu tamanho, que é insignificante. A importância reside na sua atividade de sabotagem [...]. Eles tentam se inserir em reuniões, entram para outros partidos operários a fim de avançar sua atividade fortemente anticomunista. Escondidos atrás da bandeira da revolução proletária, eles trabalham ativamente para isolar o PCA, dividir o movimento da classe trabalhadora e sabotar toda e qualquer tentativa de união nas atuais circunstâncias [...]. É preciso combater com a maior intensidade a influência ideológica do trotskismo.[71]

---

[68] Circular, "Historial del ultimo periodo de vida del camarada Luis desde su entrada a la clinica el jueves 14 de Mayo hasta el Lunes 25 de Mayo, Fecha de su Muerte," sem data, MS1209/2/1, 7663 6863, p. 23, Posadas Tendency Collection, Senate House Archives, Londres.

[69] Robert Jackson Alexander, *A History of Organized Labor in Argentina*. Westport: Praeger, 2003, p. 60.

[70] Dieter Nohlen, *Elections in the Americas*, op. cit., p. 84.

[71] Orestes Tomás Ghioldi, citado em Osvaldo Coggiola, *O trotskismo na América Latina* [col. Tudo é história, n. 94]. São Paulo, Brasiliense, 1984.

Eles foram expulsos do PSO, que logo na sequência se esfarelou em facções, que acabaram entrando para o Partido Socialista mais hegemônico ou então para o próprio PCA.[72] Com isso, a LCI também se fragmentou. Cristalli voltou a Córdoba para continuar trabalhando com Rey. Pela primeira vez estudou Marx, Engels, Lênin e Trótski, e galgou uma posição de liderança entre os quadros da organização.

Também encontrou o amor. Seu nome era Candida Rosa Previtera, uma das sapateiras que participou da greve que ele ajudou a articular.[73] Ele a pediu em casamento em uma cafeteria. "Tínhamos só 10 centavos. Dividimos um único café entre os dois", conta ele. Em lugar de um anel, ele ofereceu o Programa *de transição*, de Trótski. "Olha, é por isso que eu luto. Este é o objetivo da minha vida", disse a ela. "Tenho muito a aprender. Nós vamos passar por momentos de fome, vamos ser perseguidos. Podem até nos matar. Mas precisamos viver por isso. Há muitas coisas que não compreendo, que não sei, mas vamos aprender ao longo do caminho. Te convido a viver comigo por isto; este é o propósito da minha vida." Ela aceitou.[74]

Em 1939 ele produziu e distribuiu, para a manifestação do Primeiro de Maio em Buenos Aires, o primeiro panfleto de sua autoria de que temos registro: "¿Organismo juvenil obrero o Frente juvenil patriótica?" (traduzido pelos posadistas como "*Juventude revolucionária ou juventude patriótica?*"[75]). Demonstrando o quanto ele havia absorvido dos trotskistas e avança-

---

[72] Alexander, *A History of Organized Labor*, p. 60–1.

[73] Nome civil: Candida Rosa Previtera Negrito. Ver: https://api.parliament.uk/historic-hansard/written-answers/1968/nov/28/uruguayan-citizens-application-for-asylum.

[74] J. Posadas, "Parte final de la Historia de la Cuarta Internacional", 18 dez. 1969, Quatrième Internationale Posadiste Collection carpeta 8 1374, International Institute for Social History, Amsterdã, p. 206.

[75] *Lucha Communista* [suplemento especial], set. 1981, p. 6.

do como pensador político, o documento polemizava contra o entusiasmo pelo antifascismo da Frente Popular entre seus antigos camaradas da Juventude Socialista:

> Contra o fascismo, dizem, precisamos formar uma juventude antifascista! Sim, respeitamos isso, contanto que haja acordo quanto ao critério de priorizar sempre a classe [...]. É preciso reconhecer que muitos dos mesmos burgueses [...] afirmam o antifascismo como uma panaceia política a fim de que todo mundo se esqueça dos interesses e antagonismos fundamentais de classe e caia globalmente nos braços das categorias de um antifascismo liberal ou "simpático" à burguesia, ou então nas de um antifascismo "nacionalista puro", ou "verdadeiramente patriótico", e, finalmente, para fazer com que todos acabem apoiando o atual regime na base do medo.[76]

O texto era, em grande parte, matizado, eficaz e conciso – especialmente em comparação com os longos sermões sem muito rumo pelos quais ele se tornaria notório décadas depois. Mas outros momentos já prenunciavam algumas daquelas excentricidades. Criticando o bordão "pelo direito dos jovens ao trabalho, ao esporte, à cultura e ao amor", por exemplo, ele descrevia o "esporte" como um meio de fortalecer e "harmonizar" o corpo a fim de harmonizar também o time e, eventualmente, a sociedade toda. Isso seria efetivamente impossível sob o capitalismo, no qual os trabalhadores esgotam sua energia vendendo sua força de trabalho, transformando o esporte em um espetá-

---

[76] Homero (J. Posadas), ¿Organismo juvenil obrero o Frente juvenil patriótico?: Homero. Por una Juventud Obrera Marxista. Por la unidad de acción de los organismos obreros juveniles. Hacia el Socialismo dirigido por un Partido de clase, 1 mai. 1938, Catalogo de Publicaciones Politicas Argentinas, p. 1, Centro de Documentación e Investigación de la Cultura de Izquierdas.

culo profissionalizado que desvia a atenção do antagonismo de classe. O direito ao "amor" o indignava ainda mais:

> O que eles estão pedindo com essa tremenda demanda? Quem tem o poder divino de conceder amor? Seria para eles o amor puramente um bem material, algo passível de ser legislado, regulamentado, concedido, assim como se legisla, regulamenta e concede um pedaço de terra? Ou pretendem reduzir o amor à simples companhia sexual, e nem se atrevem a falar de livre prostituição?[77]

Resumindo esses bordões como utópicos e, portanto, alienantes para os trabalhadores, Homero propunha dezoito reivindicações alternativas que visavam produzir melhorias materiais em suas vidas. Seriam proibidos os estágios não remunerados, muito comuns entre os jovens trabalhadores. Homens e mulheres, jovens e idosos teriam igual jornada de trabalho e representação sindical. O texto se encerrava apresentando uma visão da formação da "Juventude Revolucionária Internacional" mundial[78] dentro de um partido revolucionário internacional mais amplo encabeçado por militantes independentes das lideranças sindicais e partidárias estabelecidas. Homero só não revelou que o partido havia sido criado há menos de um ano. Era um detalhe desnecessário para o público-alvo do panfleto, a militância de base da Juventude Socialista, que ficaria sabendo da Quarta Internacional assim que ela surgisse na Argentina. Na esperança de garantir um papel importante na sua criação, ele enviou o panfleto para o seu segundo leitor-alvo em Coyoacán.[79]

---

[77] Ibid., p. 14-15.

[78] Ibid., p. 20-1.

[79] Secretariado Internacional da IV Internacional Posadista, "Biographical note on Comrade J. Posadas" [17.06.1981], publicado in *Red Flag*, 24 jul. 1981, p. 3. Disponível online pela Encyclopedia of Trot-

3. A agonia de morte do capitalismo

Em 1938, a paranoia de Stálin atingira seu auge. Os integrantes da velha guarda bolchevique que restavam haviam sido forçados a confessar a várias traições fictícias centradas em torno de Trótski nos processos de Moscou. Centenas de milhares de apoiadores, admiradores e conhecidos de Trótski de todos setores da sociedade soviética foram apanhados e enviados para campos de trabalho forçado para serem executados ou trabalharem até a morte nos *gulags* árticos. Os alvos seguintes foram os conhecidos dos dissidentes políticos, incluindo milhares de militares de alta patente, cientistas e pesquisadores que se acreditava fazerem parte da conspiração trotskista – uma medida incrivelmente tola de ser feita em um momento no qual o mundo caminhava para a guerra.

Um exemplo ilustrativo foi o encarceramento e quase assassinato de Sergei Korolev, hoje reconhecido como um dos mais brilhantes e heroicos cientistas soviéticos por conta de suas contribuições para o programa espacial e a ciência de foguetes. Em *Challenge to the Apollo: The Soviet Union and the Space Race, 1945-1974* [Desafiando o Apollo: a União Soviética e a corrida espacial, 1945-1974], o historiador Asif A. Siddiqi, especialista em ciência espacial, conta que o fascínio de Korolev com foguetes começou em 1924, com o anúncio feito pelo cientista cosmista Konstantine Tsiolkovski de que levaria apenas alguns anos até que os soviéticos pudessem construir

---

skyism: https://www.marxists.org/history/etol/newspape/red-flag-posadas/red_1981.pdf.

naves espaciais. Por não se enquadrarem muito no projeto de atingir a autossuficiência econômica, no qual a URSS estava investindo todos os seus esforços, as ambições de Tsiolkovski não receberam nenhum interesse do Estado, mesmo se tratando de um proeminente cientista soviético. Em 1931, Korolev e outros cosmistas se viram obrigados a agir por conta própria. Eles se organizaram em um grupo amador de cientistas de foguete chamado Grupo para o Estudo de Propulsão Reativa (GIRD) – o cosmismo aparecia codificado no termo "movimento reativo",[80] o princípio teórico de combustão que permitiria com que um foguete atingisse velocidade orbital. Com o tempo, o trabalho do grupo foi ganhando cada vez mais reconhecimento oficial, até que alguns anos depois eles foram designados para servir a uma unidade do Exército Vermelho, comandada pelo engenheiro Valentin Glushko, encarregada de projetar "armas aladas". Em 1935, a unidade já se encontrava em franca desordem, atravessada por uma série de discordâncias sobre sua missão, agravadas pela suspeita de Glushko de que os membros do GIRD eram "doidos".[81] O ambiente de tensão era terreno fértil para falsas acusações. Glushko e Korolev foram presos sob suspeita de fazerem parte de uma "organização clandestina" ligada a Trótski que estaria sabotando a pesquisa soviética de foguetes ao fazer um trabalho falho. Os dois foram enviados para Kolimá, um dos mais notórios *gulags*, onde algo da ordem de centenas de milhares de pessoas morreram de excesso de trabalho e exposição ao clima ártico.[82]

---

80 Asif A. Siddiqi, "Imagining the Cosmos: Utopians, Mystics, and the Popular Culture of Spaceflight in Revolutionary Russia", *Osiris*, v. 23, n. 1, 2008, p. 286.

81 Asif A. Siddiqi, *Challenge to the Apollo: The Soviet Union and the Space Race*, 1945-1974, NASA, 2000, p. 7–9.

82 Asif A. Siddiqi, *Challenge to the Apollo*, op. cit., p. 10.

À medida que a campanha de Stálin para liquidar o trotskismo passou a se estender para além da União Soviética, comunistas mexicanos passaram a mirar o complexo de Trótski em Coyoacán. Hoje pode parecer um grau extraordinário de paranoia em torno do que não passava de um círculo muito pequeno de intelectuais fora da Rússia – mas ela era compartilhada por outros líderes às vésperas da guerra, incluindo o próprio *Führer* alemão. Isaac Deutscher descreve uma cena do embaixador francês perguntando a Hitler se ele não se preocupava com a perspectiva de que uma guerra entre a Alemanha e a URSS poderia terminar deixando Trótski como vencedor:

> Hitler teria saltado (como se tivesse sido "atingido na boca do estômago") e gritado que essa possibilidade, a ameaça da vitória de Trótski, era mais uma razão pela qual a França e a Grã-Bretanha não deveriam entrar em guerra contra o Terceiro Reich. Isto é, o mestre do Terceiro Reich e o enviado da Terceira República, em suas últimas manobras, durante as últimas horas de paz, procuraram intimidar um ao outro invocando o nome do pária solitário confinado e isolado na outra ponta do mundo. "O espectro da revolução os assombra; e eles lhe dão o nome de um homem", observou Trótski quando leu o diálogo.[83]

Foi sob essa nuvem densa de guerra e repressão sanguinária que vinte delegados da Oposição de Esquerda se reuniram nas imediações de Paris em setembro de 1938. Somente naquele mês, Mussolini havia ordenado que dez mil judeus deixassem a Itália, e os líderes europeus haviam cedido os Sudetos da Checoslováquia a Hitler em um ato desesperado de apaziguamento. Três potenciais participantes da conferência haviam desaparecido ou sido assassinados no ano anterior, incluindo o filho de

[83] Ibid., p. 417-18.

Trótski, Lev. Com muito a ser feito em um período mais do que escasso de tempo, a atmosfera era tão frenética quanto o era sombria. A pauta da reunião estava repleta de questões organizacionais, estratégicas e políticas que exigiriam pelo menos uma semana para serem tratadas. Mas eles só dispunham de um dia e tinham uma tarefa fundamental: declarar a criação da Quarta Internacional.[84]

A reputação espectral de Trótski não bastava para todos os ali presentes. O delegado francês, o escritor surrealista Pierre Naville, apresentou um relatório reconhecendo que a estrutura da organização havia ficado paralisada por dois anos por conta da repressão, o que a tornava praticamente uma ficção. Outros na secção polaca tinham receio de que a declaração estaria sendo feita em um contexto de desespero que a conferiria um caráter farsesco, dado que eles só contavam com alguns poucos milhares nas suas lamentáveis fileiras. Escrevendo com seu tom de Comandante do Exército Vermelho, Trótski havia enviado um documento que disparava preventivamente contra essas atitudes derrotistas, arregimentando suas tropas para uma guerra assimétrica. “É impossível, dizem, criar uma Internacional ‘artificialmente’; ela só pode surgir de grandes acontecimentos etc., etc. Essas objeções todas demonstram somente que céticos não prestam para criar uma Internacional. Aliás, não prestam para quase nada.”[85]

Eram os erros da Segunda Internacional, a virada contrarrevolucionária da Terceira Internacional e a indecisão e a falta de liderança adequada de sua própria Oposição de Esquerda que tinham produzido aquele momento de exaustão, continuou

---

84 Ibid., p. 341.

85 Leon Trótski, “Programa de Transição/A agonia do capitalismo e as tarefas da Quarta Internacional”, *Cadernos Marxistas*. São Paulo: Instituto José Luís e Rosa Sundermann, 2004, p. 61-92.

Trótski, e agora era hora de cometer a ousadia de avançar, não importa quão esfarrapados e mal armados. "Todos os grandes movimentos começaram como rachas de antigos movimentos", escreveu ele:

> O cristianismo foi, no início, um "racha" do judaísmo. O protestantismo, um "racha" do catolicismo [...]. A parceria entre Marx e Engels surgiu de um "racha" dos hegelianos de esquerda. A Internacional Comunista foi preparada durante a última guerra por "rachas" da Internacional Social-Democrata. Os iniciadores de todos esses movimentos só foram capazes de conquistar adesões em massa porque não tinham medo de permanecerem isolados.[86]

Assim, eles deveriam começar com alguns poucos quadros jovens, "promessas para o futuro" que, por meio da disciplina militar e da adesão ao *Programa de transição* de Trótski, superariam sua quantidade com qualidade. O caos da guerra os tornaria capazes de feitos heroicos inimagináveis, trazendo a cada dia novas oportunidades para expandir suas fileiras e influência à medida que o velho mundo dos fascistas, imperialistas e contrarrevolucionários da Internacional desmoronasse por completo. Só sobreviveria este seu núcleo heroico, emergindo das ruínas agitando uma bandeira vermelha com a foice e o martelo, agora acrescida do número quatro. "No decorrer dos próximos dez anos", prometeu Trótski, "o programa da Quarta Internacional ganhará a adesão de milhões, e esses milhões de revolucionários serão capazes de tomar de assalto o céu e a terra."[87]

---

[86] Deutscher, *Prophet Outcast*, p. 344 [ed. bras.: *Trótski: o profeta banido, 1929-1940*, trad. Waltensir Dutra, Rio de Janeiro: Civilização Brasileira, 1984].

[87] Ibid., p. 345.

Muitos confundiram esse otimismo com profecia – não era a primeira nem a segunda vez que isso havia ocorrido ao longo da vida de Trótski. Junto com esse grito de guerra messiânico, contudo, ele também admitiu uma segunda possibilidade que descrevia um futuro mais catastrófico do que a própria guerra. Se Hitler, Stálin ou os EUA triunfassem, eles reestruturariam a ordem mundial de modo a garantir que a revolução proletária nunca mais ocorresse. "A incapacidade do proletariado de tomar em suas mãos a liderança da sociedade pode acabar levando, nestas condições, ao surgimento de uma nova classe exploradora a partir da burocracia fascista bonapartista", escreveu. "Isso seria, de acordo com todas as indicações, um regime de declínio que marcaria o eclipse da civilização."[88]

À medida que a década se encerrava, foram as previsões sombrias que Trótski fizera para o futuro que, uma a uma, foram se confirmando. Hitler e Stálin firmaram um pacto de não agressão em agosto de 1939. Dias depois, a Alemanha invadiu a Polônia, mas não passou da Varsóvia, honrando assim um aspecto secreto do tratado, que permitia a expansão mútua na Europa Oriental. A Inglaterra e a França declararam guerra, mas com os Estados Unidos e a União Soviética fora de campo, eles assistiram impotentes às tropas de Hitler marcharem sobre a Holanda, a Bélgica, e em seguida toda a França, atravessando fronts intransponíveis da Primeira Guerra em questão de dias.

Sabendo que Hitler logo atacaria a URSS, Trótski mandou seus seguidores apoiarem as redes subterrâneas de resistência, a fim de defender a União Soviética a todo custo. Além do fato de que essas redes eram controladas por stalinistas, os comunistas também ficaram surpresos, pois Trótski agiria em defesa do regime que havia matado milhares de seus camaradas, ne-

---

[88] Leon Trótski, *Em defesa do marxismo*. São Paulo: Sundermann, 2011.

gando assim o princípio leninista do "derrotismo revolucionário" que buscava transformar a "guerra imperialista em guerra civil". Em vez disso, os trotskistas eram agora instruídos a defender a "transformação da guerra imperialista em uma guerra contra o fascismo",[89] apoiando Stálin, os aliados e uma política de "libertação nacional" em países colonizados, que empoderaria suas burguesias nativas.

Essa posição se tornou a primeira grande controvérsia da Quarta Internacional, e o debate respingou na Argentina durante a segunda tentativa de Liborio Justo de realizar congresso de unificação em 1940. Mesmo um apoio crítico à burocracia soviética ou ao capitalismo nacionalista não oferecia nada aos trabalhadores argentinos, argumentou Quebracho, além de abrir a porta para o social-patriotismo do PCA ou de algum outro populista burguês qualquer. Por sua intransigência frente às posições de Trótski, os cordobeses chegaram com uma moção para expulsar Justo. Ela lhe foi entregue em mãos pelo delegado "Flores", novo nome de guerra de Homero Cristalli.[90]

Depois da desastrosa conferência, o Secretariado Internacional (SI), à época sediado em Nova York, enviou seu delegado latino-americano Sherry Mangan, jornalista da *Time* e da *Fortune*, para ajudar Justo a articular mais uma tentativa de unificação. Apesar de seu *antidefensismo*, eles ainda consideravam Justo o mais inspirado e engenhoso organizador da Argentina – um país-chave na sua ambição de uma "União Soviética da

---

[89] Walter Daum, "The Life and Death of Stalinism, a Resurrection of Marxist Theory". Nova York: Socialist Voice/League for the Revolutionary Party, 1990. Disponível online: http://lrp-cofi.org/book/index.html.

[90] Osvaldo Coggiola, *Historia del trotskismo en Argentina y en America Latina*. Buenos Aires: RyR, 2006, p. 67 [ed. bras.: *O trotskismo na América Latina*. São Paulo, Brasiliense, 1984].

América Latina", que inclusive teria como possível capital a cidade cosmopolita de Buenos Aires, ou então a de Montevidéu. Mangan instou Justo a primeiro unificar os grupos em uma única organização guarda-chuva, para depois resolver suas diferenças políticas no processo editorial do jornal do grupo. Uma vez que Justo já havia chegado à conclusão, após o congresso de 1938, de que o consenso político precisava preceder qualquer unificação prática, era agora óbvio para ele que o paternalismo da Quarta Internacional não fazia o menor sentido. Ele parou de falar com Mangan, alertando seus camaradas a não receberem ordens "nem de Moscou nem de Nova York".[91]

Durante o resto daquele ano, Mangan rodou a Argentina em busca de um novo Quebracho. "Flores" lhe chamou a atenção tanto pela sua defesa firme da posição de Trótski sobre a União Soviética quanto pela sua reputação como um quadro charmoso e diligente. Ninguém o considerava um intelectual, mas ele compensava sua falta de conhecimento com uma inesgotável disposição de aprender e, mais importantemente, de agradar àqueles que reconhecia como superiores. A esse respeito, uma publicação da Liga Obrera Revolucionaria, que atacava praticamente todos os trotskistas do país ("Juana Palma é, segundo Gallo, a Rosa Luxemburgo argentina. Concordamos. Ela guarda certa semelhança física [...]. O ponto forte de Gallo são seus estudos do tango."[92]), trazia um raro elogio a Cristalli. Ele era, apesar de suas diferenças, "mais ou menos responsável".[93]

Mangan localizou Cristalli em sua nova casa nos arredores de Córdoba. Ainda ralando para pagar as contas entre um bico

---

[91] Ibid., p. 82.

[92] Ibid., p. 42.

[93] Liga Obrera Revolucionaria, "Boletin Interno No. 1", 1941, SHB C2/10-1, Centro de Documentación e Investigación de la Cultura de Izquierdas en Argentina, Buenos Aires, p. 4.

e outro com *oficios varios*, ele havia se mudado para um casebre com Candida Previtera e o recém-nascido León. Era uma ocupação ou algo do tipo, insuportavelmente quente, cheia de mosquitos e mobiliado com carpintaria amadora. O futuro camarada Guillermo Almeyra recorda algumas das obras domésticas típicas de Cristalli: "Ele não conseguia consertar os buracos que abriu na parede, nem os vazamentos no telhado. Se contentou em fazer uma biblioteca usando tábuas sem corte fixadas com pregos, todas meio retorcidas, em uma parede que também estava caindo aos pedaços."[94] Depois de ver o estado daquela casa, Mangan teria dito, retirando-se para o pátio: "Não sei como você consegue viver assim."

"Olha, ou caem fora os mosquitos, ou então caio fora eu", respondeu Cristalli. "E eu não tenho condições de sair [...]. Meu orçamento só me permite ficar aqui com os mosquitos."[95]

Escritas em 1969, as memórias da visita de Mangan exemplificavam o desdém de Posadas pelos "velhos trotskistas" dos quais ele havia se separado no início daquela década. Eram carreiristas, imorais, gulosos, politicamente ineptos e ignorantes da vida latino-americana a ponto de esbarrarem no racismo. Por mais insensível que Mangan pudesse ser, é difícil imaginar o Cristalli de 1941 vendo-o como qualquer outra coisa que não um anjo marxista enviado para resgatá-lo das favelas de Córdoba. Não demorou para que ele se tornasse um enérgico apoiador da conferência de unificação que Mangan convocou ainda naquele ano em Punta Lara.

---

94 Guillermo Almeyra, *Militante crítico*, op. cit., p. 90.

95 J. Posadas, "Anecdota sobre Historia de La IV Internacional" [circular], 17 jul. 1969, Carpeta 7, 1160–468, Quatrième Internationale Posadiste Collection, International Institute for Social History, Amsterdã, p. 3.

Pelos padrões de Mangan, o encontro tinha sido um sucesso, fazendo com que todo grupo trotskista da Argentina (com a exceção da turma do Justo) concordasse com um extenso documento que detalhava sua estrutura e estratégia. Eles anunciaram a criação de um jornal e de um partido independente, o Partido Operário Revolucionário Socialista (PORS). Por conta de sua experiência com a organização dos sapateiros e da Juventude Socialista, Cristalli ficou encarregado de fazer a ponte com os sindicatos e coordenar uma campanha de entrada no PS. Ele passou a receber um salário de cinco pesos por dia[96] – hoje cerca de setenta dólares.[97]

Enquanto Cristalli, animado, logo trouxe sua família toda para Buenos Aires, Esteban Rey, que também tinha sido contratado como secretário, escolheu manter sua família em Córdoba, sinalizando certo ceticismo quanto à longevidade do PORS.[98] A história logo provou que ele e Quebracho estavam certos em suas críticas às deficiências da estratégia de Mangan. Com grandes diferenças políticas não resolvidas, surgiram discussões sobre a distribuição de fundos, a estrutura do jornal e sobre como o partido deveria se posicionar diante das eleições de 1943 que, no final das contas, acabaram nem acontecendo.[99]

À medida que Homero, Cândida e León se estabeleciam em sua nova residência portenha, outra das previsões apocalípticas de Trótski se realizou. Em junho de 1941, Hitler invadiu o

---

[96] Horacio Tarcus, *Diccionario biográfico de la izquierda argentina*, op. cit., p. 525.

[97] Ver: https://en.wikipedia.org/wiki/Historical_exchange_rates_of_Argentine_currency e https://www.officialdata.org/1941-dollars-in-2016?amount=4.20.

[98] Horacio Tarcus, *Diccionario biográfico de la izquierda argentina*, op. cit., p. 525.

[99] Osvaldo Coggiola, *Historia del trotskismo en Argentina y en America Latina*, p. 87–8.

território soviético. O ataque surpresa custou caro ao Exército Vermelho, que perdeu grandes extensões territoriais e teve milhares de suas aeronaves destruídas em um instante. No início, Stálin acreditava que todas as interceptações de inteligência e manchetes de jornais ao redor do mundo, bem como o acúmulo de tropas alemãs em suas fronteiras, não passavam de iscas armadas para levá-lo a uma guerra prematura. Depois de dias de Blitzkrieg, Stálin finalmente convocou o país e partidos de massa comunistas do mundo todo para combater os fascistas.

O PCA convocou manifestações de massa denunciando a invasão. Embora o governo da Argentina permanecesse neutro, as ruas do país estavam pegando fogo com violência entre apoiadores dos aliados e germanófilos simpáticos aos nazistas.[100] Comunistas dissidentes como Cristalli não ficaram nem lá nem cá no meio desse fogo cruzado. Ele viajou para Córdoba para um protesto, levando panfletos que expunham a nova linha do seu partido. "Eu formulei um comentário: 'Esses malditos burocratas soviéticos vão afundar a URSS! São eles os responsáveis por isso [...]. Se Trótski estivesse lá, isso não estaria acontecendo. Os nazistas não teriam conseguido entrar!"[101] Depois de algumas palavras, ele foi arrancado de cima de seu caixote por stalinistas possessos. "Fui arremessado quinze metros [...]. Comecei a revidar também."

Cristalli, coberto de sangue e sem vários dentes, foi levado pela polícia junto com três de seus agressores para uma mesma cela. "Eles não falaram comigo. E eu lhes disse: 'Foi você o sujeito que me deu um murro, né? [...] Não negue. Não te vou dedurar. Só estou perguntando para saber se você ganhou

---

[100] Guillermo Almeyra, *Militante crítico*, op. cit., p. 42.

[101] J. Posadas, "Parte Final de la Historia de la Cuarta Internacional" [circular] 18 dez. 1969, MS1209/2/1 1374, Posadas Tendency Collection, Senate House Archives, London, p. 4.

alguma coisa me dando porrada. Você me convenceu de algo? Eu não ataquei a URSS. Defendi Trótski, que criou a vontade e determinação que teriam impedido a invasão. Queremos a mesma coisa."'

— Mas você atacou a URSS quando disse que eles praticamente convidaram os nazistas — respondeu o comunista.

— Não, eu disse que foi a política de Stálin que praticamente os convidou. Vamos discutir isso.

Eles conversaram por horas até que um oficial da polícia entrou com uma testemunha, pedindo a Posadas que denunciasse seu companheiro de cela.

— Nem sei quem me socou... Ninguém me socou... Eu não vi nada — disse.

— Então por que é que seu rosto está todo ensanguentado? — rebateu o oficial.

"Houve um empurra-empurra, a multidão toda ficou se acotovelando, alguém caiu e foi isso."

Foram todos soltos, sem acusações e como amigos, conta Posadas. Os comunistas o convidaram para passar na sua sede para tomar um mate e falar de política sempre que quisesse.

Também escrita três décadas depois, no período em que Posadas ficou exilado em Roma e trabalhando em estreita colaboração com o Partido Comunista Italiano (PCI), essa anedota bonitinha estava longe de representar a norma para o que ocorria com trotskistas que tentavam defender a URSS. Na Europa, a maioria dos quadros da Quarta Internacional foi para a clandestinidade, na esperança de se juntarem às forças de resistência lideradas pelos stalinistas, que organizavam campos de treinamento na selva, ataques de guerrilha em arsenais e assassinatos de nazistas ocupantes. Esses agrupamentos partidários se tornaram cada vez mais decisivos, especialmente na Itália e nos Bálcãs, onde os moradores locais se juntaram a eles aos milhares para sabotar as rotas de abastecimento e libertar as aldeias, retirando as forças de Hitler da Frente Oriental. À medida que o conflito foi evoluindo de uma luta apolítica pela libertação nacional para uma luta anticapitalista, Stálin começou a entender a previsão que Trótski havia feito a respeito do potencial revolucionário da guerra e ordenou que seus agentes passassem a exterminar os trotskistas como infiltrados inimigos. Em um desses episódios, os líderes stalinistas do Exército Popular para a Libertação Nacional na Grécia convocaram vinte trotskistas para receber instruções e atribuições, só para depois executarem todos ali mesmo. Ao final da guerra, quase todos os trotskistas gregos estavam mortos, seiscentos deles pelas mãos dos comunistas.[102]

O próprio Trótski teve o mesmo destino em agosto de 1940, resultado de uma elaborada trama que se desdobrou ao longo de meses, culminando em um clímax de brutalidade na forma de uma picareta de gelo fincada em sua cabeça. Ele passou seus últimos suspiros de vida expressando seu amor à sua esposa Natália Sedova e pedindo aos seus guardas que não matassem o assassino, que ele especulava ser um agente de Stálin, da Gestapo, ou de ambos. Seu secretário e guarda-pessoal tentou tranquilizá-lo dizendo que seu crânio rachado só havia sofrido uma ferida superficial. Trótski sabia a verdade. "Este é o fim", disse.[103]

---

102 Robert J. Alexander, *International Trotskyism*. p. 505-6.

103 Isaac Deutscher, *Prophet Outcast*, p. 409–11 [ed. bras.: *Trótski: o profeta banido, 1929-1940*, trad. Waltensir Dutra, Rio de Janeiro: Civilização Brasileira, 1984].

4. As origens do posadismo

Acreditando serem os justos combatentes de uma guerra santa racial, as potências do Eixo juraram lutar até a vitória total – ou até a destruição total. Os Aliados estavam determinados a garantir o segundo desfecho. Populações inteiras se tornaram dispensáveis diante do esforço de guerra – centenas de milhares de sérvios, croatas, romanis e muçulmanos foram despachados para campos de morte pelos nazistas e por seus aliados nos Balcãs; milhões de coreanos, chineses, indochineses, filipinos e malaios, entre outros, foram assassinados em massa pelo Exército Imperial Japonês; três milhões de bengalis foram mortos de fome pelos ingleses; e, como previra Trótski em 1938, o "extermínio físico sistemático dos judeus"[104] foi implementado pelo regime nazista com um fervor revolucionário industrial. Explosivos e tecnologia aeronáutica assustadoramente aprimorados reduziram cidades inteiras a escombros. Roterdã, Dresden, Varsóvia, Tóquio e dezenas de outras metrópoles foram quase completamente destruídas para vencer o inimigo. A URSS foi a que mais sofreu nesse quesito, amargando 27 milhões de mortos e 1.700 cidades destruídas.[105] Por incrível que pareça, nenhuma dessas carnificinas bastou para ser decisiva, como se houvesse níveis mais altos de atrocidades ainda a serem alcançados.

---

[104] Leon Trótski, "On the Jewish Problem," *Fourth International*, n. 12, 1945, p. 377–9, transcrito por David Walters para o Leon Trotsky Internet Archive, disponível online: https://www.marxists.org/archive/trotsky/1940/xx/jewish.htm.

[105] Asif A. Siddiqi, *Challenge to the Apollo*, op. cit., p. 23.

A crueldade dos combatentes foi endurecendo cada vez mais, em compasso com o poder destrutivo exponencial de seus armamentos, e a urgência de vencer a guerra acelerou espantosamente a conclusão de projetos que até então não passavam de teorias. A Alemanha ostentava o mais avançado programa de foguetes. Liderada por Werner von Braun, a iniciativa produziu o míssil A-4, que era capaz de percorrer quase duzentas milhas, cruzando, por exemplo, o Canal da Mancha ou terras de ninguém da Frente Oriental para explodir em cidades inglesas ou russas – antes até que as sirenes de ataque aéreo fossem acionadas. Foi um desenvolvimento tecnológico tão aterrorizante que tanto Churchill quanto Stálin tomaram pessoalmente a decisão de buscar fazer a engenharia reversa da ogiva a partir dos seus detritos.[106] A necessidade de impedir ataques aéreos produziu novos canhões Flak de defesa antiaérea, incluindo uma mina aérea a jato chamada *Feuerball* (bola de fogo), que pairava pelo ar e às vezes parecia seguir aviões como que pilotada por alguma pequena criatura inteligente. Os pilotos aliados apavorados chamavam os objetos não identificados de "*foo-fighters*", fazendo referência a uma famosa tirinha de quadrinhos que apresentava veículos esféricos chamados "*foomobiles*", um termo que alimentaria uma nova geração de enredos extraterrestres na ficção científica de folhetim.[107]

O ápice, no entanto, seria a cisão do átomo. "O átomo contém dentro de si uma poderosa energia escondida, e a maior tarefa da física consiste em bombear essa energia, sacar a rolha para que ela possa explodir em uma grande fonte", discursou Trótski a um grupo de cientistas soviéticos em 1926. "Esta não é de

---

[106] Asif A. Siddiqi, *Challenge to the Apollo*, op. cit., p. 18.

[107] Renato Vesco e David Hatcher Childress, *Man-made UFOs 1944-1994: 50 Years of Suppression*. Stelle: Adventures Unlimited Press, 1994, p. 85–6.

modo algum uma tarefa impossível. E que perspectivas ela nos abre!"[108] Outros, como H. G. Wells em seu romance escrito em 1913 *The World Set Free*, entenderam que outra possível ramificação era o surgimento de uma nova classe de armamentos bélicos capaz de destruir cidades, países ou continentes em um piscar de olhos. As promessas de desenvolver uma carta de trunfo marcial motivaram a inauguração do Uranprojekt, do Eixo, em 1939, e do Projeto Manhattan, dos Aliados, em 1942. Ambos os lados reuniram suas maiores mentes da física e engenharia, alguns com o conhecimento de que estavam construindo uma máquina apocalíptica, outros com a esperança de que seria a arma que acabaria com a guerra que poria fim a todas as guerras.

Enquanto a maioria dos países latino-americanos se implicou na guerra ao lado dos Aliados, com quem tinham os laços econômicos mais fortes, a Argentina permaneceu neutra em uma estratégia de paciência, mas ao mesmo tempo indecisão. Sua oligarquia tinha laços com a Inglaterra e os Estados Unidos, mas elementos germanófilos da elite econômica e do setor militar traçaram em privado uma estratégia diferente. Um dos principais conspiradores foi Juan Domingo Perón, um jovem militar que havia passado uma temporada de dois anos a serviço com exércitos italiano e alemão, treinando com as tropas de esqui. Seus pares fascistas lhe apresentaram calorosamente as instituições de ponta de sua sociedade marcial, desde a organização precisa das suas forças armadas, até a disciplina hipnótica que seus líderes ordenavam das massas. Perón deixou a Europa em 1941, convencido de que as potências do Eixo venceriam e

108 Leon Trótski, "Radio, Science, Technique and Society," trad. Leonard Hussey (Brian Pearce), *Labour Review*, v. 2, n. 6, 1957, disponível online no Leon Trotsky Internet archive: https://www.marxists.org/archive/trotsky/1926/03/science.htm.

que a Argentina era a escolha lógica para representar seus interesses na América Latina.

Logo que retornou ao país, Perón organizou junto com outros oficiais do exército uma sociedade secreta chamada Grupo de Oficiais Unidos (GOU). Eles ocultaram sua agenda pró-fascista a fim de conseguirem se alinhar com outros setores do exército e da elite que estavam cansados da hesitação e das eleições fraudulentas da *Concordancia*, a aliança política que estava no poder há uma década. Seu golpe de 1943 enfrentou pouca resistência, permitindo-lhes facilmente substituírem oficiais pró-aliados por agentes do GOU, incluindo o próprio presidente, Pedro Ramirez. Perón ficou com dois cargos relativamente menores: ministro da Guerra e secretário do Trabalho e da Previdência Social.

No tempo que levaram para colocar em marcha o golpe, contudo, a ofensiva outrora aparentemente imbatível do Eixo tinha esbarrado no seu limite em Stalingrado – cidade que deve seu nome à defesa heroica que dela fez Stálin contra as forças tsaristas durante a Guerra Civil Russa. Depois que a Sexta Divisão Alemã, com apoio de peso da *Luftwaffe*, tomou metade da cidade, a história se repetiu. O Exército Vermelho cortou a linha de abastecimento dos alemães. Centenas de milhares de tropas do Eixo ficaram presas, passando fome por meses a temperaturas congelantes, como um sacrifício para seu *Führer* tresloucado que se recusava a admitir a derrota. O esforço de guerra nazista nunca se recuperaria da derrota. As forças aliadas invadiram a Sicília em julho, e em setembro a Itália já havia se rendido. Nos Balcãs, os partisans continuaram a luta contra os ocupantes alemães que vieram substituir os italianos. Ao final do ano, os nazistas já estavam em plena retirada da Rússia. O Exército Vermelho lançou uma contraofensiva que chegou a Berlim em abril de 1945, pondo fim à guerra na Europa.

Perón logo se deu conta, talvez mais rápido do que qualquer um do GOU, de que as premissas do golpe haviam sido minadas. Não só o Eixo perderia a guerra, como o pouco apoio popular que o GOU havia conquistado com a remoção do regime impopular anterior esfarelou depois que eles baniram partidos políticos, censuraram a imprensa, restauraram o controle da Igreja sobre a educação e expulsaram elementos de esquerda da Confederação Geral do Trabalho (CGT). Na tentativa de recuperar alguma legitimidade, Perón deu um giro na sua maneira de tocar a Secretaria do Trabalho: de mera imitação burocrática do Bureau of Labor Statistics estadunidense, a instituição passou agora a arbitrar ativamente a favor dos trabalhadores em disputas trabalhistas. Ele começou a visitar piquetes e a acompanhar as negociações entre representantes sindicais e a gerência, geralmente forçando a balança para o lado dos trabalhadores. Assinou grandes acordos trabalhistas e proferiu discursos de vitória vestindo uma camisa desabotoada no pescoço e de mangas compridas, popular entre os trabalhadores, mas zombada pelas classes altas. Frequentemente o acompanhava sua esposa Eva, uma atriz de segunda categoria conhecida por seu amor aos argentinos comuns e pelo desdém pela elite.

Perón ampliou o seguro de saúde, a previdência, as garantias de férias e feriados remunerados, e passou a proteger o direito de organização dos trabalhadores – contanto que estivessem alinhados a ele. Os dirigentes sindicais acreditaram que tinham nas mãos um palerma, que Perón devia ser um funcionário militar tão alheio à burguesia argentina que sequer fazia ideia do perigo em que estava se colocando ao conceder aos trabalhadores direitos que há muito eles vinham reivindicando. No fundo, porém, era Perón que estava se aproveitando deles. "Os trabalhadores começaram a confiar no secretário do Trabalho", escreveu o historiador Robert Jackson Alexander, que estudou esse período do movimento operário argentino, "e não nos representantes sindicais."[109]

As lideranças trabalhistas esquerdistas que buscaram manter seus sindicatos independentes logo descobriram que não havia chance de vitória que não passasse por beijar a mão de Perón. O Sindicato dos Sapateiros de Cristalli, que representava a maioria dos trabalhadores do setor, sentiu isso na pele. Ao optar por lutar pela sua independência em relação à junta militar, o sindicato perdeu o seu direito de negociar coletivamente. Os trabalhadores de base foram forçados a migrar para um novo sindicato criado pelos peronistas. A CGT de Perón devorou quase todos os seus rivais dessa maneira, e no outono de 1944 o *golpista* foi recebido na comemoração anual do Primeiro de Maio como convidado de honra.[110]

Apesar de sua admiração por Mussolini e de sua afinidade com o proletariado argentino, Perón tinha pouco interesse em replicar um modelo fascista, muito menos um modelo socialista. Em vez disso, desenvolveu a ideia de um Estado forte que faria a mediação entre capital e trabalho em prol da nação argentina como um todo. Mais tarde, ele chamou essa plataforma de *Justicialismo* – justiça social com uma estética extremamente operária e nacionalista. Enquanto a maioria dos trotskistas papagaiava a posição padrão de esquerda de que Perón era um fascista oportunista fingindo afinidade com a classe trabalhadora, essa "terceira posição" que ali surgia ganhava cada vez mais popularidade entre os trabalhadores, para o pavor da classe média, da oligarquia e das embaixadas estadunidense e inglesa. Sob pressão dos Aliados, que fechavam o cerco se aproximando de

[109] Robert J. Alexander, *Juan Domingo Perón: A History*. Boulder: Westview Press, 1979, p. 36–9.

[110] Ibid., p. 40.

Berlim e do Japão, o GOU finalmente quebrou sua neutralidade e anunciou a convocação de novas eleições em 1945.[111]

Sabendo que Perón ganharia facilmente se concorresse, o GOU deu outro golpe em outubro para prendê-lo e remover seus aliados do poder. A suprema corte imediatamente revogou seus decretos populares. Férias remuneradas e outros benefícios desapareceram do calendário. Quando alguns trabalhadores começaram a ver o salário minguar, os patrões os mandaram ir "pedir para o Perón" seu dinheiro. A CGT convocou uma greve para 18 de outubro exigindo o retorno dos benefícios. De maneira independente, centenas de milhares, possivelmente milhões de trabalhadores, inundaram as ruas de Buenos Aires no dia anterior, clamando pela libertação e recolocação de Perón, e atacando todos que fossem entendidos como seus oponentes, de patrões a esquerdistas.[112]

Guillermo Almeyra, um jovem socialista recém-saído da escola militar, se recorda desse dia como um grande ponto de virada da história do país e da sua própria vida. Os líderes do partido lhe deram um revólver .45 e o mandaram vigiar seu escritório no partido no bairro Cerrito, no centro de Buenos Aires. Ele assistiu aos trabalhadores cruzarem o prédio em uma procissão desordenada que parecia "uma mistura entre um partido e um ato de dessacralização". Ele sabia que eles estavam "errados", mas se perguntou: "Qual é o núcleo racional desse enorme esforço coletivo? Se eles atacarem o Centro e eu disparar minha arma, o que é que eu vou conseguir com isso além da garantia de que, uma vez que se recuperem do tiro, eles vão voltar com tudo para destroçar e queimar as instalações comigo dentro?"[113]

---

[111] Ibid., p. 43-5.

[112] Ibid.

[113] Guillermo Almeyra, *Militante crítico*, op. cit., p. 61.

A ameaça de violência proletária também era sentida nos mais altos escalões do governo. Diante do temor de uma revolução completa, Perón foi solto e levado para acalmar as massas reunidas na Plaza de Mayo. Ele saudou a multidão e cancelou a greve geral do dia seguinte. Em vez disso, anunciou a criação de um feriado novo para celebrar o maior levante de trabalhadores desde a insurreição de 1919 e marcar o primeiro dia de sua campanha presidencial: o *Día de la Lealtad*.

Um dos primeiros grupos de esquerda a produzir uma análise matizada do fenômeno peronista foi o Grupo Quarta Internacional (GCI). Era um conjunto secreto de quadros trotskistas inseridos no Partido Socialista, conhecidos apenas por seu jornal, o *Frente Obrero*, e pelo nome do militante que aparecia assinando vários dos textos, um tal de J. Posadas. "Quando grita *Viva Perón!*, o proletariado expressa seu repúdio aos pseudo partidos operários que nos últimos anos dedicaram suas principais forças a promover o derramamento de sangue imperialista",[114] anunciava um editorial depois daquele outubro. Em outra análise, eles compararam Perón a Lázaro Cárdenas, o presidente que estabeleceu um governo de partido único no México, implementou uma reforma agrária e esforços de modernização, tomou indústrias estadunidenses instaladas no país e concedeu asilo a Trótski. As estatizações de Cárdenas foram tão descaradas que muitos acreditavam que ele estava levando a cabo o programa de Trótski. Na realidade, o apoio de Trótski sempre foi um apoio crítico. Ele classificava figuras como Cár-

---

[114] Vilma Ripoll, "Nahuel Moreno: El Trotskismo Criollo", em Claudia Dubkin (ed.), *Fundadores de la izquierda argentina: Juan B. Justo, Alfredo Palacios, Victorio Codovilla, Severino Di Giovanni, Liborio Justo, Silvio Frondizi, John William Cooke, Jorge Abelardo Ramos, Nahuel Moreno, Agustín Tosco, Mario Roberto Santucho, René Salamanca*. Buenos Aires: Capital Intelectual, 2008, p. 206–7.

denas como "bonapartistas", referindo-se à ditadura militar de Luís Bonaparte estabelecida para concluir muitas das tarefas da Revolução Francesa, ao mesmo tempo que mantinha as classes mais baixas afastadas de qualquer poder efetivo. No contexto de países semicoloniais como o México, onde o governo, escreveu Trótski, "pende entre o capital estrangeiro e capital interno, entre a frágil burguesia nacional e o proletariado relativamente poderoso", uma liderança bonapartista *sui generis* como Cárdenas era útil para fortalecer a burguesia nativa contra os interesses imperialistas, colocando assim a classe trabalhadora em melhor posição para organizar a revolução.[115]

Os acontecimentos de 1946 corroboravam a posição do GCI de que Perón estava mais para Bonaparte do que para Mussolini. Para se opor à candidatura de Perón, surgiu uma chapa de "União Democrática", liderada pelos partidos políticos da oligarquia imperial tradicional, com apoio das embaixadas estadunidense e britânica. Ainda acreditando que Perón era um fascista, os partidos Socialista e Comunista também somaram seu apoio à chapa – só o GCI e um punhado de outros trotskistas endossavam totalmente o "Partido Laborista" e anti-imperialista de Perón. Com linhas eleitorais traçadas entre, por um lado, a estabilidade democrática burguesa e, por outro, o trabalhismo autoritário nacional soberano, Perón arrematou cinquenta e três por cento dos votos.

Uma vez no poder, ele aplicou os mesmíssimos métodos com os quais havia cooptado o movimento dos trabalhadores às instituições do Estado. Jornalistas críticos, partidos políti-

---

[115] Leon Trótski, "Nationalized Industry and Workers' Management," trad. Duncan Ferguson, *Fourth International*, v. 7, n. 8, mai.-jun. 1946), p. 239-42, transcrito por David Walters para o Leon Trotsky Internet Archive, disponível online: https://www.marxists.org/archive/trotsky/1938/xx/mexico03.htm.

cos e elementos ricos da oposição foram reprimidos ou expropriados pela máquina estatal peronista. Com pleno domínio da economia, ele se aproveitou do fato de que a Europa se encontrava devastada pela guerra para vender os vastos estoques argentinos de carne e grãos a fim de financiar a educação gratuita, aumentar salários, ampliar benefícios e investir na industrialização do interior do país. Perón cumpriu assim as previsões tanto do GCI quanto dos seus críticos liberais, tornando-se baluarte da burguesia industrial nativa emergente contra o entulho da oligarquia agrícola do século XIX, e um ditador adorado pela classe trabalhadora.

Em 1947, o GCI lançou um novo jornal semanal destinado aos trabalhadores e socialistas que reconheceram que sustentar uma oposição ao peronismo significava virar as costas às massas, o *Voz Proletaria*. Suas primeiras edições traziam análises do peronismo escritas por J. Posadas, e uma declaração de missão dramática:

> Um partido, disse Trótski, não é apenas um programa, ele é a realização desse programa em carne e osso no corpo do proletariado [...]. Eis a raiz de nossa lógica militante, eis a ideia-chave que mobiliza e guia as nossas energias: fazer com que o programa simultaneamente se funda com o proletariado [...]. Sem essa fusão, nada de sólido e duradouro pode ser construído.[116]

Tornado dissidente do Partido Socialista pelos acontecimentos de 17 de outubro, Guillermo Almeyra virou um leitor voraz de *Voz Proletaria* – mas não tinha ideia de quem eram, nem conhecia ninguém que se assemelhasse a eles. Ele finalmente

---

116 Citado em Murilo Leal, *A esquerda da esquerda: trotskistas, comunistas e populistas no Brasil contemporâneo (1952-1966)*. São Paulo: Paz e Terra, 2003, p. 49.

encontrou um encrenqueiro que pensava como ele na escadaria da Casa del Pueblo, sede do Partido Socialista. Adolfo Gilly, um "boêmio magro e pálido" que usava um par de óculos circulares grossos e gravata borboleta, estava provocando certo tumulto e se recusava a sair de lá até que o partido rompesse sua aliança com as embaixadas imperialistas. Os dois conversaram por horas a fio, até o prédio fechar e o faxineiro os conduzir para a porta como se fossem um único militante composto de dois homens inseparáveis. Eles devoraram livros de Lênin, Trótski e outras obras banidas das bibliotecas socialistas, deleitando-se com heresias contra o partido.

As histórias da vida clandestina dos bolcheviques pré-1917 os inspiraram a criar pseudônimos para passar a escrever seus próprios textos polemizando contra a política tépida do PS. Eles logo colocaram em ação um plano para punir sua burocracia bundona. Almeyra se inscreveu e disputou sozinho uma eleição interna para um cargo que vinha com a prerrogativa de expulsar membros que estavam com a reputação no interior do partido comprometida. O "microexpurgo" vitimou tanto veteranos quanto representantes eleitos do partido. Não demorou muito para que os dois fossem convocados à Casa del Pueblo, rotulados de agentes peronistas, e novamente expulsos, desta vez às gargalhadas. Saíram da sede cantando *A Internacional* e desceram até a Avenida de Mayo para comemorar a expulsão, bebendo até cair.[117]

Passada a ressaca da bebedeira, era hora de começar a trabalhar sério. O *Voz Proletaria* havia os convencido a se tornarem militantes da Quarta Internacional; mas o único contato que tinham era com o Grupo Obrero Marxista (GOM), uma organização fortemente antiperonista liderada por um jovem discípulo de Liborio Justo chamado Nahuel Moreno. Para o GOM,

[117] Guillermo Almeyra, *Militante crítico*, op. cit., p. 74-6.

o 17 de outubro tinha sido "uma mobilização organizada pela polícia, pelos militares e nada mais",[118] e o GCI não passava de um "agente ideológico do peronismo".[119] Enquanto Moreno era visto direto com seus amigos adolescentes tramando em uma pizzaria ou entoando "*Cuarta! Cuarta!*" com seu grupelho de militantes em manifestações ("De fato, vocês só são quatro mesmo!", brincou um observador)[120], o GCI agia na clandestinidade, e ninguém fazia ideia de quem era Posadas. O nome era tão misterioso quanto é hoje. Será que era algum intelectual orgânico da aldeia de Posadas, situada no extremo norte da Argentina e outrora conhecida como um reduto anarquista, mas da qual nunca mais se falou? Ou quem sabe o nome se referia a uma das várias ruas Posadas, talvez a de Buenos Aires, onde moraram Juan e Eva Perón? E o que representava aquele "J"?

Sem nenhuma pista muito promissora, eles acabaram entrando para o pequeno grupo de outro provocador pró-peronista, recentemente expulso do Partido Socialista por incitar uma greve militante entre os trabalhadores do açúcar no norte de Jujuy: Esteban Rey.[121] Depois que conquistaram sua confiança, Rey os ajudou a organizar uma reunião com o GCI em 1948. Almeyra e Gilly receberam um endereço na Ilha Maciel,

---

[118] Alicia Rojo, "El trotskismo argentino y los orígenes del Peronismo", *Cuadernos del CEIP*, n. 3, ago. 2002, p. 123. Disponível online: http://www.ceip.org.ar/El-trotskismo-argentino-y-los-origenes-del-Peronismo.

[119] Ernesto González, *El trotskismo obrero e internacionalista en la Argentina: Tomo 1 Del* GOM *a la Federación Bonaerense del PSRN (1943-1955)*. Buenos Aires: Editorial Antídoto, 1995, p. 123.

[120] Idem., p. 84.

[121] Daniel Omar De Lucia, "Unas relaciones curiosas: Trotskismo y socialdemocracia (1929-1956)", *Pacarina del Sur*, sem data. Disponível online: http://www.pacarinadelsur.com/home/oleajes/253-unas-relaciones-curiosas-trotskismoy-socialdemocracia-1929-1956#_edn48.

um bairro industrial situado na região portuária de Buenos Aires. Dentro do edifício de fachada genérica e deslavada eles encontraram seis homens sérios, com ares de classe trabalhadora, que aparentemente estavam lá para julgar se os dois eram dignos de ser considerados militantes. Os rapazes tinham sido pescados do Partido Socialista e da velha guarda trotskista de Córdoba: Roberto Muñiz e José Lungarzo, dois jovens metalúrgicos da Juventude Socialista da Villa Castellino, o trabalhador têxtil Oscar Fernandez, e dois intelectuais: Daniel Malach e outro autodidata ítalo-argentino de origem anarquista chamado Dante Minazzoli. No centro estava um homem com uma coroa de cabelos completamente branca, circundando um "poderoso crânio" careca. Para Almeyra, ele lembrava a representação que fizera Diego Rivera de Miguel Hidalgo, o padre crioulo mexicano que incitou a rebelião contra os estrangeiros que governavam o país. Mas enquanto o Hidalgo de Rivera tinha um ar calmo e pensativo, este homem exalava uma vitalidade juvenil, expressa inclusive no seu "corpo esportivo e seu rosto vivaz em que se destacavam dois olhinhos perscrutadores e calculistas". Conta Almeyra: "Soubemos de cara, sem precisar pensar, que aquele era Posadas."[122]

Só restava uma semelhança ligeira com aquele organizador sindical e atleta outrora chamado Homero Cristalli. Com o colapso do PORS ele havia deixado de receber seu parco ordenado de Nova York mais ou menos na mesma época em que nascera sua segunda filha, Elvira. Em um primeiro momento, ele tentou entrar para jogar no time Independiente. Até chegou a ser escalado para a equipe reserva, mas foi logo dispensado e teve que voltar aos bicos de pintor.[123] Com o aperto financei-

---

[122] Guillermo Almeyra, *Militante crítico*, op. cit., p. 92.

[123] J. Posadas, "Sobre la vida de L." [circular], 8 mai. 1981, Posadas Tendency Collection, MS1209/17/1, Senate House Archives.

ro decorrente das despesas cada vez maiores com a família e a exigência dos compromissos da militância, seus cabelos foram rapidamente caindo, e sua doença óssea crônica, de falta de nutrição na infância, voltou a atacar.[124] O problema perigava tornar-se intergeracional, escreveu ele, na medida em que o orçamento da família minguou para apenas trinta centavos por dia. "Eu tinha que optar entre passar fome, e deixar a família passar fome junto, ou fazer essas tarefas [...], entre estudar marxismo e levar o Jo [Joel, nome de seu filho León dentro do partido] ao hospital para tratar sua asma. Escolhi estudar marxismo."[125] Ao lembrar desse período, León Cristalli conta que seu pai saía para comprar "legumes" e voltava com papel e tinta. "Preencha a cabeça com as ideias necessárias," disse a ele e à sua irmã, "e o estômago se confortará e precisará de menos a fim de produzir o necessário para viver."[126]

Posadas via a militância revolucionária profissional como uma forma de juntar sua dedicação política com uma forma de sair da pobreza. "Isso tudo foi uma etapa de formação," ele escreveria mais tarde,

> bem como de consolidação de convicção teórica [...]. A convicção eu já tinha. Mas ela precisava ser desenvolvida naquele contexto da Argentina e da Internacional. Isso exigia uma dualidade muito mais elevada que a teoria geral do marxismo. Tive que me

[124] Depoimento de León Cristalli no curta-metragem *J. Posadas: Un fantasma recorre el cosmos*, dir. Pablo Klappenbach, Buenos Aires, 2029. Disponível online: https://www.youtube.com/watch?v=n3BIktpAjbs.

[125] J. Posadas, "Sobre los orígenes del Posadismo... Comentarios Carta de Lu." [circular], 2 ago. 1969, Quatrième Internationale Posadiste Collection, carpeta 7, 1187-494, p. 5, International Institute for Social History.

[126] Citado em Horacio [Leon Cristalli], "Homenaje en el 5° Aniversario de la muerte de J. Posadas", *Voz Proletaria* [suplemento], 14 jun. 1986, Centro de Documentación e Investigación de la Cultura de Izquierdas.

> preparar e organizar um movimento de apoio crítico ao peronismo e fazer disso uma base para um movimento revolucionário.[127]

Pelo que todos contam, essa era uma tarefa que ele tirava de letra. "Ele era muito astuto, tinha uma inteligência rápida," escreveu Almeyra. "Conhecia os pontos fortes e fracos das pessoas" e parecia "politicamente maduro, dotado de uma experiência e de um faro de classe com o qual eu pude aprender muito (que é inclusive o que ele queria)."[128]

Um tanto intimidados pela situação, os dois se apresentaram: contaram seu histórico com os socialistas, falaram de como concordavam em larga medida com a posição do GCI sobre o peronismo e reafirmaram sua crença na missão da Quarta Internacional. Em seguida, apresentaram cautelosamente suas críticas a certas coisas que haviam lido no *Voz Proletaria*. A principal discordância era quanto à qualificação da Argentina como uma nação colonial ou semicolonial – para eles, o país estava submetido ao imperialismo, mas ainda assim era plenamente capitalista. Quando Posadas tomou a palavra, eles já estavam preparados para travar uma batalha marxista. De repente ele parou, conta Almeyra, "levantou confiantemente sua bunda do chão e soltou um enorme peido, dizendo para os nossos rostos pasmos algo como que era melhor, tanto para ele quanto para nós, que ele não ficasse segurando aquilo".[129]

Quebrado o ar de tensão, Posadas assumiu um tom agressivo de recrutamento. Ele aceitou as críticas deles "praticamente sem discussão", e os convidou para se juntar ao comitê editorial da *VP*.[130] Em um primeiro momento, a aparente afobação os

[127] J. Posadas, "Sobre la vida de L.", op. cit.

[128] Guillermo Almeyra, *Militante crítico*, op. cit., p. 92.

[129] Ibid., p. 91.

[130] Ibid., p. 90.

deixou um tanto apreensivos. Como poderia o GCI, que parecia tão intransigente nos seus panfletos impressos, render-se assim tão facilmente a uma crítica? Ao longo das reuniões seguintes, eles entenderam do que se tratava: o Posadas ferrenho do *Voz Proletaria* era no fundo o centralismo democrático personificado em um pseudônimo composto, um Lênin coletivo que anunciava decisivamente as conclusões dos debates internos. O sujeito que se denominava Posadas, escreve Almeyra, "não sabia muito sobre economia, geografia, ou os partidos do mundo, e suas deficiências no campo do conhecimento científico faziam-no acabar acreditando em qualquer coisa".[131] O papel de figura de proa e de líder que viam nele decorria de sua extensa experiência, da sua intuição na condução de debates, da sua legitimidade como integrante da classe trabalhadora e do seu carisma, fundamental para conquistar novos militantes a se juntarem à organização.

Almeyra e Gilly aceitaram as posições oferecidas e incentivaram seus poucos camaradas a se somarem também. Esteban Rey se juntou logo na sequência, trazendo com ele seus camaradas advogados Ángel Fanjul e Dora Coledesky, além do respeitado historiador da América Latina Alberto J. Pla. Eles encontraram mais recrutas da classe trabalhadora nos grupos de juventude dos partidos Socialista e Comunista, incluindo um jovem e dedicado metalúrgico de Rosario chamado Paul Schulz, um judeu refugiado da Alemanha. Suas reuniões de duas horas começavam com um "balanço" do andamento das resoluções anteriores e uma rodada de propostas de encaminhamentos para os próximos passos. Se sobrasse tempo, discutiam livros. As obras mais populares, com exceção de quaisquer textos recentemente traduzidos do cânone marxista e da Internacional, eram aquelas que tratavam da cultura e da luta dos povos in-

---

131 Ibid., p. 92.

dígenas da América Latina, um dos temas prediletos de Pla e marca da forte influência dos trotskistas bolivianos exilados que faziam parte do grupo cordobês. Os textos sobre os quais houvesse amplo acordo eram passados para a crescente base de classe trabalhadora do grupo. Entre as leituras obrigatórias estavam *Huasipungo*, o estudo de Jorge Icaza sobre as *haciendas* equatorianas, e *El mundo es ancho y ajeno* [O mundo é amplo e alienígena], romance de Ciro Alegría sobre as revoltas indígenas no Peru. Sobre política contemporânea, eles liam o *Voz Proletaria* e o *The Militant*, jornal do SWP.[132]

Da sua experiência com Mangan, Posadas ainda acreditava que o SWP tinha o poder de influência capaz de consagrá-los como a seção argentina oficial da Internacional – missão central do grupo, necessária para que Posadas conseguisse alimentar sua família. Mas a Quarta Internacional havia sido tão dizimada pela guerra que muitos a pensavam como uma entidade mítica, se é que não havia desaparecido por completo.[133] O ex-posadista Luciano Dondero lembra de Posadas dizendo que ele aprendia inglês à medida que vasculhava os jornais por pistas de seu ressurgimento: "ele depois as traduziria ao espanhol para seus camaradas, registrando essas traduções em folhas de papel roubadas da agência do correio."[134]

O primeiro contato ocorreu em maio de 1946 numa carta que declarava o entusiasmo do grupo com o *The Militant* e perguntava como seria possível enviar uma doação para a campa-

---

132 Ibid., p. 99.

133 Livio Maitan, *Memoirs of a Critical Communist: Towards a History of the Fourth International*, trad. Gregor Benton, Dagenham: Merlin Press, 2009, p. 15.

134 Luciano Dondero, em entrevista via e-mail com o autor em 17 ago. 2017.

nha da recém-recomposta seção francesa.[135] Também comentava um debate interno que vinha sendo travado desde 1943 no interior do partido, no qual Felix Morrow e Albert Goldman criticavam as concepções ortodoxas da maioria dos outros membros do SWP, em especial o otimismo de que o imperialismo estadunidense ruiria depois da guerra. Eles defendiam que era mais provável que a economia ocidental se recuperasse gradualmente sob democracias burguesas estáveis. A carta, assinada por *José Posadas*, dizia: "Eles estão buscando sustentar a tentativa desesperada do imperialismo ianque de obstruir e desviar a atenção do fortalecimento político e ideológico do nosso movimento internacional, jogando tudo numa grande confusão ideológica."[136]

Um relatório interno subsequente do SWP descreveu o grupo da seguinte maneira:

> O Grupo Quarta Internacional (GCI) tem cerca de 11 membros, a maioria trabalhadores. Suas principais atividades se concentram em ação sindical [...]. Esse grupo não está ciente do debate interno que está ocorrendo nas fileiras da Q. I.; mas eles acompanham o debate em curso no interior do SWP, e estão de acordo com a maioria [...]. Quanto ao movimento trotskista na Argentina, eles avaliam que o movimento terá de surgir como resultado da consolidação política de um grupo, na base de uma análise correta

---

[135] Flyer enviado por J. Posadas ao Socialist Workers Party: "Ayuda a nuestros camaradas de Francia", 1946, Buenos Aires. Socialist Worker Party Records, 92036, TN 27026, Box 21, Hoover Institution Archives.

[136] José Posadas [J. Posadas], carta do Grupo Quarta Internacional ao Socialist Workers Party, 11 mai. 1946, trad. Socialist Workers Party, Socialist Workers Party records, 92036, TN 27026, Box 21, Hoover Institution Archives.

> da situação. Consideram que o grupo deles é o que preenche tais requisitos. Posada é seu elemento de destaque e liderança. [sic][137]

Por mais impressionados que possam ter ficado com Posadas, o que importava mais do que sua política era saber se ele era o homem certo para construir o partido argentino. Com o Segundo Congresso Mundial se aproximando, eles enviaram a Buenos Aires o secretário da seção uruguaia, Alberto Sendic, para tentar unificar o GCI e o GOM. O encontro só aprofundou a guerra dos mundos, até então restrita aos seus respectivos jornalecos, e Sendic rapidamente descobriu que a divergência entre os líderes tinha muito mais a ver com personalidade do que propriamente com política. Eles eram, de fato, opostos perfeitamente contrastantes. Quando entrou para o PORS na adolescência, Moreno tinha acabado de descobrir o marxismo por acaso depois de uma conversa com um carpinteiro que ele encontrou no teatro de vanguarda que frequentava. Posadas tornou-se um marxista por meio do movimento dos trabalhadores, mas havia estudado relativamente pouca teoria marxista, e suas tentativas independentes de teorização eram na maior parte das vezes terrivelmente vulgares. Ainda assim, quase todo mundo que o conhecia gostava dele, ao passo que Moreno já era considerado um sujeito um tanto rabugento e mal-humorado. As intervenções teóricas ponderadas de Moreno ofereciam um antidogmatismo autocrítico com as quais Posadas, que mal sabia escrever, polemizava acusando de oportunismo. Ele recorda da seguinte maneira a insistência de Moreno em se referir ao cânone marxista para resolver a disputa entre eles: "Eles nos insultavam [...], chegavam com montanhas de livros de Trótski, de Marx, de

---

137 Documento interno do SWP, "Summary of the Report about Argentina", Socialist Workers Party records, 92036, TN 27026, Box 21, Hoover Institution Archives.

Engels, querendo nos esmagar. Seguia-se um jogo de insultos no qual nós nunca dávamos o braço a torcer." Quando Moreno disse que tinha lido todos os três volumes de *O capital*, Posadas rebateu dizendo que "tinha lido seis".[138]

Sem qualquer esperança de conseguir se entender com Moreno, Posadas se concentrou em Sendic. Na memória do líder trotskista boliviano Guillermo Lora, o uruguaio era um sujeito "afável, com uma feição inócua e inexpressiva, e uma tendência a um 'pensamento obeso', que o conferia um ar de teórico trotskista."[139] Talvez por se identificar com o jeitão de Posadas, ou pelo menos encantado por ele como tantos outros eram, os dois viraram camaradas e amigos próximos de longa data.[140] Sendic não podia simplesmente escolher um ou o outro, suas ordens eram de unificar a seção. Caso fracassasse, a orientação era de convidar ambos ao Congresso Mundial na Bélgica como possíveis delegados. Embora Sendic tenha feito o convite a Moreno, ele nunca se incomodou de dizer-lhe que o SI havia oferecido bancar a viagem. À medida que o Congresso se aproximava, a militância de base fez um rateio e vendeu artesanatos para arcar com a passagem de navio de Moreno. Quase sem um tostão sequer, ele se despediu deles nas docas brindando com um copo d'água.[141]

O congresso foi inaugurado com um amplo discurso de abertura do novo secretário da Internacional, Michel Pablo,

---

138 J. Posadas, "Parte final de la Historia de la Cuarta Internacional," 18 dez 1969, Quatrième Internationale Posadiste Collection, carpeta 8, 1374, p. 202, International Institute for Social History.

139 Guillermo Lora, *Historia del P.O.R.: Contribución a la Historia Política de Bolivia, Tomo II*. La Paz: Isla, 1978, p. 248.

140 Hugo Moreno, "Alberto Sendic, un itinerario militante (1923-2009)", Argenpress, 22 abr. 2009. Disponível online: https://docplayer.es/109671898-Alberto-sendic-un-itinerario-militante.html.

141 Ernesto González, *El trotskismo obrero e internacionalista en la Argentina*, op. cit., p. 152.

nome de guerra de Michalis Raptis. Ele era um grego-egípcio que havia saído de Atenas antes da guerra e se exilado na França, e foi um dos poucos trotskistas a sobreviver à ocupação alemã na clandestinidade. Seu discurso era uma história de sobrevivência – não apenas a sua própria, mas principalmente a da Quarta Internacional. Ele recordou para os delegados presentes as últimas palavras de Trótski, repassou os acontecimentos da Segunda Guerra Mundial e apresentou sua explicação de como a revolução prevista havia sido evitada. O capitalismo, argumentou ele, já deveria ter entrado em colapso, mas tinha atingido um "equilíbrio instável" por conta do Plano Marshall e dos acordos de Potsdam. No mundo colonial, os Estados imperialistas estavam deixando a administração a cargo da burguesia nativa em um abandono parcial do modelo de dependência econômica que eles haviam usado anteriormente para dominar a ordem mundial. A tarefa da Quarta Internacional era, agora, desenvolver partidos trabalhistas independentes para fortalecer a resolução socialista no mundo colonial e trabalhar para que os partidos de esquerda ressurgentes na Europa os apoiassem.[142]

O discurso terminou com uma salva de palmas e sem nenhum debate. Max Shachtman do SWP ficou atordoado. "De que tenho lembrança, foi a primeira vez na história do movimento em que um congresso não dedicou uma única palavra a um relatório de seu Comitê Executivo – e um relatório referente a um período de dez anos!"[143]

Da questão colonial passou-se diretamente para o tema América Latina, sobre o qual Moreno e Posadas foram convidados a apresentar juntos. O resultado foi um duelo passivo-agressivo de

---

[142] Robert Jackson Alexander, *International Trotskyism 1929-1985 a Documented Analysis of the Movement.* Durham: Duke University Press, 1991, p. 310.

[143] Ibid.

falsa cordialidade que Almeyra comparou a "um casal dançando tango à hilaridade de todo o congresso".[144] Sem tentar resolver suas diferenças, o SI mais uma vez resolveu que os dois deveriam se unificar e publicar uma revista com uma linha política clara em harmonia com a sua própria – desta vez em escala continental. O novo órgão subsecretariado incluiria Posadas, Moreno, Sendic e representantes do Peru, da Bolívia e do Brasil.[145] Ele teria direito a um único delegado como membro votante do Secretariado Internacional.[146] Eles concordaram com a resolução e já marcaram uma data logo após seu retorno para realizar o congresso de fundação do Bureau Latino-Americano (BLA).

A falsa unidade não durou muito. Ao final da conferência, Moreno descobriu que Posadas e Sendic tinham retido verbas, e a primeira reunião do BLA foi consumida discutindo esse escândalo e a necessidade de instaurar uma "comissão de controle" do SI para determinar quem ali estava errado.[147] Quanto ao resto da Internacional, quando Pablo discorreu mais sobre algumas das ideias levantadas em seu discurso de abertura, finalmente vieram à tona diferenças importantes. A mais profunda delas retomava os debates sobre Stálin, a União Soviética, os partidos comunistas e quanta simpatia eles mereciam dos

---

[144] Almeyra, *Militante*, p. 95.

[145] Texto anônimo provavelmente redigido por Guillermo Almeyra, "Esquima Para Una Historia de La IV Internacional y para el Análisis de su Crisis," sem data, Fondo Almeyra, Centro de Documentación e Investigación de la Cultura de Izquierdas, p. 16.

[146] Seventh Plenum of the International Executive Committee of the Fourth International, "Resolution on Latin America," *Internal Bulletin* v. 11, n. 5, out. 1949, p. 7. Disponível online na Encyclopedia Trotskyism Online: https://www.marxists.org/history/etol/document/swp-us/idb/swp-1946-59/v11n05-1949-ib.pdf.

[147] Ernesto González, *El trotskismo obrero e internacionalista en la Argentina*, op. cit., p. 156–7.

trotskistas. No decorrer dos três anos seguintes, essa desavença racharia a Internacional, um preço com o qual Pablo estava disposto a arcar, por acreditar que a resposta correta era necessária para se preparar para a retomada iminente das hostilidades que haviam sido momentaneamente interrompidas pelos dois clarões radioativos no Japão.

Na década seguinte, Posadas incorporaria uma versão dessa previsão catastrófica como um tema central de sua visão de mundo. Outro desses temas surgiu no inverno de 1947, quando o *La Razón* publicou uma matéria sobre "discos voadores" avistados por um piloto da força aérea estadunidense em Washington. Somando isso aos relatos subsequentes de que o exército havia capturado um disco voador que teria caído em Roswell, no Novo México, não demorou muito para que começassem a pipocar avistamentos de óvnis na Argentina. Um "disco vermelho" foi visto no céu de Córdoba, e avistou-se uma "constelação de anéis luminosos" dentro de um conjunto de nuvens carregadas na cidade de Balcarce.[148] Durante uma reunião em uma cafeteria em Buenos Aires, Dante Minazzoli, um entusiasta de ficção científica dos pampas, com óculos de fundo de garrafa, mostrou as manchetes para seus camaradas. "Pra mim", disse ele, "só podem ser naves espaciais."[149]

Que significado poderia ter o fato de que os alienígenas estariam optando por revelar sua existência justamente nesse período do pós-guerra, um interregno entre a destruição nuclear e a utopia socialista? Desde muito jovem, Minazzoli era apai-

[148] Hernán Comastri, "Ovnis y Viajes Interplanetarios En La Argentina Del Primer Peronismo," *Revista Pilquen. Sección Ciencias Sociales*, v. 21, n. 2, 2018, p. 41-53.

[149] Dante Minazzoli em entrevista realizada por Alejandro Agostinelli, "Si no hay transformación social, jamás se dará el contacto masivo", sem data, fornecida por Agostinelli, p. 17.

xonado por ficção científica, filosofia cósmica e pelos futuristas bolcheviques que acreditavam que os seres humanos eram apenas uma das muitas raças de nossa galáxia. O encontro marcado que a humanidade tinha com o socialismo estava ligado ao desenvolvimento das potencialidades tecnológicas que nos permitiriam abolir a morte, viajar pelo espaço e estabelecer relações fraternas com nossos vizinhos intergalácticos. Minazzoli reconhecia que se tratava de um movimento obscuro no interior do marxismo, mas até aí o trotskismo também o era – e muitos dos cosmistas eram inclusive aliados de Trótski que depois foram sofrer o mesmo destino dele sob o regime stalinista.

Minazzoli não era o único interessado nisso e em outros assuntos paranormais. Nos anos seguintes, o círculo em torno de Posadas ganharia uma reputação entre os trotskistas como "um grupo de trabalhadores e místicos [...] com teorias cavernosas e uma impressionante engenhosidade".[150] Mas na época havia um poder superior mais importante para impressionar: o secretário internacional da Quarta Internacional, Michel Pablo. Dias depois de sua reunião no café portenho, lembra Minazzoli: "apareceu um camarada distribuindo uma circular proibindo a discussão sobre óvnis".[151]

---

150 Guillermo Lora, *Historia del P.O.R.*, op. cit., p. 249.

151 Dante Minazzoli, "Si no hay transformación social, jamás se dará el contacto masivo", op. cit., p. 17.

5. Para onde estamos indo?

Certo dia, na primavera de 1949, León Cristalli voltou para casa e encontrou seu pai pulando de alegria na cama com um "entusiasmo indescritível".[152] Depois de anos de guerra civil, o país mais populoso do mundo estava sob pleno controle do Partido Comunista de Mao Tsé-Tung – e havia guerras revolucionárias pipocando na Coreia, na Indonésia e no Iraque. Do seu lado do mundo, o mesmo tipo de anti-imperialismo militante também fervilhava nas revoltas de Porto Rico e da Costa Rica. A Bolívia estava próxima da revolução, com o Partido Obrero Revolucionario (alinhado às posições de Posadas e Sendic) na sua vanguarda política. Com a explosão da expansão industrial que ocorria na Argentina, no Uruguai e no Chile, as fileiras das organizações da classe trabalhadora engordavam com novos militantes. A dependência da Europa em relação à periferia global conferia maior poder de influência ao proletariado do Terceiro Mundo, outra pontada na agonia de morte de um capitalismo que estava com seus dias contados. Tudo isso sinalizava, escreveu Trótski em 1939, que a Quarta Internacional deveria preparar "a conquista do poder pelo proletariado".[153]

Pouco depois do Segundo Congresso Mundial, Michel Pablo publicou "Para onde estamos indo?", um ensaio que lia essa con-

---

[152] Leon Cristalli, "J. Posadas, Homero Cristalli, a 100 años de su nacimiento, total vigencia de su pensamiento," *Revista Conclusiones*, 27 mar. 2012, contracapa.

[153] Leon Trótski, "Programa de Transição/A agonia do capitalismo e as tarefas da Quarta Internacional", *Cadernos Marxistas*. São Paulo: Instituto José Luís e Rosa Sundermann, 2004, p. 61-92.

juntura global como prova de que o capitalismo estava entrando em um estágio de depressão terminal. Ele também reconhecia que o capitalismo não se renderia sem luta. Quando os mercados globais finalmente entrassem em colapso, escreveu, as massas proletárias de cada nação se levantariam. Os imperialistas lançariam então uma nova guerra mundial contra seus trabalhadores nativos, bem como contra a URSS. Assim, ele defendia que, em vez de dividir ainda mais o movimento comunista, os trotskistas deveriam se juntar ao lado vencedor entrando para os partidos comunistas de massa da Europa, a fim de fortalecer sua determinação diante da guerra vindoura e acelerar um processo de "regeneração" que superaria o stalinismo por meio da retomada dos princípios bolcheviques. "Uma guerra nessas condições, com a atual correlação de forças na arena internacional, seria essencialmente uma revolução",[154] concluiu. Era uma inevitabilidade em relação à qual toda a luta socialista precisava se posicionar por meio da construção de forças militares nos Estados operários e da promoção de um derrotismo revolucionário no núcleo imperial. Isso, ele admitia, significava uma luta que "nos aproxima[va] do perigo da guerra geral".

Ao contrário da orientação antifascista estratégica de disputar os partidos socialistas internamente, que Trótski havia proposto na década de trinta, essa campanha podia muito bem durar "séculos".[155] Os trotskistas permaneceriam nos partidos comunistas indefinidamente, sobrepujando seus burocratas, fantoches dos soviéticos, como os verdadeiros herdeiros de Lênin e da Revolução de Outubro, e finalmente redimiriam a

---

[154] Michel Pablo, "Where are We Going?", *International Information Bulletin*, Nova York: Socialist Workers Party, mar. 1951, p. 1-18. Disponível online no Marxists' Internet Archive: https://www.marxists.org/archive/pablo/1951/01/where.html.

[155] Livio Maitan, *Memoirs of a Critical Communist*, op. cit., p. 52.

pretensão com a qual Trótski concebera a fundação da Quarta Internacional. A revolução já não podia mais acontecer na forma de uma tomada de fábricas e da derrubada de um Estado enfraquecido, mas sim como a vitória total do mundo socialista naquilo que ele chamou de um "acerto de contas final" – iniciado pelo imperialismo e concluído por uma guerra civil global para acabar com todas as guerras.

Parte de seu entusiasmo decorria do poderio militar comprovado do Exército Vermelho. Era o maior exército do mundo, e sua derrota sobre a Alemanha foi tão decisiva que as potências ocidentais ficaram apavoradas com a perspectiva de que os soviéticos pudessem eventualmente tomar o continente todo. A única coisa que os segurava era o poder inigualável que os Estados Unidos tinham de despachar a qualquer lugar do mundo bombardeiros B-29 armados com ogivas nucleares.[156] Tudo isso mudou em agosto de 1949 – exatamente quatro anos depois da destruição de Hiroshima e Nagasaki –, quando a União Soviética conseguiu detonar sua própria bomba atômica no deserto do Cazaquistão.

Os soviéticos afirmaram que o teste era um artifício relutante de dissuasão contra a guerra – qualquer incursão contra eles ou seus Estados satélites certamente desencadearia uma destruição mútua. Mas o texto de Pablo acolhia de braços abertos esse cenário horrível e condenava quem não o fizesse:

> Falar nesses termos talvez choque os amantes de sonhos e declamações "pacifistas", ou aqueles que já lamentam uma perspectiva apocalíptica do fim do mundo antevista com uma guerra atômica ou uma expansão mundial do stalinismo. Mas essas belas almas sensíveis não têm lugar na militância – muito menos nos qua-

[156] Asif A. Siddiqi, *Challenge to the Apollo*, op. cit., p. 36.

> dros marxistas revolucionários desta época mais terrível, na qual a agudeza da luta de classes é levada ao seu extremo.[157]

Para países onde o stalinismo ainda não era dominante, no entanto, incluindo "toda a América Latina", Pablo recomendava que os trotskistas organizassem partidos independentes capazes de conquistar a influência e autoridade que lhes permitissem se colocar como líderes legítimos no momento decisivo. Na primeira reunião do Bureau Latino-Americano, Posadas e Sendic afirmaram que esses *partidos obreros revolucionarios* poderiam ser anunciados assim que tivessem consolidado uma boa base de classe trabalhadora e uma estrutura organizacional articulada com a Internacional – de preferência com eles no comando. A essa altura abertamente hostil à autoridade do BLA, Moreno imediatamente mudou o nome do GOM para Partido Obrero Revolucionario (POR). Pouco depois, ele saiu vitorioso na disputa sobre o desvio de verbas de viagem que corria na comissão de controle do Secretariado Internacional. Sendic foi considerado culpado e suspenso. Já Posadas, apesar de ter ficado furioso com a resolução, foi liberado sem nenhuma acusação.

Ficou definido que o Terceiro Congresso Mundial de 1951, em Marselha, seria o palco para o SI definir sua escolha de liderança para a Argentina e o BLA. A história que circula entre os posadistas é que não tendo certeza do que a comissão de controle havia decidido e, temendo um possível confronto, Moreno envia um delegado ao porto de Buenos Aires para descobrir se Posadas estava indo. Quando o enviado constata que ele não estava lá, conta o militante posadista Héctor Menéndez, "todos embarcam, prontos para a viagem. O barco parte, mas logo de-

---

[157] Michel Pablo, "Where are We Going?", op. cit.

pois faz uma parada em Montevidéu, onde Posadas embarca. E Moreno, furioso, diz: *Uggghh!* Ele quis pular fora do barco!"[158]

Na realidade, Moreno foi bem municiado de cartas assinadas por cinquenta líderes sindicais, corroborando sua posição de que o GCI estava conduzindo o proletariado argentino diretamente nos braços dos projetos nacionalistas-burocráticos do peronismo.[159] Ele também ecoou algumas das críticas feitas por facções "trotskistas ortodoxas" emergentes da Internacional, a saber, de que a recuperação econômica da Europa contradizia as posições de Pablo, de que eram amplos demais os critérios pelos quais a Internacional definia os "Estados operários" semissocialistas a ser incondicionalmente defendidos, e que o método adotado por Pablo para organizar a Internacional era excessivamente burocrático. Posadas, por outro lado, argumentou que o GCI estava conduzindo as massas peronistas para um anti-imperialismo militante. E que por tentar dividir a "frente única anti-imperialista" entre o peronismo e o trotskismo, o POR de Moreno estava efetivamente ajudando o imperialismo e contradizendo a liderança e o programa de Pablo, que o GCI endossava em sua integralidade.[160]

Na avaliação do historiador da esquerda argentina Horacio Tarcus, Moreno tinha claramente "suplantado [Posadas] em iniciativa política e inquietação intelectual", mas ainda assim deixou o SI com uma decisão fácil. "A corrente posadista, com seu populismo de esquerda e orientação *obrerista*, harmonizou-se melhor com a orientação que a Internacional reconstituída

---

[158] Héctor Menéndez em entrevista realizada pelo autor. Gravação digital, Córdoba, Argentina, 8 mar. 2017.

[159] Ernesto González, *El trotskismo obrero e internacionalista en la Argentina*, op. cit., p. 174–5.

[160] Horacio Tarcus, *Diccionario biográfico de la izquierda argentina*, op. cit., p. 440.

estava tomando".[161] Concluindo que o GCI havia demonstrado uma "compreensão das massas argentinas", "esforços práticos [para] penetrar no movimento", "seriedade da organização" e "vínculo político e prático à Internacional"[162], o SI reconheceu o grupo como a seção argentina oficial.[163] Posadas e Sendic, agora reintegrado à organização, foram nomeados para liderar o BLA com direito a um voto cada no mais alto órgão da Internacional, o Comitê Executivo Internacional. Todos os grupos argentinos foram instruídos a se integrarem sob o GCI, e todas as seções latino-americanas foram orientadas a se submeter ao BLA.

Vendo um lado positivo na sua derrota, Moreno aceitou o resultado.[164] Seu POR, ligeiramente maior, pelo menos guardaria alguma paridade na tomada de decisões, talvez o bastante para contrabalancear o poder conferido ao BLA. Em uma recordação paródica de Posadas, Moreno teria lhe dito em um encontro posterior dos dois na Argentina: "Bem, Posadas, integramos o seu grupo. Agora vamos acabar contigo. Temos cento e vinte [membros]!" Posadas conta que pegou calmamente a lista de membros de Moreno e a entregou à sua equipe para verificação. Depois a devolveu com trinta nomes removidos por conta de uma série de aspectos técnicos. O pente fino, ele admitiu, foi

---

[161] Horacio Tarcus, *El Marxismo Olvidado En La Argentina: Silvio Frondizi y Milcíades Peña*. Buenos Aires: Ediciones El Cielo por Asalto, 1996, p. 110.

[162] Boletin del SI de la IV Internacional [editado pelo GCI], "Resolutions sobre America Latina adoptadas por el III Congreso Mundial," out. 1951, citado em Murilo Leal, *A esquerda da esquerda*, op. cit., p. 40.

[163] Horacio Tarcus, *Diccionario biográfico de la izquierda argentina*, op. cit., p. 440.

[164] Osvaldo Coggiola, *El Trotskismo en América Latina*. La Paz: El Viejo Topo, 1993, p. 21.

feito "para que fosse discutida a nossa política, não a deles, de modo que eles se baseassem em nosso programa."[165]

No fim, a manobra suja deu certo. O GCI e o BLA de Posadas, sediados em Montevidéu, tornaram-se os órgãos coordenadores centrais do trotskismo latino-americano. Grupos de todas as partes do continente aderiram à resolução do Congresso Mundial de se unificarem em seções únicas dirigidas por aliados de Posadas e Sendic, ou então reportando-se diretamente a eles. Mesmo os mais céticos quanto à nova liderança não tinham como não reconhecer sua competência. Em 1952, a equipe de Posadas já estava publicando dois periódicos: uma tradução do *Fourth International* e uma nova revista dedicada especificamente a tratar da América Latina, chamada *Revista Marxista Latinoamericana*.[166] Ambas eram enviadas para as seções de todo o continente para solidificar grupos trotskistas e simpatizantes da sua linha política. Logo, jornais de todos os países representados no BLA passaram a trazer colunas assinadas por Pablo, Sendic e J. Posadas – que à época ainda era o pseudônimo coletivo do núcleo do GCI.

Os representantes do BLA se espalharam por todo o continente a fim de formar novas seções em países nos quais eles ainda não eram representados. O sucesso mais notável aconteceu no Brasil. Almeyra conta que, em 1952, Posadas o colocou num trem de Montevidéu para São Paulo munido apenas do nome de um adolescente trotskista de lá, quase nenhum dinheiro e, menos ainda, conhecimento de português. Quando ele enfim chegou à capital paulista, seu contato já havia se mudado. Ar-

---

165 J. Posadas, "Anécdota sobre Historia de la IV Internacional," 17 July 1969, Quatrième Internationale Posadiste Collection, Carpeta 7 1160-468, p. 5, International Institute for Social History.

166 Horacio Tarcus, *Diccionario biográfico de la izquierda argentina*, op. cit., p. 526.

ranjou um bico cavando valas para conseguir bancar um albergue, aproveitando seus intervalos para ficar decifrando expressões idiomáticas brasileiras no rádio. Nas semanas que se seguiram, seu português foi avançando bem. Ele entrou para um grupo de leitura de Hegel e conheceu alguns simpatizantes que o ajudaram a estabelecer uma rede de potenciais recrutas. Dentro de três meses estava estabelecida a seção brasileira, com quarenta membros e a primeira edição de seu jornal, o *Frente Operária*, pronta para ser distribuída.[167]

Ainda mais importante naquele ano foi o que estava acontecendo na Bolívia, onde um exército insurgente de mineiros indígenas conduziu o Movimento Nacionalista Revolucionário (MNR) a uma revolução armada vitoriosa contra uma junta militar. As minas foram nacionalizadas, implementou-se o sufrágio universal e as organizações operárias e camponesas se consolidaram na Central Operária Boliviana (COB) sob a liderança de Juan Lechín. O novo presidente, Victor Paz Estenssoro, era um populista nacionalista à la Perón, mas dependia da COB para garantir sua legitimidade política entre os trabalhadores, de modo que muitas das propostas políticas e discursos de Lechín eram redigidos diretamente pelo Partido Obrero Revolucionario – a seção boliviana do BLA.[168] Esse era o resultado ideal para os trotskistas onde quer que fossem uma minoria militante: a pequena roda de um partido com não mais de mil membros, como o POR boliviano, fazendo girar a gigantesca engrenagem da política nacional.

O GCI trabalhava para atingir um arranjo semelhante na Argentina. Mantendo fortes ligações com os líderes peronistas

[167] Guillermo Almeyra, *Militante crítico*, op. cit., p. 115–25.

[168] Por exemplo, a Tese de Pulacayo, uma adaptação do *Programa de transição* de Trótski para o contexto boliviano feita por Guillermo Lora, adaptada pelo *Congreso de la Federación Sindical de Trabajadores Mineros de Bolivia* em 1946.

da CGT, eles se tornaram o ponto de entrada óbvio para os revolucionários que não podiam mais recorrer aos agora marginalizados partidos comunistas e socialistas. De volta do Brasil, Almeyra foi enviado para se organizar no chão de fábrica, nas salas de reuniões da CGT e nas ruas. Para uma campanha de recrutamento em Córdoba, ele costurou uma foice e martelo em um pedaço de pano vermelho e foi rodar os bairros estudantis de carro balançando a bandeira, gritando palavras de ordem e fazendo breves discursos políticos. Ele convidava qualquer um que se interessasse a comparecer a um grande evento naquela sexta-feira à noite, prometendo que três membros do partido discursariam. Cerca de seiscentas pessoas se reuniram na Plaza San Martín no dia do evento. Almeyra mentiu dizendo que os outros dois oradores não puderam comparecer por conta de imprevistos e já emendou um discurso no qual apresentou a linha política posadista de conduzir o peronismo a um movimento revolucionário anti-imperialista e anticapitalista. A prancheta que ele circulou pela multidão voltou com cerca de vinte nomes preenchidos. "Até que não foi uma safra ruim", disse.[169]

O militante argentino veterano Carlos Flaskamp recorda da seguinte maneira seu recrutamento em um desses eventos na adolescência:

> Para mim, que era um sujeito de pouca experiência política, ou, melhor dizendo, nenhuma experiência política, a princípio parecia um grupo como qualquer outro [...]. Eu precisava de um grupo para começar a militar [...]; íamos aos bairros, distribuíamos panfletos, discutíamos com as pessoas, tínhamos muitas discussões internas, muitas. Muitas horas eram perdidas em

169 Guillermo Almeyra, *Militante crítico*, op. cit., p. 178–83.

discussões internas, mas foi uma forma de politização que me serviu bem [...].[170]

Nesse seu surto de crescimento, o GCI se apresentou como partido de novo nome – com uma alfinetada entre parênteses dirigida a Moreno –, o Partido Obrero Revolucionario (Trotskista), cuja sigla era POR(T). Junto com os PORS no Chile, Uruguai, Bolívia e Brasil, o trotskismo começava a ter cara de um movimento unificado e coeso em todo o continente. Com o objetivo de manter as coisas assim, qualquer um que discordasse deles era rotulado de policial e expulso. O posadista italiano Piero Leone escreveu que esta se tornaria uma tática comum. "Se alguém se comportasse de uma maneira que [Posadas] não gostasse, se a pessoa tivesse um jeito de pensar um pouco mais independente, ele podia se livrar dela expulsando-a como um agente do inimigo..."[171]

Não demorou para que se espalhasse por toda a Internacional que Posadas e Sendic estavam conduzindo o BLA como tiranos. Uma carta de 1954 enviada pelo militante uruguaio Alfredo Lopez ao SWP alegava que a seção uruguaia de Sendic estava se tornando um "culto ao líder [...] completamente burocratizado".[172]

---

[170] Carlos Flaskamp, em entrevista a Gabriel Martin, "Como había que pasar a la clandestinidad, los frentes de masas estaban expuestos y no se podían sostener", 23 mar. 2003. Disponível online: https://web.archive.org/web/20120307121422/rodolfowalsh.org/spip.php?article1800.

[171] Piero Leone, "Circolo vizioso: La mia esperienza all'interno della Quarta Internazionale posadista con un modesto tentativo di analisi socio-politica", *Gli amici e le amiche di Piero Leone* [blog], 10 mai. 2012, https://gliamicieleamichedipieroleone.blogspot.com/2012/05/piero-leone-circolo-vizioso.html.

[172] Carta de Alfredo Lopez a Farrell Dobbs, 14 jun. 1954, Socialist Workers Party records, 92036, TN 27026, Box 21, p. 1-2, Hoover Institution Archives.

Outra carta, enviada naquele mesmo ano por um defensor de Moreno chamado Eduardo, se queixava de que vários militantes haviam sido expulsos por estarem supostamente trabalhando como "agentes provocadores" a serviço da polícia – mas eram todos militantes sinceros que simplesmente tinham críticas à liderança de Posadas, insistiu Eduardo. Em uma reunião marcada para discutir o assunto com Pierre Frank, um membro francês do SI, Eduardo apresentou um documento vazado do BLA abertamente hostil ao aspecto *democrático* do centralismo democrático. "O papel da liderança é elaborar a linha política", dizia o texto; "o papel dos membros é compreendê-la e aplicá-la". Impaciente, Frank não parava de olhar para seu relógio. Quando terminou, lembra Eduardo, o francês simplesmente o orientou a aderir "incondicionalmente" a Posadas.[173]

Na leitura de Eduardo, o que explicava essa recusa de levar o assunto a sério era que o SI estava explorando a obediência do BLA como uma mera fonte de dinheiro e poder: "Por mais que o grupo seja considerado insignificante a nível nacional e internacional, o GCI é no fundo uma máquina de fazer dinheiro. Os fartos subsídios ao SI [...] garantiam ao grupo, entre outras coisas, seu reconhecimento como seção oficial."[174]

Uma minoria considerável da Internacional compartilhava queixas semelhantes em relação a Pablo. No final de 1953, uma carta aberta de James Cannon, do SWP, ao movimento trotskista global anunciou sua cisão em uma nova facção com membros das seções francesa e britânica – o "Comitê Internacional da Quarta Internacional" (IC). O documento argumentava que a recuperação econômica na Europa havia desmentido muitas das previsões do texto "Para onde estamos indo?", e a estratégia

[173] Carta de "Eduardo" ao SWP, 7 abr. 1954, Socialist Workers Party records, 92036, TN 27026, Box 21, p. 1-2, Hoover Institution Archives.
[174] Ibid.

de Pablo de entrar em partidos stalinistas e populistas ameaçava liquidar o trotskismo em "uma onda 'engolidora' de revoluções que dariam origem a nada além de Estados operários 'deformados', isto é, de cunho stalinista, que devem durar 'séculos'."[175] Enxergando-se como uma cisão "ortodoxa" que estaria finalmente desafiando a autoridade do revisionista Pablo e seu lacaio diletante, Moreno reproduziu os argumentos do IC para as seções boliviana e chilena. A linha Pablo-Posadas pautada pela estratégia de se dissolver no MNR e no peronismo representava uma traição aos princípios trotskistas, disse ele, convidando-os a fazer parte de um BLA alternativo chamado Secretariado Latino-Americano de Trotskismo Ortodoxo (SLATO).[176]

Pela primeira vez, milhares de trotskistas de toda a América Latina ficaram sabendo que seus líderes em Montevidéu não eram universalmente amados. Enviado a La Paz no aniversário da Revolução Boliviana, Adolfo Gilly encontrou o POR boliviano rachando por motivos semelhantes. Naquele mesmo ano, o BLA havia os instruído a permanecer na coalizão do MNR, apesar de Estenssoro[177] estar agindo contra a militância independente e os princípios revolucionários dos mineiros. Uma facção sob Guillermo Lora enxergava a estratégia como uma "dissolução no nacionalismo"[178] que tinha mais a ver com as disputas de poder en-

---

[175] Comitê Nacional do SWP, "A Letter to Trotskyists Throughout the World", *The Militant*, 16 nov. 1953. Disponível na Encyclopedia of Trotskyism Online: https://www.marxists.org/history/etol/document/swp-us/misc-1/doc01.htm.

[176] Vilma Ripoll, "Nahuel Moreno: El Trotskismo Criollo", op. cit., p. 210.

[177] Ángel Víctor Paz Estenssoro foi um político boliviano e presidente de seu país, como 45° presidente da Bolívia por três mandatos não consecutivos e quatro no total de 1952 a 1956, 1960 a 1964 e 1985 a 1989. Ele concorreu à presidência por oito vezes e foi vitorioso em 1951, 1960, 1964 e 1985. [N.E.]

[178] Osvaldo Coggiola, *Historia del trotskismo en Argentina y en Ame-*

tre trotskistas na Argentina do que com a complexa situação na Bolívia. Lora rompeu com o BLA, chamando-os de "meros agentes de Paris [que] se empenham especialmente para controlar o Partido Obrero Revolucionario boliviano como uma mera carta nas suas disputas contra os outros grupos argentinos". Também se recusavam a se juntar ao SLATO – preferindo abandonar logo o *cuarto internacionalismo* como um todo.[179]

Outros rachas que aconteceram no Chile e no Peru sangraram a organização, mas ainda assim o BLA chegou no Congresso Mundial de 1954 como possivelmente a seção mais forte da Internacional. Desde a sua formação em 1951, eles haviam cumprido todas as tarefas necessárias: construíram novas seções, ampliaram suas fileiras e ostentavam uma influência excepcional dentro de sindicatos industriais da Argentina, do Chile, do Brasil e do Peru.[180] Durante todo o processo, Posadas permaneceu fiel como um cachorrinho ao seu *maestro* Pablo, que por sua vez conferia autoridade histórica ao BLA e fornecia um arcabouço analítico sobre o qual construir. Em troca, Pablo poderia receber os louros de suas conquistas e ao mesmo tempo reter sua maioria, caso outros membros do SI – Pierre Frank, Ernest Mandel ou Livio Maitan – apresentassem dúvidas quanto à sua liderança controversa. "Eles eram *pablistas* fiéis até o último fio de cabelo", escreveu o secretário britânico Ted Grant sobre o BLA. "Era só Pablo propor algo que eles imediatamente se mostravam favoráveis."[181] Maitan conta que também ficou com um pé atrás: "Os delegados latino-americanos [...] pareciam em quase todos

---

rica Latina, p. 145.

179 Guillermo Lora, *Historia del P.O.R.: Contribución a la Historia Politica de Bolivia, Tomo II*. La Paz: Isla, 1978, p. 249.

180 Livio Maitan, *Memoirs of a Critical Communist*, op. cit., p. 86.

181 Citado em Alan Woods, *Ted Grant: The Permanent Revolutionary*. Londres: Wellred Publications, 2013, cap. 5.

os aspectos demasiadamente monolíticos, mostrando excessiva prontidão de expressar efusivamente seu acordo com as pessoas encarregadas de produzir relatórios, a ponto de se tornar fácil adivinhar como cada um começaria suas intervenções."[182]

Se Posadas fosse um melhor leitor de Hegel, ele teria reconhecido mais cedo a dialética de senhor e escravo operando nessa relação. Já na avaliação de Almeyra, refletindo mais tarde sobre esse período, Pablo era um "centrista" na Internacional, com as facções que se tornaram o IC e o SLATO à sua direita, e o BLA, uma "tendência proletária", à sua esquerda. Pablo procurava explorar o trabalho e os votos do BLA enquanto apoiava um líder que ele poderia "domesticar",[183] escreveu Almeyra. Posadas, nessa leitura, não passava de um "peão em seu tabuleiro", permitindo-lhe "abarcar, sem contestação, a América do Sul inteira".[184] À medida que a divisão se aprofundava, Grant lembrou a Pablo que, às vezes, os peões chegam à casa de promoção na outra ponta do tabuleiro: "Se eu fosse você, teria muito cuidado com essas pessoas. Hoje eles estão votando 100% contigo. Amanhã votarão 100% contra você."[185]

No entanto, Pablo avaliou que ao menos por hora parecia suficientemente razoável confiar em Posadas. Claro, ele havia traído o Partido Socialista e Liborio Justo nos anos 1930, mas só por uma deferência admirável à Quarta Internacional. Inclusive, talvez fosse difícil para Pablo sequer imaginar Posadas formulando um pensamento independente, uma vez que ele nunca chegara

---

182 Livio Maitan, *Memoirs of a Critical Communist*, op. cit., 68.

183 Texto anônimo provavelmente redigido por Guillermo Almeyra, "Esquema Para Una Historia de La IV Internacional y para el Análisis de su Crisis", sem data, Fondo Almeyra, p. 21, Centro de Documentación e Investigación de la Cultura de Izquierdas.

184 Guillermo Almeyra, *Militante crítico*, op. cit., p. 146.

185 Alan Woods, *Ted Grant: The Permanent Revolutionary*, op. cit.

a desenvolver uma base política sólida nas areias movediças da política trotskista. Às vezes ele defendia uma linha conciliatória com o stalinismo, como quando rotulou os guerrilheiros de Castro como "destruidores" ultraesquerdistas por desafiar a frente popular que o Partido Comunista havia articulado com Batista.[186] Em outras ocasiões, ele era capaz de assumir uma linha diametralmente oposta, como quando defendeu, contra o stalinismo de Kim Il-sung, as forças armadas sul-coreanas financiadas pelo imperialismo. Antes, os intelectuais de seu círculo conseguiam conduzi-lo de volta à linha correta, mas nesse caso da Coreia ele de repente bateu o pé e chegou a ameaçar expulsar Almeyra e Shulz por discordarem da sua posição.[187] Eles só foram salvos porque chegou uma carta assinada por Pablo afirmando o apoio crítico da Internacional a Kim, posição à qual Posadas imediatamente aderiu como se a disputa nunca tivesse ocorrido.[188]

Uma reviravolta ainda mais chocante ocorreu em meio à troca de poder na Argentina em 1955. Com o malogro do *boom* econômico resultante da reconstrução europeia do pós-guerra, as elites que haviam apoiado Perón como um modernizador voltaram-se contra ele. Em junho, os militares bombardearam uma manifestação peronista de massa na Plaza de Mayo, matando dezenas de seus apoiadores. Perón sobreviveu, mas depois de várias outras tentativas e defecções, ele acabou sendo forçado a fugir do país para a Espanha de Franco. Os militares assumiram o poder, batizando o golpe de "Revolução Libertadora" contra a ditadura de Perón. Enquanto até mesmo More-

---

186 "Esquema Para Una Historia de La IV Internacional y para el Análisis de su Crisis", op. cit., p. 23.

187 Ibid., p. 19.

188 Werner Grundmann, "Rede vor der Beerdigung von Paul Schulz am 08.03.2013 auf dem Thomas-Friedhof in Berlin-Neukölln", 15 mar 2013, accessado online: http://www.wbgrundmann.de/paulschulzrede.htm.

no viu nisso um ataque farsesco da elite contra a classe trabalhadora argentina e saiu em defesa do peronismo,[189] Posadas apoiou o golpe. "Centenas de trabalhadores socialistas, radicais, comunistas e setores pequeno-burgueses foram influenciados por essa valente ação decidida pelas massas", escreveu ele, convencido de que as ações dos militares haviam sido precipitadas por um sentimento revolucionário pronto para superar suas amarras peronistas. "No próximo período, eles unificarão suas lutas, não apenas econômicas, renovando acordos, mas contra os novos golpes e ataques por parte da oligarquia [...]."[190]

Com novas eleições marcadas e os partidos peronistas banidos, Posadas viu uma oportunidade de preencher o vácuo. O POR(T) conseguiu legalizar-se em troca de abrir mão do *Revolución* de seu nome. O recém-batizado Partido Operário Trotskista, de sigla PO(T), se apresentou então como um "partido operário ancorado nos sindicatos", em uma estratégia de campanha calcada na ideia de eleger para a legislatura trabalhadores em vez dos políticos de sempre. O processo começou com a formação de facções secretas nas fábricas. Fazendo-se passar por peronistas, eles escolhiam um quadro do partido para concorrer a dirigente sindical, que, se bem-sucedido, depois lançaria uma candidatura a um cargo político.

Um trabalhador da indústria automobilística chamado Héctor Menéndez recorda a velocidade com a qual todo esse processo ocorreu. Uma semana depois de ele ser eleito, em assembleia, dirigente sindical na fábrica da SIAM em Córdoba, "o partido [...] vem me dizer que eu vou ter de me candidatar a deputado. Na campanha, a dois quarteirões de onde passavam os ônibus dos trabalhadores, um sujeito já tinha pintado 'Vote

---

189 Ripoll, "Nahuel", p. 211.

190 J. Posadas, "El golpe militar de Palacio y la huelga general del 15 al 18," *Frente Obrero*, n. 103, out. 1955, p. 4-6.

Menéndez para Deputado Federal', com uma foice e um martelo, e a sigla 'Partido Operário Trotskista' ali do lado. Todo dia a fábrica inteira via aquilo...".

Ele disse a Posadas que seu disfarce estava arruinado, e que agora estava certo que seria demitido por conta de uma campanha que quase certamente não vingaria. "Não é certo que eles o expulsarão", Posadas teria respondido, "mas independentemente disso, do ponto de vista político, essa candidatura é mais importante."[191]

O partido lançou campanhas semelhantes em Buenos Aires, Santa Fé e outras partes da província de Córdoba. Apesar de não conseguirem se eleger, alguns candidatos, de acordo com Tarcus, "chegaram a obter resultados respeitáveis".[192] Em uma matéria que escreveu sobre as eleições para a revista *Fourth International*, Posadas se gabou por terem recebido 15.424 votos, o que era mais do que três outros partidos de esquerda, e mais de um quarto dos 69.590 votos do Partido Comunista. "Os resultados eleitorais mostram que a crise política da burguesia é profunda e segue se agravando: apenas o PO(T) e Frondizi [o candidato preferido dos peronistas] avançaram, enquanto para os outros partidos, operários ou burgueses, a eleição foi uma catástrofe."[193]

A campanha ao menos aumentou a reputação do PO(T) na CGT. Eles passaram a ter voz na confederação em um momento no qual ela se reorganizava em torno da pauta "*Perón Vuelve*" – pedindo seu retorno exílio – que dominaria a política argentina por quase

---

[191] Héctor Menéndez em entrevista realizada pelo autor. Gravação digital, Córdoba, Argentina, 8 mar. 2017.

[192] Horacio Tarcus, *Diccionario biográfico de la izquierda argentina*, op. cit., p. 526.

[193] J. Posadas, "The Argentine Elections and the Tasks of the Proletariat," *Fourth International*, n. 2, primavera 1958, Amsterdã, p. 17-21, disponível em Encyclopedia of Trotskyism Online: https://www.marxists.org/archive/posadas/1958/03/argentina.htm.

duas décadas até que fosse vitoriosa. Dentro da burocracia trabalhista peronista, Almeyra e Shulz ajudaram a elaborar o programa *La Falda*, que exigia, no espírito dos ganhos do primeiro mandato de Perón, uma nacionalização de bancos e indústrias, o controle estatal sobre o comércio exterior, a anulação da dívida externa e, mais notoriamente, a expropriação sem indenização de fábricas, para serem passadas a controle dos trabalhadores.[194]

O BLA ganhou outro grande impulso com os acontecimentos em Cuba no final de 1958, quando um exército de barbudos esfarrapados finalmente emergiu vitorioso de sua campanha de guerrilha desde a Sierra Maestra até tomar o controle de Havana. O ditador Fulgencio Batista fugiu do país, deixando Fidel Castro e seu fiel escudeiro argentino Ernesto "Che" Guevara no comando. Com o apoio das massas, eles rapidamente organizaram um Estado revolucionário que se denominava, ambiguamente, de "humanista" – isto é, sem se comprometer com o rótulo socialista nem com o capitalista. Com o mundo inteiro aguardando ansiosamente uma indicação de qual direção o nacionalista-populista Castro e o insurrecional Guevara tomariam, começou a se espalhar na Internacional a notícia de que um grupo de trotskistas compunha uma pequena, mas respeitada, facção das forças castristas. Entre eles estava Pablo Diaz, um dos poucos tripulantes sobreviventes do Granma, a famosa embarcação que havia contrabandeado Castro do exílio mexicano de volta a Cuba para lançar sua campanha de guerrilha em 1956. Outros trotskistas lutaram ao lado de Raúl Castro nas encostas voltadas para Guantánamo. O BLA não demorou para estabelecer contato após a Revolução, enviando a uruguaia Olga Scarabino para Cuba em 1959. O regime de Castro a recebeu como camarada e a convidou para anunciar um encontro nacional de trotskistas na rádio estatal. No ano seguinte, quem

---

194 Guillermo Almeyra, *Militante crítico*, op. cit., p. 161.

visitava a ilha era o próprio Posadas, para dar as boas-vindas ao POR(T) cubano como a mais nova seção do BLA.

Para muitos, o triunfo inesperado da revolução em Cuba corroborava as ousadíssimas previsões que Pablo havia feito dez anos antes sobre a revolução colonial. Agora, a sensação que pairava era de que ela poderia eclodir em qualquer lugar – exceto na América do Norte ou na Europa. Os trabalhadores desses países, escreveu Pablo, "haviam encontrado um substituto para a luta de classes na remuneração adicional por hora extra [...], revelando sua atitude passiva, se não passivamente hostil, em relação à revolução colonial."[195] O mais catastrófico episódio desse processo foi o colapso da coalizão de esquerda que governava a França em 1958, resultado de sua falta de ação decisiva em relação à insurgência socialista e anticolonial da Frente de Libertação Nacional (FLN) na Argélia. Para Pablo, a vitória esmagadora do anticomunista Charles de Gaulle era prova de que as massas europeias estavam se movendo à direita, de modo que todos os esforços deveriam ser redirecionados para armar e fortalecer os movimentos revolucionários que estavam começando a pipocar na periferia do continente.

Ele não estava falando figurativamente. Em 1959, Posadas enviou Paul Schulz e dois outros militantes para a cidade marroquina de Kenitra, onde Pablo havia comprado uma plantação de árvores cítricas para ser transformada em uma fábrica secreta de munições construída para abastecer a FLN.[196] Os trabalhadores dormiam em galpões durante o dia, esperando o anoitecer para descarregar e montar tornos mecânicos da China, além de máquinas de moagem, uma fundição e uma prensa hidráulica da Tchecoslováquia e da Iugoslávia. Seu primeiro produto foi a Sten, uma submetralhadora leve e de fácil produ-

---

[195] Citado em Livio Maitan, *Memoirs of a Critical Communist*, op. cit., p. 70.

[196] Guillermo Almeyra, *Militante crítico*, op. cit., p. 163.

ção. Dali em diante passaram a fabricar morteiros e granadas, todos contrabandeados para o outro lado da fronteira desértica com a Argélia. Afastados da sociedade marroquina para evitar suspeitas, os militantes só podiam sair uma vez a cada dois meses para uma ida supervisionada à praia.[197]

Pablo também arriscou a própria vida quando aceitou supervisionar uma oficina situada perto da fronteira germano-holandesa que falsificava passaportes e dinheiro. Ele chegou a ser preso em Amsterdã, junto com o secretário holandês e enviado do BLA Sal Santen, quando a polícia tomou conhecimento da operação, em julho de 1960.[198] Posadas demonstrou especial dedicação à campanha pela sua libertação, arrecadando 1.500 dólares e colhendo declarações de solidariedade de contatos parlamentares, trabalhistas e jurídicos de toda a América Latina.[199] Como a independência da Argélia era uma causa justa, eles argumentaram, ninguém deveria ser punido.[200]

O resto da Internacional apoiou oficialmente o esforço, mas alguns ficaram aliviados, em silêncio. A guinada de Pablo às insurreições do Terceiro Mundo parecia representar um abandono quase total do movimento operário tradicional em favor do estabelecimento de algum tipo de exército internacional de guerrilha. Era quase como se ele estivesse jogando propositalmente com a caricatura representada nas críticas dos membros do IC que prometiam nunca mais voltar à Internacional com Pablo no comando.

---

[197] Christophe Nick, *Les Trotskistes*. Paris: Fayard, 2002, p. 403.

[198] Wolfgang Lubitz e Petra Lubitz, "Michel Pablo", *Lubitz' Trotskyana-Net*, 2004, p. 3. Disponível online: https://www.marxists.org/archive/pablo/bio/bio-bibl_pablo.pdf.

[199] Secretariado do Bureau Latino-Americano da IV Internacional, "L'étape actuelle de la crise de croissance de l'Internationale," 29 set. 1961, Socialist Workers Party records, 92036, TN 27026, Box 21, Hoover Institution Archives.

[200] Nick, *Les Trotskistes*, p. 408.

Responsáveis por tocar a Internacional durante seu encarceramento, Ernest Mandel, Pierre Frank e Livio Maitan testaram as águas da reunificação, convidando o SWP a participar do Sexto Congresso Mundial em janeiro na condição de delegado com pleno direito a voto. Embora tenham recusado, Pablo ficou furioso quando tomou conhecimento do convite, disparando contra seus colegas de dentro de sua cela por se aproveitarem da sua ausência para tentar agradar os estadunidenses e virarem as costas para a revolução colonial. Posadas entendeu o recado como um sinal de que essa "ala direita" da Internacional havia se alinhado contra Pablo. Era um pensamento pavoroso num momento em que suas previsões mais audaciosas de revolução mundial estavam se concretizando, e Posadas acreditava ser o próximo na linha sucessória para dirigir a Internacional. Se o IC voltasse a dar as cartas, ele seria provavelmente substituído por seu antigo inimigo Moreno, que ele havia derrotado antes, devolvendo-o a uma vida de pobreza e irrelevância política.

Um princípio central do trotskismo é que a crise da humanidade é uma crise de liderança proletária. Assim, os conflitos internos do SI assumiam tremenda importância na medida em que refletiam as tensões mais amplas do movimento revolucionário mundial e da própria ordem global. À medida que a Europa se estabilizava e a URSS se aproximava de um processo de desestalinização e de uma coexistência pacífica com o Ocidente, uma China mais belicosa passou a criticar ambos processos como capitulações. Em vez disso, defendiam que fosse replicada sua revolução vitoriosa, que havia substituído a força revolucionária tradicional do proletariado urbano pela entrada de cena das massas camponesas, que afinal constituíam a maioria da população mundial, abrindo assim um caminho revolucionário que saía de suas lavouras e pradarias para assumir o controle sobre os núcleos industriais. Mas com os EUA já repelidos na Coreia do Norte e seus conselheiros militares tomando uma surra no Vietnã, essa era uma proposta que parecia destinada a provocar uma nova guerra mundial. Quanto tempo levaria até que algum pequeno conflito armado de terceiros, financiados respectivamente pelas duas grandes potências, degringolasse em um confronto direto com os exércitos imperialistas, e quanta contenção as potências nucleares demonstrariam antes de acionar seus estoques cada vez maiores de armamentos atômicos? Posadas acreditava, mais do que nunca, que para que o socialismo fosse alcançado, o conflito era não só inevitável como necessário. Qualquer um que estivesse tentando salvar este mundo estava condenado a perecer com ele.

Outra pessoa que via um possível caminho para o progresso em meio à corrida armamentista apocalíptica foi um sujeito chamado Sergei Korolev. Nos últimos dias da Segunda Guerra Mundial, os EUA e a URSS correram para capturar as fábricas alemãs de munição que produziam mísseis A-4 de longo alcance, a fim de garantir a tecnologia que lhes permitiria lançar ogivas nucleares de qualquer lugar do mundo. Na maioria dos casos, as tropas chegavam tarde demais, não encontrando nada além de destroços amontoados junto com milhares de cadáveres de trabalhadores escravizados. Mas no escritório de Werner von Braun os soviéticos descobriram algo notável: manuscritos inéditos de Konstantin Tsiolkovsky, com as anotações entusiasmadas do próprio von Braun rabiscadas nas margens de quase todas as páginas.[201] O cosmismo, no final das contas, era um elemento-chave. Para que um míssil de 280 toneladas percorresse milhares de quilômetros, ele precisaria entrar em órbita – nada menos que a missão técnica do trabalho da vida de Tsiolkovsky e Korolev.

Em 1955, Korolev, que tinha sido liberado do *gulag* onde estava, quase morrendo congelado, para liderar o programa de foguetes durante a guerra, apresentou uma série de novos mís-

---

201 Asif A. Siddiqi, *Challenge to the Apollo*, op. cit., p. 24–27.

seis ao primeiro-secretário soviético Nikita Khrushchev. Seu R-5 foi o primeiro foguete capaz de perfurar a atmosfera para atingir a maior parte do território europeu. O R-7 conseguiria chegar a Nova York em meia hora.[202] Qualquer um deles tinha a capacidade de carregar ogivas muito mais destrutivas que as bombas lançadas sobre Hiroshima e Nagasaki – com cinco se destruía a Grã-Bretanha, com sete, a França. Depois de impressionar profundamente o Politburo, Korolev revelou seu projeto paralelo: uma esfera prateada do tamanho de uma bola de vôlei. Ao apontar o mesmo míssil para o céu em vez de para uma cidade distante, ele explicou, os soviéticos poderiam ser os primeiros a colocar em órbita um satélite artificial. O conceito deixou os burocratas meio perplexos, mas assim que souberam que os EUA estavam trabalhando em um projeto semelhante, e com a garantia de Korolev de que isso não interferiria no andamento da pesquisa armamentista, eles aprovaram o novo projeto.[203]

Em outubro de 1957, foi lançado o Sputnik (companheiro viajante), posto em órbita com o único propósito de emitir um leve piscar no céu noturno, sinalizando que a URSS havia superado os EUA, e que o futuro pertencia ao socialismo. Depois veio um segundo Sputnik, e um orbitador lunar, e uma nave espacial contendo uma cadelinha chamada Laika, e depois outra transportando o primeiro humano, Yuri Gagarin. As publicações do BLA saudaram cada novo lançamento em manchetes nas suas primeiras páginas, com o mesmo destaque que um novo levante ou vitória grevista. "Essa incrível façanha da ciência e da tecnologia humanas, de seu poder social coletivo", escreveu um editorial do *Fourth International*, servia de "garantia

---

[202] Matthew Brzezinski, *Red Moon Rising: Sputnik and the Hidden Rivalries that Ignited the Space Age*. Nova York: Times Books, 2007, p. 69–70.

[203] Ibid., p. 69-70.

certeira de que nenhuma barreira permanecerá intransponível a esse poder, que no fundo não tem limites."[204] Ainda que a maioria dos mísseis estivesse apontada para capitais estrangeiras e a União Soviética permanecesse burocrática, esses feitos haviam aberto uma porta para o cosmo no qual a humanidade estava destinada a adentrar, mesmo que talvez esperneando.

Outra nova tecnologia lançada naquele ano foi ainda mais importante para a tendência política que em breve se tornaria o posadismo: o gravador Geloso G.255. A "invenção sinistra", como Almeyra mais tarde se referiria àquele pequeno dispositivo, era um gravador de bobina desenvolvido para uso comum.[205] Posadas agora tinha condições de contornar, com o simples toque de um botão vermelho, o transtorno de déficit de atenção que o impedia de escrever. Ao final da década, ele ficava do anoitecer até o alvorecer falando ao aparelhinho italiano na sede do PO(T), e depois entregava a fita à sua secretária pela manhã para ser transcrita. Quanto mais ele falava ininterruptamente, mais lhe ocorriam estranhas sincronias entre luta de classes, ciência, cultura e filosofia. Era como se ele estivesse de volta entre os trotskistas eruditos de cafeteria que o haviam iniciado vinte anos antes – mas agora só a sua voz importava, tendo o pequeno dispositivo bege registrando silenciosamente cada louvor triunfalista à classe trabalhadora, cada previsão intuitiva da revolução iminente e cada litania vingativa contra quem se colocava no caminho de sua autoridade legítima. Depois ele sairia pelas ruas vazias acompanhado de outro dispositivo de ponta – a nova estrela que pairava no céu de Buenos Aires com um leve piscar.

---

204 Editorial, "Reflections on International Prospects", 4th International 5, outono 1959: Amsterdã, p. 1, disponível na Encyclopedia of Trotskyism Online: https://www.marxists.org/history/etol/newspape/fi-is/no5-winter-1959-fi-is.pdf.

205 Guillermo Almeyra, *Militante crítico*, op. cit., p. 204.

Objetivamente, somos nós que estamos com a retidão e a força todas. E o processo nos é favorável. A crise mundial do stalinismo se aprofunda. A revolução colonial se intensifica, as seções latino-americanas estão se desenvolvendo. Em Cuba temos o mais claro e consciente otimismo de que superaremos a situação atual e que em poucos anos estaremos à frente da revolução socialista [...]. A Internacional constitui uma força invencível.[206]

J. Posadas, 1961

Se o otimismo fosse combustível de foguete, este partido já teria disparado para a próxima galáxia. O que não é a melhor das piadas, visto que a maioria dos nossos camaradas da esquerda pensava que era de lá que vínhamos.[207]

Dave Douglass, do Partido Revolucionário dos Trabalhadores (Trotskista), Seção Inglesa da Quarta Internacional Posadista

---

[206] Secretariado do Bureau Latino-Americano da Quarta Internacional , "L'etape actuelle de la crise de croissance de l'Internationale", 29 set. 1961, registros do Socialist Workers Party, 92036, Box 22, p. 10, Hoover Institue Archives.

[207] David John Douglass, *The Wheel's Still in Spin: Stardust and Coaldust, a Coalminer's Mahabharata*. Hastings: Read "n" Noir, 2009, p. 38.

PARTE II
A Quarta Internacional Posadista

6. A Internacional Voadora

"Eu decidi", afirmou Posadas misteriosamente durante um passeio pela Basílica de São Pedro com seu guia turístico, um trotskista italiano chamado Mario.[208]

"Decidiu o quê?", perguntou Mario. Posadas respondeu que isso seria discutido mais tarde.[209]

Eram os últimos dias de 1960. O Sexto Congresso Mundial que ocorreria em janeiro do ano seguinte estava chegando, e o palco estava armado para um realinhamento dramático da Internacional na ausência de Pablo. Mario trabalhava para o secretário italiano Livio Maitan e tinha a esperança de descobrir algo que Posadas e os pablistas estavam preparando. Mesmo antes da prisão de Pablo, Maitan já havia notado que o comportamento do BLA de Posadas vinha se tornando cada vez mais esquisito. Ele conta que desde outubro a imprensa posadista tinha começado a publicar extensos sermões no inconfundível "estilo errático" de Posadas: os textos contavam com passagens pedindo "endurecimento disciplinar" dentro da organização, decretando a integração obrigatória de esposas e namoradas como militantes, alegando que elas é que haviam influenciado a guinada à esquerda de Castro, e até dando a entender que Posadas estaria "misticamente designado com uma missão de regenerar do trotskismo", entre outros temas.[210]

---

[208] J. Posadas, *Historia de la Internacional.* 17 jul. 1969, Quatrième Internationale Posadiste Collection, ARCH01158, Carpeta 28, p. 7, International Institute of Social History.

[209] Ibid.

[210] Livio Maitan, *Memoirs of a Critical Communist: Towards a History*

Naquele momento, porém, Posadas só parecia interessado nas ruínas. No Fórum Romano, ele parou para estudar a Coluna de Trajano, um imponente friso de mármore que representava uma história materialista da pilhagem imperial. Os dois percorreram séculos e séculos em uma caminhada até o Vaticano, discutindo detalhes do império caído por meio do Renascimento. "Mas, Luis", disse Mario, "você não pode realmente estar interessado nisto aqui. O que você realmente quer saber? Algo a respeito do encontro que estamos prestes a ter?" Foi só quando Posadas ficou cara a cara com a *Pietà*, de Michelangelo, uma representação de Cristo pós-crucificação desabado sobre o colo de Maria, que ele formulou uma resposta. Enquanto Mario seguia relutantemente com sua exposição turística padrão sobre a harmonia artística das figuras de mármore, Posadas reparou na mão da escultura de Maria, que assim como a sua própria, foi danificada em um acidente de trabalho quando um transportador deixou-a cair no século XVI.[211] A história ainda não estava pronta para tal perfeição, mas sentindo o momento se aproximando, Posadas pegou seu cinzel.

O Sexto Congresso Mundial foi realizado em um albergue perto da fronteira entre a Alemanha e a Suíça no início de janeiro. Em um encontro preparatório na véspera de Ano-Novo, alguns dos cem delegados de trinta países se reuniram para celebrar a virada, e muitos deles estavam otimistas de que a profunda ferida do racha de 1953 estava lentamente cicatrizando. "Pouco depois da meia-noite", conta Maitan, "Posadas se levantou,

---

of the Fourth International, trad. Gregor Benton, Dagenham: Merlin Press, 2009, p. 81.

[211] J. Posadas, S/História, p. 7.

acenando, e todos os latino-americanos se retiraram no meio da festa."[212]

O restante do congresso ficou marcado por certo clima de tensão, à medida que o Bureau Latino-Americano seguiu se comportando dessa maneira ominosa. Durante nove dias, os representantes do BLA se sentavam e discutiam em bloco. "Suas intervenções eram todas incisivamente críticas", escreveu Maitan.[213] Mesmo quando eles não tinham qualquer contraproposta, toda e qualquer pauta apresentada virava um debate acalorado que culminava na questão da liderança internacional.

"Hoje, precisamos discutir e enriquecer nosso pensamento trotskista coletivo sobre as formas de organização da Internacional a fim de responder às demandas postas pela nova fase da revolução mundial aberta agora nos anos 1960", começou Gilly. Cuba havia demonstrado um novo nível de luta anticolonial até então desconhecido, disse, e por toda a América Latina estava em marcha um processo semelhante, em grande parte à margem do eurocentrismo da Quarta Internacional. Assim, só seria possível enfrentar o "problema do movimento operário" nos países capitalistas avançados se o processo revolucionário anticolonial se alastrasse pela África e pela Ásia.[214] Ele concluiu que a Internacional deveria se adaptar a esse processo, no plano prático, dando continuidade à estratégia pablista de apoio direto às revoluções coloniais onde quer que elas surgissem e, no plano político, por meio da reorganização imediata da liderança internacional de modo a compor uma maioria não europeia.

---

[212] Livio Maitan, *Memoirs of a Critical Communist*, op. cit., p. 81.

[213] Ibid., p. 79.

[214] Adolfo Gilly, "Activity of the International and its organization", 15 nov. 1960, citado em Gus Fagan, "Posadism: A Report on an Autopsy", 25 nov. 1971, Posadas Tendency Collection, MS1209/4/1, p. 1, Senate House Archives.

Dá para imaginar a quantidade de delegados bufando, resmungando e rabiscando agressivamente suas réplicas quando Gilly apresentou essa sua proposta. Eles interpretaram de duas maneiras o conceito que estava sendo exposto. A primeira era que o BLA propunha uma "Internacional voadora", na qual os militantes seriam desvinculados de suas raízes em seus respectivos movimentos operários nacionais, e que enviaria quadros para focos quentes da revolução mundial, da mesma forma que Pablo estava apoiando a FLN. Na época, o BLA negou isso, mas mais tarde publicou um ensaio que endossava justamente essa perspectiva.[215] A segunda interpretação era de que se tratava de uma tentativa descarada de simplesmente tomar o poder. Afinal, uma vez que Pablo se encontrava fora do páreo, atrás das grades, e o SI continuava com uma maioria pablista, o BLA teria certo cacife para conseguir transferir a sede internacional do movimento para Montevidéu, com Posadas à frente no cargo de novo secretário.

Poucos (se é que alguém) apoiavam essa ideia. Em documentos posteriores que registraram debates sobre o caso "Lucero [Gilly]-Maitan", vemos que mesmo quem concordava com o princípio de uma maioria não europeia se incomodou com a agressividade da manobra. Para o delegado indonésio Ibnu Parna, o BLA estava "agindo de maneira infantil".[216] Mesmo outros pablistas viram Posadas como uma caricatura vulgar dos

[215] "Precisamos nos fundir totalmente com as massas, com o centro da Internacional, camarada Posadas, com a mesma garantia histórica que Trótski, construiu a Cuarta Internacional do grupo, o Secretariado Internacional voador, nossa equipe bolchevique mundial!". *Lutte Ouvrier*, n. 69, Bélgica, ago. 1967. Citado em Gus Fagan, "Posadism: a report on an autopsy", op. cit., p. 1.

[216] Duas cartas da seção da Indonésia. Internal Bulletin of the International Secretariat of the Fourth International, Socialist Workers Party records, 92036, Box 22, p. 3, Hoover Institute Archives.

instintos mais controversos de seu líder. Como escreveu Pierre Frank em sua história da Quarta Internacional:

> As prisões [de Pablo] deram a Posadas a oportunidade de lançar uma violenta luta de facção contra a maioria dos membros da liderança internacional. Ele mobilizou todas as suas forças na América Latina para obter maioria no congresso. Queria ser porta-voz de Pablo, e foi nessa época que suas posições e declarações começaram a se tornar cada vez mais extravagantes. Seu comportamento no Congresso foi tão extremo que um pequeno grupo de camaradas, precursores da tendência pablista, chegou a se dissociar dele mesmo tendo simpatia por suas posições.[217]

Em sua história do trotskismo francês, *Les Trotskistes*, Christophe Nick escreveu que Gilbert Marquis, suplente de Pablo, "teria até ficado muito tentado pela perspectiva de uma aventura ao Sul, mas oferecer a IV Internacional nas mãos de Posadas lhe pareceu pura sandice."[218] No fim, o debate se resolveu da seguinte maneira: ficou acordado que seria montada uma nova composição de Secretariado de modo a contar com quatro integrantes europeus e cinco não europeus (três deles do BLA). Este segundo grupo, no entanto, contava com dois delegados asiáticos que não teriam condições de permanecer na Europa.[219] Por conta disso, o triunvirato Maitan, Frank e Mandel reteve

---

[217] Pierre Frank, *The Fourth International: The Long March of the Trotskyists*, trad. Intercontinental Press. Paris: La Quatrieme Internationale, 1969. Disponível online na Encyclopedia of Trotskyism Online: https://www.marxists.org/history/etol/writers/frank/works/march/ch07.htm.

[218] Christophe Nick, *Les Trotskistes*, op. cit., p. 410.

[219] Livio Maitan, *Memoirs of a Critical Communist*, op. cit., 81.

sua maioria. Livio Maitan se tornou secretário em exercício, e a sede da Internacional foi transferida para Roma.

De volta à América do Sul, Posadas convocou um congresso emergencial das seções latino-americanas para apresentar sua versão da derrota ocorrida. Apesar de tudo que o BLA havia realizado, os europeus ainda preferiam se unir com as seções britânicas e norte-americanas dissidentes do que serem liderados por seus súditos coloniais. O Congresso do BLA aprovou o texto de Posadas, "O atual estágio da crise de crescimento da Internacional", e enviou-o a toda a Internacional em setembro.

Há anos os textos enviados sob o nome "Posadas" traziam afirmações exuberantes, mas eram sempre escritos ou editados cuidadosamente pelos intelectuais do movimento. Nos documentos internos havia uma clara diferenciação nas referências a Luis ou Luigi, o homem hoje conhecido e aqui referido como Posadas, e o Posadas coletivo, espiritual, a quem Luis sempre se referia na terceira pessoa. Para muitos, aquela foi a primeira vez que tiveram contato com a voz não editada de *Luis*, agora escrevendo sob o pseudônimo Posadas com uma fúria desenfreada. Mais desabafo pessoal do que propriamente controvérsia política, o texto se queixava que, enquanto o BLA influenciava Castro, Guevara e até Mao, os europeus haviam "perdido o espírito" e amolecido a ponto de se tornarem um "movimento trabalhista manso e bem-comportado", que sabotava a revolução colonial por meio de seu paternalismo inepto e pervertia toda a Internacional por meio de uma degeneração pessoal:

> Depois do Sexto Congresso Mundial, a crise na direção da Internacional se agravou drasticamente [...]. Não há nenhuma autêntica seção europeia (eles não têm vida partidária, só pequenos focos de atividade pública) e na Alemanha e na Bélgica (e parcialmente na Áustria) não há praticamente nenhum partido nem agitação extrapartidária trotskista. Na Bélgica, Germain [Man-

> del] dirige um grupo composto do que restou daquela seção, que agora se dedica a preparar sua carreira parlamentar [...][220]

A pior das invectivas ele guardou para Sherry Mangan, o sujeito que havia convidado Posadas a integrar a Internacional vinte anos antes e que tinha recentemente falecido de um ataque cardíaco em Roma:

> Declaramos que ele era um homem que prestava pouquíssimo serviço ao movimento trotskista latino-americano. Seu comportamento era o de um burguês com algumas ideias revolucionárias, mas que vivia uma vida burguesa em todos os sentidos. Um mulherengo alcoólatra que morreu por conta de sua vida como mulherengo e alcoólatra.[221]

Ele fechou a carta a um fio de anunciar um racha, uma ameaça que, por incrível que pareça, ainda conseguiu atacar o próprio Pablo:

> Ao longo dos últimos dois anos, os latino-americanos e o BLA vêm demonstrando a força da comunidade internacional. Temos dezenas e dezenas de ligações, parcerias e movimentos coloniais com os quais precisamos ser capazes de nos relacionar. Precisamos estabelecer relações com revoluções em outras partes do mundo [...]. É por isso que todos eles desprezam o BLA. Nosso dever é trabalhar de modo a conquistar, se possível, todos os camaradas para que eles possam desenvolver suas experiências e compreender com clareza e aceitar as seções latino-americanas e o BLA, sem preconceitos nem paternalismo [...]. Construímos estruturas difíceis como esta [...]; somos capazes

[220] Secretaria do Bureau Latino-Americano da IV Internacional, "L'étape actuelle de la crise de croissance de l'Internationale", op. cit., p. 6.
[221] Ibid.

> de influenciar os camaradas da Europa e entre eles o camarada Pablo, que queremos e esperamos conseguir influenciar para que abandone sua mesquinhez, suas atitudes ressentidas e seus crimes contra a Internacional.[222]

Uma comissão de controle do SI rebateu com uma carta desesperada endereçada às seções latino-americanas na qual respondia, em espanhol, às alegações "desfiguradas e odiosas" de Posadas. O documento comunicava um "alerta" de que o BLA estava preparando "um racha não apenas de alguns membros da liderança internacional, mas também da própria Internacional". Insistindo que o BLA não era, efetivamente, maior do que o Bureau Europeu, eles reforçaram que sempre publicaram textos do BLA, sempre lhe enviaram apoio financeiro e nunca haviam se referido aos latino-americanos como "indígenas selvagens". A carta manifestou especial indignação com os insultos contra "a memória do nosso camarada Patrício [Mangan], morto em serviço", que os redatores se recusaram a dignificar com uma resposta.[223]

Mesmo avaliando que o BLA havia se tornado um "aparelho centralizado, antidemocrático, desprovido de linha política clara",[224] eles convidaram a organização a participar do próximo Congresso, prometendo que contaria com cinco europeus (Pablo, Santen, Maitan, Mandel e Frank) e seis não europeus (Posadas, Sendic e delegados da Bolívia, da Indonésia, do Sri Lanka e do Paquistão). O fato de que as delegações da indonésia e do Sri Lanka tendiam a votar junto com os europeus, argumentavam eles, demonstrava que a manobra do BLA teria sido

---

[222] Ibid., p. 10.

[223] Carta do Secretariado Internacional da IV Internacional, "To the members of the Latin American sections" 4 dez. 1961. Socialist Workers Party records, 92036, Box 22, p. 1, Hoover Institute Archives.

[224] Murilo Leal, *A esquerda da esquerda*, op. cit., p. 141-2.

motivada por uma tentativa sectária de contornar a política, em vez de por um princípio anticolonial genuíno.[225]

A proposta de reconciliação foi uma tentativa de revelar como o BLA estava abusando do processo democrático em interesse próprio – algo que Posadas só reforçou quando, em resposta, decidiu convocar um "Congresso Extraordinário da IV Internacional" a ser realizado sob a direção do BLA em Montevidéu, em abril de 1962. Ao longo de nove dias, a Quarta Internacional foi completamente reorganizada e passou a ter um novo comitê executivo liderado por Posadas, sua esposa Candida (Sierra), Sendic, Gilly e Minazzoli. As seções belga, francesa e italiana, que não haviam sido convidadas para o Congresso, foram expulsas. Gilly foi a Roma entregar pessoalmente a resolução a Maitan em seu apartamento. Piero Leone, que na época era assistente de Maitan, recorda a cena: "Maitan rasgou aquela papelada e, depois de uma troca de insultos, na qual os dois quase saíram na mão, nós nos retiramos. A coisa foi bem teatral, mas também um tanto grotesca."[226]

Em junho, o SI respondeu na mesma moeda. O BLA e todos os seus participantes foram suspensos. Pablo foi o único que discordou da resolução. Apesar das transgressões de Posadas, ele insistiu que o triunvirato não estava se dando conta do "papel crucial dos países latino-americanos" na revolução mundial, uma posição que não pegava nada bem para a Quarta Internacional diante dos países coloniais e semicoloniais de todo o mundo.[227] Sua crítica foi ignorada. Pablo foi responsabilizado

---

225 Carta do Secretariado Internacional da IV Internacional, "To the members of the Latin American sections", op. cit., p. 1.

226 Piero Leone, "Circolo vizioso: La mia esperienza all'interno della Quarta Internazionale posadista con un modesto tentativo di analisi socio-politica", op. cit.

227 Resolução do Secretariado Internacional da Quarta Internacional,

por ter criado o monstruoso Posadas, um crime que por si só já justificava sua expulsão e a de todos os seus discípulos. O grupo da juventude pablista foi fechado e depois reaberto para renovar a sua composição. Os militantes que tentaram apelar pessoalmente a Pierre Frank receberam cartas escritas à mão, comunicando friamente sua expulsão sumária. Quando enfim saiu da prisão, Pablo se viu totalmente marginalizado da Internacional que ele havia ajudado a reconstruir.[228]

Boa parte do núcleo do BLA tinha a expectativa de que a facção pablista ficaria do lado deles na reconstituição do Bureau Europeu, mas o discurso de encerramento de Posadas na conferência extraordinária fez questão de deixar claro que não havia espaço para "velhos trotskistas". Maitan, Frank, Pablo e todas as outras seções, partidos e grupos europeus estavam permanentemente expulsos.[229] Em poucos anos, Posadas também acabou abandonando muitas das resoluções centrais da histórica Quarta Internacional para proclamar uma nova etapa do marxismo-leninismo-trotskismo centrada especificamente em torno dele: a *Quarta Internacional – Posadista*.

O fato de que a maioria dos trotskistas tinha dúvidas quanto à lógica por trás de uma iniciativa de dividir um movimento que já estava penando para retomar o equilíbrio não fez a menor diferença. Desde o assassinato de Trótski, o partido, decapitado, sofria a mesma crise que o proletariado global. Seu nome: falta de liderança. Posadas via a Internacional de Trótski menos como um movimento comunista de massa composto de par-

---

"Sur la crisis avec la fraction Posadas", 15 set. 1962, Socialist Workers Party records, 92036, Box 22, p. 3, Hoover Institute Archives.

[228] Christophe Nick, *Les Trotskistes*, op. cit., p. 432–3.

[229] Conferência Extraordinária da IV Internacional, "The April Conference Manifesto", abr. 1962, disponível em: http://quatrieme-internationale-posadiste.org/textes_pdf/EN/the-april-conferencemanifesto.pdf.

tidos, facções sindicais, tendências e indivíduos, e mais como uma equipe centralizada – um núcleo intelectual que concentrava em uma pequena vanguarda a atividade e o crescimento da raiva justa e das forças destrutivas do proletariado como um todo. Se utilizada na hora certa, e da maneira certa, ela poderia ser uma poderosa arma. Posadas estava convencido de que era ele quem estava destinado a sacar essa arma da rocha de Coyoacán onde Trótski estava enterrado – e que ele faria isso com um racha.

7. O papel dos militantes anti-imperialistas e revolucionários, o papel dos trotskistas, o programa e as tarefas durante e após a Guerra Atômica

Em 1962 Piero Leone se encontrou com Posadas durante sua expedição a Roma. A visita fazia parte de uma turnê pelo continente para reconstruir o recém-expulso Gabinete Europeu da Quarta Internacional à imagem e semelhança de seu próprio BLA. Leone, um recém-convertido ao trotskismo que tinha acabado de sair do ensino médio, estava ansioso para conhecer o homem cuja infame polêmica havia humilhado seu então mentor Livio Maitan. Ele o imaginava como uma figura maior que a vida, e seu primeiro encontro com Posadas não deixou a desejar:

> Ele tinha uma aparência um tanto impressionante. Era muito semelhante à do profeta Joel, conforme pintado por Michelangelo na Capela Sistina [...]; ele tinha algo de grande ancião, uma figura paterna e de autoridade. Aparentava ter mais de cinquenta anos. Estava falando bastante (mas menos do que falaria mais tarde). Uma coisa que chamou muito a minha atenção [...] foi um gesto que ele fazia muito, quase que um sinal da cruz: dizia que o revolucionário se destaca pelo pensamento (e com a mão tocava sua testa), pelo

> sentimento (e com a mão tocava o coração), e pela ação (e cerrava o punho). Ele repetia esse gesto triplo com frequência [...][230]

Leone estranhou esse tipo de alusão religiosa vindo de um marxista, mas não deixou de achar inspiradora a paixão e o otimismo ilimitado de Posadas, ainda mais comparada à intelectualidade árida de Maitan, com sua cautela de princípios. Em junho, foi anunciado o Partito Comunista Rivoluzionario (Trotskista) como seção italiana da Quarta Internacional Posadista, com Leone no comando de seu jornal.

Dante Minazzoli se mudou para Roma para acompanhar o incipiente Bureau Europeu, organizado principalmente por um punhado de pablistas que concordavam que a liderança internacional deveria ser transferida da América Latina.[231] Os nomes de seus novos partidos eram todos variações do POR(T) argentino original: *Parti Communiste Révolutionnaire (Trotskiste)*, na França (organizado por Alberto Sendic), *Parti Ouvrier Révolutionnaire – Trotskiste*, na Bélgica, e o *Revolutionary Workers' Party (Trotskyist)* na Inglaterra.

À medida que suas fileiras se alastraram pelo México, pelo Brasil e por Cuba ao longo dos anos 1960, cada vez mais seções foram sendo acrescentadas ao Bureau Europeu. Surpreendentemente, duas dessas foram criadas sob as ditaduras ferrenhamente anticomunistas da Espanha e da Grécia. O POR(T) espanhol foi anunciado como uma seção clandestina em 1962. Resistindo à repressão de Franco, eles sustentaram ao menos

---

230 Piero Leone, "Circolo vizioso: La mia esperienza all'interno della Quarta Internazionale posadista con un modesto tentativo di analisi socio-politica", op. cit.

231 Robert Jackson Alexander, *International Trotskyism 1929-1985: a Documented Analysis of the Movement*, p. 333.

trinta membros ativos no final da década.[232] A seção grega apareceu poucos dias após o golpe militar de 1967, que proibiu o direito à liberdade de expressão e de associação. Seu jornal, *Kommunistiki Pali* (Luta Comunista), anunciou sua formação como resultado direto do brilhantismo de Posadas:

> As mais vivas e eloquentes expressões do papel do indivíduo na história, quando isso exprime as necessidades que não são individuais, mas sim coletivas e históricas, quando um indivíduo armado de determinação teórica e política, ancorado no conceito científico e marxista, é capaz de concentrar e centralizar toda a força, toda a potência da Internacional; capaz de concentrar de forma consciente e científica as necessidades empíricas e inconscientes objetivas da história. O papel do camarada J. Posadas na constituição de nossa seção grega não é a força de um indivíduo. Ele representa todo o poder e determinação históricas da IV Internacional quando este trabalho concentra sua preocupação e suas atividades entre os centros conscientes que, em uma frente unida às tendências revolucionárias das massas, decidirão o curso da história na Europa e em todo o mundo: as seções da Internacional.[233]

Os dirigentes da Internacional logo se deram conta de que a mística de Posadas era sua melhor ferramenta de recrutamento. Uma vez que eram poucos os que de fato o tinham visto, suas imagens mentais corriam soltas com base nos seus escritos grandiloquentes e nos rumores de heroísmo pessoal espalhados por seus apoiadores. Ele era uma estrela do futebol e um operário metalúrgico, tragicamente arrancado das linhas de produção por conta de um acidente de trabalho que o defor-

[232] Robert Jackson Alexander, *International Trotskyism 1929-1985*, op. cit., p. 714–15.

[233] Citado em *idem*, *ibidem*, p. 509.

mou e forçado a uma vida de militância em tempo integral. Era um sujeito que havia organizado sapateiros argentinos a ponto de realizarem uma grande greve que finalmente aproximou das massas o movimento trotskista latino-americano, até então boêmio e burguês; e que depois teria espalhado sua influência por todo o continente, inspirando a insurreição dos mineiros bolivianos e uma operação de guerrilha que libertou a província de Guantánamo. Os escritos de Posadas sobre o assunto eram mais próximos do estilo e da intensidade de Guevara, que os jovens europeus idolatravam, do que do pragmatismo mais cansativo de Mandel e Maitan. Talvez ele fosse um guerreiro de libertação mestiço e barbudo, que, em seu caminho para uma insurreição global, estava agora dando continuidade à sua batalha contra Batista e os ianques ao peitar a autoridade ultrapassada do Secretariado Internacional Europeu – por que não?

O que também chamava a atenção dos novos recrutas era o seu otimismo emocionante. Enquanto outros trotskistas estavam constantemente descrevendo um longo e árduo caminho pela frente a ser trilhado, ele jurava que a revolução mundial estava prestes a acontecer, e que as massas já estavam do lado deles: "[Há] milhões de pessoas no mundo que são trotskistas. Quem duvida que os cubanos não são trotskistas? Quem duvida que na África eles não são trotskistas, e que não há trotskistas também no Congo e na Indonésia? [...] A realidade objetiva é trotskista, sempre foi e sempre será."[234]

Essa certeza se traduzia em uma crença de que a revolução-guerra nuclear global seria inevitavelmente vitoriosa, independentemente de seu custo. A guerra "sem dúvida destruiria uma enorme quantidade de riquezas da humanidade, de conhecimento", escreveu Posadas. "Por outro lado, a consciência

[234] Boletim interno de 1962 citado em Livio Maitan, *Memoirs of a Critical Communist*, op. cit., p. 376.

comunista se desenvolverá rapidamente e se recuperará no curto período de alguns anos."[235]

À medida que sua posição foi se tornando notória entre os socialistas, muitos dos quais estavam engajados na campanha pelo desarmamento nuclear, ele dobrou a aposta. Joseph Hansen, ex-secretário de Trótski, disse que os posadistas defendiam especificamente "um ataque preventivo por parte da União Soviética".[236] Hansen reconhecia que Posadas era "um organizador enérgico", mas avaliava que ele tinha "desenvolvido posições próprias bastante excêntricas dentro do movimento, e que depois do racha abandonou de vez toda e qualquer restrição nesse sentido".[237]

O militante italiano Luciano Dondero lembra que "Posadas estava realmente convencido de que uma guerra era inevitável [...]. Ele sentia que ela deveria começar o mais rápido possível."[238] Foi esse chauvinismo nuclear, continua Dondero, que em última instância o conquistou:

> Como é possível ser um militante ativo, se dedicar a lutar por uma revolução socialista mundial, sabendo que há uma guerra nuclear chegando? Essa questão tinha de ser abordada e, de fato, a resposta de JP era muito poderosa, dado o contexto. Ele dizia duas coisas. A primeira era a perspectiva "marxista histórica da inevitabilidade", que ele formulava da seguinte maneira: "Se a humanidade foi capaz de evoluir dos macacos para o Estado operário, como duvidar que ela não será capaz de alcançar o socialismo

---

[235] J. Posadas, "International Situation", *International Journal*, v. 2, n. 1, set. 1962, p. 142, citado em Murilo Leal, *A esquerda da esquerda*, op. cit., p. 142.

[236] Joseph Hansen, "Stalinism or Trotskyism in the Cuban Revolution?" *International Socialist Review* 27, no. 3, Summer 1966, p. 96-106. https://www.marxists.org/archive/hansen/1966/xx/cuba-staltrot.htm.

[237] Ibid.

[238] Luciano Dondero, entrevista com o autor, 16 ago. 2017.

> depois dessa terra arrasada?". A segunda era a noção concreta e responsabilizadora de que cabia a nós, os núcleos posadistas de todo o mundo, assumir um papel de liderança depois da guerra, para tornar possível a recuperação a partir da devastação e construir um futuro socialista.[239]

Além de fazer Posadas parecer eminentemente sério àqueles chocados pelas atrocidades de guerra cometidas na Coreia e no Vietnã pelos Estados Unidos e seus aliados, isso ainda fazia com que as outras tendências comunistas parecessem covardes. Para Posadas, esses desejos de paz equivaliam a uma "capitulação ao pacifismo e ao humanismo pequeno-burguês".[240] Piero Leone elaborou um panfleto, para ser distribuído em um encontro do Partido Comunista Italiano, defendendo que a URSS rompesse o embargo estadunidense contra Cuba. O material foi pessoalmente confiscado e destruído pelo futuro secretário do PCI, Enrico Berlinguer.[241] O comunista espanhol Pepe Gutiérrez-Álvarez conta que um porta-voz dos posadistas apareceu numa reunião em Barcelona acusando Ernest Mandel de ser insano. Quando os presentes lhe perguntaram por que, ele respondeu: "Por ser um frouxo que não acredita na guerra termonuclear!"[242]

Para cada cem pacifistas horrorizados com esse tipo de retórica, havia um punhado de jovens frenéticos prontos para a

---

[239] Luciano Dondero, entrevista à lista de e-mail *Leftist Trainspotters*, no *Yahoo!*, sem data. Providenciada por Sebastien Budgen.

[240] J. Posadas, "Situación Internacional", *Revista* IV *Internacional*, set. 1961, citado em Murilo Leal, *A esquerda da esquerda*, op. cit., p. 142.

[241] Piero Leone, "Circolo vizioso: La mia esperienza all'interno della Quarta Internazionale posadista con un modesto tentativo di analisi socio-politica", op. cit.

[242] Pepe Gutiérrez-Álvarez, "Jordi Dauder Entre La II República y La III República", Viento Sur, 4 out. 2011: https://vientosur.info/spip.php?article5843.

aniquilação. Dave Douglass, da seção britânica, lembra de estar tão enfurecido com o Vietnã que chegou a fantasiar uma guerra civil insurrecional no núcleo imperialista impulsionada por ditaduras comunistas nucleares no mundo colonial, uma posição que ele inicialmente denominou "anarco-maoismo". Quando soube dos trotskistas pró-guerra nuclear, David correu para se alistar, defendendo enfaticamente essa posição diante de camaradas perplexos com o que escutavam:

> John [um pablista australiano] apenas balança a cabeça: "Seus doidos, o que vocês simplesmente não estão vendo é a necessidade da ciência e do conhecimento na construção do comunismo. Posadas acha que se todos nós nos revezarmos lançando mísseis nucleares a cada uma das grandes civilizações e culturas de ambos os blocos, venceremos no final, porque estamos em maior número. Que os imperialistas dominantes estarão, portanto, derrotados, e nós, a humanidade, emergiremos triunfantes. Mas emergiremos onde, Dave? Em um planeta devastado e moribundo, com todos os meios de consertá-lo e toda a ciência acumulada da nossa evolução dizimados? O que teremos, o comunismo primitivo das tribos da Idade da Pedra?"
>
> "É, mas não acho que seja uma questão de escolher o caminho que preferiríamos seguir para o comunismo, John. Acho que Posadas está tentando ser realista e dizer que o imperialismo nunca deixará o planeta aos comunistas. Eles o destruiriam primeiro."[243]

Douglass sabia que a Inglaterra era um dos principais alvos e já estava mais do que preparado para o martírio: "Se as forças especiais do Estado não matassem todos nós naquilo que o partido previa que seria uma fase chamada 'repressão', que antece-

---

[243] David John Douglass, *The Wheel's Still in Spin: Stardust and Coaldust, a Coalminer's Mahabharata*. Hastings: Read "n" Noir, 2009, p. 92.

deria a guerra, então as bombas de nossos camaradas soviéticos e chineses certamente o fariam."[244] Posadas fornecia poucos detalhes sobre o que os camaradas deveriam fazer durante ou depois da guerra, além de seu parco manual de sobrevivência intitulado *O papel dos militantes anti-imperialistas e revolucionários, o papel dos trotskistas, o programa e as tarefas durante e após a guerra atômica*. O documento aconselhava "higiene imediata, livrar-se de dejetos, matéria fecal, de modo a organizar a purificação da água, distrito por distrito". O mais importante era sempre a necessidade de encontrar e reconstruir o partido assim que as nuvens de cogumelo se dissipassem. "Devemos, na hora, procurar estabelecer contato com a liderança internacional – onde quer que ela esteja."[245]

A mentalidade intensificava os aspectos clandestinos da estrutura partidária bolchevique, lembra Douglass:

> O intuito de uma estrutura secreta tão elaborada era o segundo eixo mais importante decorrente da doutrina do partido, isto é, a inevitabilidade da guerra nuclear [...]. Antes desse derradeiro acerto de contas, o Estado iniciaria "a repressão" sobre todos os militantes comunistas e progressistas e basicamente garantiria que não sobrasse nenhum resquício de estrutura para orquestrar a rebelião e a revolução durante e após uma guerra nuclear. Daí a necessidade de uma estrutura clandestina paralela. Em escala mundial, a guerra devastaria o imperialismo e o capitalismo, mas as massas como tal sobreviveriam, e o conhecimento da ideologia

244 Ibid.

245 J. Posadas, "The Role of Anti-Imperialist and Revolutionary Militants, The Role of Trotskyists, The Program, And Tasks During and After the Atomic War", *Lutte Communiste*, 12 abr. 1965, citado em Gus Fagan, "Posadism: a report on an autopsy", op. cit., p. 3–4.

> do comunismo avançaria para purificar a Terra mais uma vez, e a humanidade enfim triunfaria.[246]

Essa "estrutura dual" levou alguns a descreverem a Internacional Posadista como um partido quase anarquista de quadros autônomos, do qual Posadas seria apenas o líder simbólico, talvez semificcional. Para os quadros mais recentes, havia um fundo de verdade nisso. Uma vez estabelecidos, eles decidiriam entre si como se organizariam e quais projetos priorizariam, apenas para possivelmente ter que mudar de curso se fossem redirecionados de cima.

Mas isso estava longe de ser autonomia. Cada grupo tinha que ser plenamente doutrinado na versão posadiana de marxismo e da história da Internacional por meio de uma "escola de formação de quadros" que conformaria cada militante à linha e ao estilo de vida do partido. Quem lecionava nessas escolas eram os membros do núcleo da Internacional, de preferência um argentino ou uruguaio – Gilly, Minazzolli, Almeyra, Labat, ou Sendic, e quando possível, o próprio Posadas. Os quadros eram informados de que teriam de prefigurar o socialismo no interior da "vida partidária". Isso significava estabelecer "uma existência de tipo comunista, não do tipo *hippie*, e, na medida do possível, viver um etos social e moral comunista", escreveu Douglass.[247] Quaisquer sinais de individualismo, seja no comportamento ou nas opiniões, eram criticados de maneira implacável. Mesmo um camarada que disse a Posadas que ele era "o melhor de todos nós" foi repreendido – afinal, Posadas não era um indivíduo, mas sim o motor principal e a soma total das partes.[248] Todos os

---

[246] David John Douglass, *The Wheel's Still in Spin*, op. cit., p. 39.

[247] Ibid.

[248] Piero Leone, "Circolo vizioso: La mia esperienza all'interno della Quarta Internazionale posadista con un modesto tentativo di analisi

recursos eram compartilhados entre os membros do partido, e todas as principais decisões de vida dos militantes, como mudar de apartamento ou aceitar um novo emprego, eram sujeitas a aprovação. O grupo de Douglass chegou a ser criticado pelo Bureau Político Britânico por ter membros vegetarianos – o Bureau depois voltou atrás quando eles conseguiram convencê-lo de que a dieta, no final das contas, era mais barata e que carne e não era um alimento "necessário nutricionalmente".[249]

Em um sentido mais amplo, o comportamento dos militantes era guiado por um código rigoroso de "moralidade revolucionária". Além de proibir estritamente a substâncias intoxicantes (não era permitido nem um único brinde depois de uma reunião extenuante), um eixo fundamental da moralidade revolucionária dizia respeito ao sexo. O sexo que não visasse a procriação era profundamente um tabu, especialmente fora do casamento. Quem quisesse se casar, conta Leone, "tinha que procurar alguém de dentro da organização. Ou então (sobretudo se alguém já comprometido estava sendo recrutado) o parceiro precisava entrar para a seita." E mesmo assim a decisão de ter filhos ainda precisaria ser aprovada pelo partido. Muitas vezes esses pedidos eram negados com base no argumento de que a criação de filhos poderia distrair os militantes de seu trabalho. No caso de uma gravidez indesejada, no entanto, a militante era obrigada a dar à luz – o aborto era estritamente proibido.[250] Posadas também separava casais por longos períodos, acreditando que negar o sexo estimularia nos seus militantes o mesmo

---

socio-politica", op. cit.

249 David John Douglass, *The Wheel's Still in Spin*, op. cit., p. 40.

250 Piero Leone, "Circolo vizioso: La mia esperienza all'interno della Quarta Internazionale posadista con un modesto tentativo di analisi socio-politica", op. cit.

fervor revolucionário que nele, que estava em um casamento quase inteiramente desprovido de contato sexual.[251]

A homossexualidade, considerada degeneração capitalista, era totalmente banida. Qualquer um que fosse descoberto gay, como o veterano da seção peruana Ismael Frias, era imediatamente expulso. Rivais, especialmente Ernest Mandel, eram repetidamente chamados de "viadinho".[252] Membros que não haviam se assumido aprendiam a reprimir seus sentimentos ou a pelo menos mantê-los em segredo.[253]

Eventualmente as teorias excêntricas e as restrições culturais de Posadas se sobrepunham às raízes políticas da Internacional. Essas posições essenciais foram enumeradas por ex-militantes em sua crítica de 1977 ao movimento, o *Boletin Marxista 8*:

> a) uma visão das massas: a principal preocupação era com o nível de consciência e o grau de organização do proletariado e das massas, e como as organizações trotskistas poderiam se enraizar e passar a exercer influência neles; daí a simpatia do movimento pelo peronismo e pela relação entre as massas e a liderança nacionalista burguesa, que se baseia nos escritos de Trótski sobre o México [...]
> b) a construção de um partido proletário, no chão de fábrica, que não seria um grupo de propaganda, mas sim um agente de organização da vanguarda operária. Essa visão se baseia na força exigida para passar *O que fazer?*, de Lênin, e todas as suas obras relacionadas, e em particular *Em defesa do marxismo*, de Trótski, para a base de quadros políticos (bem como alguns dos escritos de Cannon do mesmo período). Os princípios do partido trot-

---

[251] J. Posadas, "Balance estadia y viaje Marc. e In", 25 ago. 1974, Quatrième Internationale Posadiste Collection, ARCH01158, Carpeta 20, 4282 3290, p. 9, International Institute of Social History.

[252] Luciano Dondero, entrevista com o autor via e-mail, 14 ago. 2019.

[253] Luciano Dondero, entrevista ao *Leftist Trainspotters*.

skista são, sem dúvida, formulados no *Em defesa do marxismo*. Ainda assim, eles teriam que ser aplicados à vida partidária. O GCI fez isso. Outras organizações não o fizeram.
c) a centralização da Internacional e a formação dos quadros conforme a visão e a vivência de classe.
d) uma visão que considerava a função da revolução colonial e do proletariado dos países atrasados na revolução global, como parte das forças comprometidas a complementar o papel fundamental desempenhado pelos Estados operários no equilíbrio global de poderes na luta de classes.[254]

Entendendo a situação do racha como um momento de surfar numa onda de "movimentos de massa em revolução colonial [...] que descartava, esmagava e destruía todo o resto",[255] eles consideravam males necessários a disciplina extrema da vida partidária, os perigos da insurreição guerrilheira e da guerra mundial, os aspectos reacionários do populismo nacional e a instabilidade mental de Posadas. Quando não estava organizando e delegando tarefas, Posadas estava ditando intervenções extemporâneas ao seu gravador Geloso – dormia pouco e comia pouco, dedicando cada instante de vigília a construir sua equipe, expandir sua influência e conquistar poder. Mesmo aqueles que conheciam Luis de perto, com suas deficiências intelectuais e seus delírios de grandeza, não deixavam de

254 Lucero [Gilly], Manuel [Guillermo Almeyra], Diego E. [Labat], Viana, Ernesto [di Franco], Madero [Anate Almeyra], Victor [Jordi Dauder], D., M., Gianni, "A Critical Assessment of the Former Latin American Bureau Tendency within the Fourth International", trad. Nicholas Allen e A. M. Gittlitz, *Boletin Marxista 8*, mai. 1997, Centro de Documentación e Investigación de la Cultura de Izquierdas, disponibilizado no Marxists Internet Archive: https://www.marxists.org/archive/posadas/critical.htm.

255 Ibid.

acreditar que ele tinha algum tipo de habilidade sobrenatural de liderança, ou pelo menos agiam como se acreditassem, sustentando sua performance messiânica. Ser um revolucionário significava não virar as costas para a catástrofe que se aproximava, mas mergulhar nela de cabeça com a confiança louca de um comandante enfrentando um inimigo muito maior que ele em um campo de batalha escuro como a madrugada.

No primeiro congresso mundial da nova organização em Montevidéu, realizado em março de 1964 e denominado por eles de Sétimo Congresso Mundial da Quarta Internacional, muitos militantes testemunharam em primeira mão Posadas demonstrando suas proezas de orador, bem como sua capacidade de exercer uma crueldade autoritária. Quando outros líderes da Internacional falavam, ele os ignorava ou então soltava comentários maldosos de que eles eram ignorantes, imaturos ou insuficientemente proletários. Um camarada teve que ouvir que estava "mijando fora do penico"[256], tão teoricamente impertinente que era a sua intervenção. Só a voz de Posadas realmente importava no Congresso, um ponto que foi se tornando cada vez mais evidente à medida que seu discurso de abertura sobre a história e o futuro da Internacional se arrastou por horas e horas. Trótski tinha razão quando decidiu formar um partido revolucionário mundial, começou Posadas, mas sucumbiu antes que a revolução fosse possível. Essas condições objetivas foram atingidas em 1946, mas foram desperdiçadas pela má condução da Internacional do pós-guerra. Uma vez que tinham aberto seus corações e mentes ao "melhor da revolução" – as revoltas coloniais de todo o mundo –, o BLA havia sido pioneiro na implementação de uma espécie de "estratégia de entrismo em escala mundial" na "experiência viva" da cultura proletária. Sua tarefa agora era continuar levando influência

256 A expressão em espanhol é: "*Estás meando fuera del tarro*".

ideológica e política às massas em troca da sua poderosa disposição de luta. No último movimento do discurso, ele lembrou a todos do "gigantesco desenvolvimento da revolução mundial" para o qual estavam se preparando: a guerra atômica e a revolução que viria na sua sequência.[257]

Quando Posadas de repente parou de falar, ninguém sabia o que fazer. Depois de um ou dois instantes de silêncio, seu genro se levantou e soltou um: "VIVA POSADAS!". O salão ecoou o grito e começou a cantar o hino da Internacional. A partir daí, a frase passou a ser a saudação obrigatória de encerramento para cada uma de suas intervenções. Muitas vezes, a expressão era registrada e publicada como parte da transcrição de seus discursos nos jornais posadistas, levando muitos a acreditar que ele próprio havia a proferido.[258]

O Congresso revelou formalmente a centralidade absoluta da liderança de Posadas, um conceito que ele denominou "monolitismo". Afastando-se da habitual insistência trotskista no centralismo democrático, no qual as ideias são aprovadas pela maioria da base e os dirigentes ficam sujeitos a ter sua autoridade revogada, as ideias e funções do partido monolítico devem ser tão verticais quanto for possível, com todo o conhecimento e direção emanando do crânio brilhante de Posadas. Abaixo dele estava o Secretariado Internacional, dividido entre a Europa e a América Latina, e depois os Bureaus Políticos das seções nacionais. O conceito de haver congressos em cada uma das instâncias como espaços de debate e criação de consensos amplos foi substituído por um senso de que qualquer decisão poderia ser, nas palavras

---

257 J. Posadas, "Opening Speech to the Seventh World Congress of the IV International (Second Part)", *Red Flag*, out. 1964, p. 2–5, disponibilizado no site da Quatrieme Internationale Posadiste: http://quatrieme-internationale-posadiste.org/publications_pdf/red_1964.pdf.

258 Luciano Dondero, entrevista ao *Leftist Trainspotters*.

de Dondero, "atropelada por JP (ou por um emissário dele), e qualquer órgão dirigente poderia ser 'reestruturado' a contento". Todos os direitos democráticos e de voto foram proscritos, e qualquer membro que divergisse da linha monolítica estava sujeito a ter que passar por uma "infinita litania de autocrítica e assumir uma culpa enorme". Mesmo quem quisesse sair teria primeiro que passar por esse processo aterrorizante no qual seria culpado por trair a vanguarda da revolução mundial. Muitas vezes a pessoa acabava convencida a permanecer.[259]

Historicamente desconfiados de líderes dogmáticos unívocos que substituem a política por personalismos na tentativa de suprimir estruturas democráticas, muitos trotskistas leram como um sinal de regeneração soviética o discurso de 1956 em que Khrushchev denunciava o "culto à personalidade" de Stálin. "É estranho ao espírito do marxismo-leninismo", argumentou o então secretário geral da URSS, "elevar uma pessoa a ponto de transformá-la em um super-homem dotado de características sobrenaturais, semelhantes às de um deus. Supõe-se que um homem dessa natureza seja dotado de um conhecimento inesgotável, de uma visão onisciente, que é capaz de prever qualquer coisa e teria um comportamento infalível."[260] Posadas discordava, argumentando que o culto a Stálin e suas ações monstruosas eram fenômenos meramente coincidentes. No entendimento de Leone, sua posição nesse quesito era de que "a adoração à personalidade não era inerentemente ruim, pelo menos em seu próprio caso".[261]

---

[259] Ibid.

[260] Nikita Khrushchev, "Speech to 20th Congress of the C.P.S.U", 24-5 fev. 1956, disponibilizado no Marxists Internet Archive: https://www.marxists.org/archive/khrushchev/1956/02/24.htm.

[261] Piero Leone, "Circolo vizioso: La mia esperienza all'interno della Quarta Internazionale posadista con un modesto tentativo di analisi

"Na medida em que a base teórica estava enfraquecida e, com ela, os vínculos teóricos que compunham a organização", escreveram os ex-posadistas em sua crítica posterior, "os laços pessoais começaram a crescer exponencialmente: a figura do chefe e, com ela, a família do chefe."[262] Apesar de ocupar uma posição mais marginal dentro do movimento, a camarada Sierra, esposa de Posadas, foi logo promovida e incluída no novo SI. A filha dele, Elvira Cristalli (Susana), foi nomeada secretária do Bureau Latino-Americano aos vinte e poucos anos – uma medida notoriamente impopular.[263] Depois que ela se casou, seu marido Sidney Fix Marques dos Santos tornou-se um "herdeiro" da dinastia Posadas e substituiu Gabriel Labat no cargo de secretário da seção brasileira.[264] León Cristalli foi enviado a Lima para encabeçar a seção peruana.[265]

O restante da camada de dirigentes internacionais era quase inteiramente composta por argentinos ou uruguaios. Além de estarem lá há mais tempo, o entendimento era de que eles tinham mais condições de assimilar o movimento às suas origens culturais. Para garantir que os militantes ficassem acordados durante os longos congressos do movimento, o segredo era o mate que ficava circulando. Depois dos congressos não podia faltar o futebol com churrasco, confraternizações com *asados*, como aqueles organizados pelos anarquistas e que o jovem Homero Cristalli cresceu vendo. Posadas tinha muito orgulho de

---

socio-politica", op. cit.

262 Lucero [Gilly], Manuel [Guillermo Almeyra], Diego E. [Labat], Viana, Ernesto [di Franco], Madero [Anate Almeyra], Victor [Jordi Dauder], D., M., Gianni, "A Critical Assessment of the Former Latin American Bureau Tendency within the Fourth International", op. cit.

263 Guillermo Almeyra, *Militante crítico*, op. cit., p. 154, e Luciano Dondero em entrevista ao autor.

264 Murilo Leal, *A esquerda da esquerda*, op. cit., p. 223.

265 "Esquema Para Una Historia de La IV Internacional y para el Análisis de su Crisis" op. cit., p. 26.

exibir suas habilidades nessas demonstrações da importância do trabalho em equipe, às vezes até dando umas cotoveladas ou rasteiras nos jogadores adversários como forma de mostrar a necessidade de se colocar de maneira firme.

Ao anoitecer, terminada a partida, Posadas pegava um violão para brindar os presentes cantando um de seus tangos revolucionários, como recompensa por terem concluído a iniciação rigorosa. Os recrutas provavelmente sentiam que estavam entrando em um nível de militância que não havia na Europa liberal. Toda semana eles liam na imprensa posadista histórias de batalhas de guerrilhas na Guatemala, de intensas lutas políticas em Cuba e da repressão sanguinária no Brasil. Afinal, como alegava Posadas, os latino-americanos tinham aprendido mais em cinco anos de revolução do que os europeus em um século e meio, alegava Posadas.[266] Se conseguissem viver como ele, talvez fossem capazes de levar esse nível de luta para a Europa, assim como Cuba havia trazido uma grande ameaça para a fuça dos Estados Unidos.

---

[266] Livio Maitan, *Memoirs of a Critical Communist*, op. cit., p. 87.

8. A farsa macabra da suposta morte de Guevara

"Esta nação que hoje se encontra diante de vocês [pode vir a] desaparecer da face da Terra por deflagrar e se tornar o primeiro alvo de uma contenda atômica", anunciou Che Guevara no estádio Cerro, de beisebol em Havana, lotado de dezenas de milhares de cubanos e jovens socialistas da América do Sul e da América Central que participavam do Congresso Latino-Americano da Juventude de 1960. E continuou:

> Mesmo que esta ilha e seus habitantes desapareçam totalmente, o povo de Cuba se consideraria completamente feliz e satisfeito se cada um de vocês, ao regressar aos seus respectivos países, for capaz de dizer: "Aqui estamos [...]. Subimos a Sierra Maestra e vimos a aurora, e estamos com nossas mentes e nossas mãos repletas de sementes desse alvorecer. Estamos dispostos a semeá-las nesta terra e a defendê-las para que deem frutos."[267]

---

267 "*Y ese pueblo que hoy está ante ustedes, les dice que, aún cuando debiera desaparecer de la faz de la tierra porque se desatara a causa de él, una contienda atómica, y fuera su primer blanco; aun cuando desapareciera totalmente esta Isla y sus habitantes, se consideraría completamente feliz, y completamente logrado, si cada uno de ustedes al llegar a sus tierras es capaz de decir: 'Aquí estamos. La palabra nos viene húmeda de los bosques cubanos. Hemos subido a la Sierra Maestra, y hemos conocido a la aurora, y tenemos nuestra mente y nuestras manos llenas de la semilla de la aurora, y estamos dispuestos a sembrarla en esta tierra y a defenderla para que fructifique'.*" Ernesto Che Guevara, "Al Primer Congreso Latinoamericano de Juventudes" [28 jul. 1956],

Ao mesmo tempo esperançosa e mórbida, a afirmação era uma janela para uma profunda tensão no interior da Cuba revolucionária. Depois de libertar seu país de uma ditadura, o regime enfrentava uma escolha: ousar ir mais longe e correr o risco de ser aniquilado ou tentar uma conciliação com o colosso situado a 160 quilômetros ao norte. Enquanto o partido comunista da ilha, o Partido Socialista Popular (PSP), alinhado aos soviéticos, defendia o caminho da diplomacia, Fidel Castro anunciou no Congresso da Juventude que enfrentaria o imperialismo expropriando de capitalistas estadunidenses uma série de empresas de serviços públicos e trinta e seis engenhos de açúcar.[268]

Os membros do BLA ali presentes ficaram em êxtase. As seções de juventude dos PORs cubano, chileno, mexicano, argentino e uruguaio distribuíram um manifesto saudando as nacionalizações como prova de que estava surgindo uma nova civilizatória:

> O mundo entrou em uma nova etapa, na mais dinâmica e revolucionária que a humanidade conheceu até hoje [...]. O desenvolvimento das forças produtivas abre para a humanidade um progresso inimaginável, o engenho e as ciências humanas mostram-se capazes de liberar e controlar forças tão extraordinárias que hoje se lançam na empreitada de conquistar o espaço sideral e novos planetas. Mas enquanto eles levam a cabo esses empreendimentos na América Latina e no mundo, três quartos da população se encontram em condições subumanas de existência sem direito à terra em que trabalham, vivendo em moradias precárias, com

---

em *Obras: vol. 2 (1957-1967)*. Havana: Casa de las Américas, 1970 [ed. bras. "Ao primeiro Congresso Latino-americano da Juventude", em *Textos políticos*, trad. Olinto Beckerman, São Paulo: Global, 2009].

268 Eugenio Suárez Pérez & Ac, "Cuba Nationalizes U.S. Companies", *Granma*, 10 ago. 2015. Disponível online: http://en.granma.cu/cuba/2015-08-10/cuba-nationalizes-us-companies.

> vestimentas miseráveis, famintas e subnutridas, sujeitas ao rigor de terremotos e enchentes, à beira do abismo da guerra nuclear.[269]

O manifesto fechava convocando delegados do partido a coordenarem com trabalhadores e camponeses um levante em todo o continente, "a ocupar as terras e a defendê-las como estão fazendo os campesinos cubanos. CONSTRUINDO AS MILÍCIAS CAMPESINAS, ocupando e repartindo as terras dos latifundiários, organizando as aldeias rurais para seu governo e administração [...]. [E] liquidar as bases militares agressivas do imperialismo, expulsando-o de Guantánamo [Cuba], Ezeiza [Argentina], Fernando de Noronha [Brasil] etc.[270]

Preterido e incapaz de controlar Castro e Guevara, o PSP recorreu então ao POR. Seus agentes no aparelho de segurança estatal apresentaram a retórica militante do manifesto como prova de que os trotskistas eram *agents provocateurs* imperialistas que estavam tentando criar um pretexto para a invasão dos EUA. Mas Castro estava mais interessado em unificar as tendências políticas revolucionárias do que ficar escolhendo um lado contra o outro. Além disso, os trotskistas eram heróis de guerra e amigos. Uma investigação posterior descartou as alegações feitas pelo PSP.

É provável que, para os posadistas, Castro representasse apenas um aliado temporário. Já com relação a Guevara, no entanto, eles estavam convencidos de que era secretamente um dos seus. O revolucionário argentino nunca havia moderado seu tom

---

[269] Juventud del POR, "Proyecto de Manfiesto del Primer Congreso Latinoamericano de Juventudes, Presentado como Ponencia por la Juventudes de los Partidos Obreros (Trotskistas) de Argentina, Chile, Mexico, Peru y Uruguay", 26 jul. 1960, panfleto disponibilizado online no Movimientos Armados en Mexico, Colegio de Mexico Biblioteca Daniel Cosio Villegas: http://movimientosarmados.colmex.mx/files/docs/G340.pdf.

[270] Ibid.

ao se referir ao inevitável conflito com o inimigo imperialista, mesmo que isso significasse guerra nuclear, e seus apelos para a formação de milícias populares ecoavam muito a insistência do POR(T) de que a revolução criasse sovietes, como em Guantánamo.[271] Depois de passar um ano em Cuba estudando sua formação econômica, Adolfo Gilly concluiu que Guevara também era o ator-chave que estava impedindo a implementação do modelo burocrático de autogestão operária promovido pelo PSP, no qual as indústrias eram administradas por sindicatos com alguma autonomia em relação ao Estado. Para Gilly, isso significava que os trabalhadores ficariam batalhando por incentivos materiais na sua produção; um movimento contrarrevolucionário que os aproximava do capitalismo. Em lugar disso, Che defendeu, na condição de Ministro da Indústria de Cuba, uma economia centralizada e planificada na qual o principal motivador seria o entusiasmo revolucionário. Mesmo que isso significasse labuta e pobreza, as longas horas despendidas e as prateleiras vazias de produtos seriam postas na conta do embargo ianque, fortalecendo ainda mais a determinação socialista.

Como Posadas costumava prever, a hora da verdade viria mais cedo do que tarde. Em abril de 1961, os exilados cubanos treinados na Guatemala desembarcaram na Playa Girón (a Baía dos Porcos). Inicialmente, eles dominaram as milícias locais, mas a falta de apoio aéreo e naval dos EUA permitiu que as forças de Castro detivessem e capturassem os invasores. Forçados a trocar suprimentos médicos e alimentos pelos prisioneiros, os EUA saíram humilhados dessa operação fracassada e o episódio proporcionou uma nova dose de adrenalina revolucionária à ilha. Em uma cúpula internacional realizada em Punta del

---

271 Cesar Garcia, "Memorias de nuestro camarada Idalberto", *Por-871-Trotskista* (blog), 6 ago. 2013, https://por871-trotskista.blogspot.com/2013/08/cuba-memorias-de-nuestro-camarada.html.

Este, no Uruguai, Guevara agradeceu pessoalmente o conselheiro de Kennedy pela invasão, dizendo que aquilo tinha sido uma "grande vitória política" para eles.[272]

O restante do regime não estava com essa confiança toda. Agora ciente de que os EUA estavam determinados a derrubá-lo, Castro liberou o PSP para esmagar a dissidência interna. Em maio de 1961, o Ministério de Comunicações, à época controlado pelo PSP, confiscou uma nova edição do *Voz Proletaria*, o jornal do POR(T), e as chapas que seriam usadas para uma reimpressão cubana da *Revolução permanente*, alegando que ambas seriam peças não autorizadas e contrarrevolucionárias de propaganda política. Rumores da repressão se espalharam nas fileiras de um movimento trotskista internacional fraturado que ainda tentava entender uma situação frágil. Para alívio deles, Guevara logo veio a público se manifestar contra essas medidas, considerando-as "um equívoco".[273]

O que parecia ser mais uma prova da afinidade de Guevara com o trotskismo, contudo, não demorou a se revelar mais um desgosto generalizado por perseguição política. Quando membros do PO(T) e do POR uruguaio foram à conferência de Punta del Este para entrevistar Guevara, ele se recusou, dizendo: "Não, toda vez que lhes demos liberdade para proceder, eles fizeram cagada."[274] Mais tarde, ele ainda reiterou a posição do PSP nesse

---

[272] Dick Goodwin, "Memorandum to the President", 22 ago. 1961, *NSA Archive files* (blog), https://nsarchive.files.wordpress.com/2012/02/che.pdf.

[273] Gary Andrew Tennant, "Dissident Cuban Communism. The Case of Trotskyism, 1932-1965", (dissertação de PhD, Universidade de Bradford, 1999), disponível online no Marxists Internet Archive: https://www.marxists.org/history/etol/document/fi/cuba/tennent/PhD/chap7.html.

[274] Entrevista com Héctor Menéndez. Guevara se refere ao POR(T) ou geralmente à autoatividade da classe trabalhadora cubana. "*No, cada*

quesito, quando deu a entender que não era coincidência o movimento trotskista ser sediado tão perto da base naval dos EUA.[275]

Com situação estremecida, e o anúncio em julho de que Castro aceitaria ajuda militar soviética para dissuadir os EUA de armar outra invasão, o PSP acelerou sua campanha contra o trotskismo. Embora o *Voz Proletária* não tivesse sido oficialmente banido, a gráfica estatal alegou que não havia papel suficiente para imprimir o jornal, forçando o partido a mimeografar as mil cópias por conta própria. Em agosto de 1962, o POR(T) redigiu uma declaração durante seu segundo Congresso Nacional, opondo-se ao projeto castrista de Estado de partido único como um movimento em direção ao stalinismo. Naquele mês, quatro membros, incluindo o secretário do partido, Idalberto Ferrera Acosta, e o representante do BLA, José Lungarzo, foram presos sem nenhuma acusação.[276]

A tensão entre as facções comunistas culminou no rescaldo da crise dos mísseis de outubro de 1962. No ano anterior, os EUA haviam instalado centenas de mísseis nucleares ao alcance de Moscou em bases na Itália e na Turquia. Khrushchev respondeu firmando um acordo com Castro para armar quarenta plataformas secretas com mísseis em Cuba – o suficiente para eliminar funcionalmente os Estados Unidos. Kennedy anunciou publicamente a descoberta das plataformas no dia 22 de outubro: "O propósito dessas bases não pode ser outro senão fornecer uma capacidade de ataque nuclear contra o Hemisfério Ocidental."[277]

---

vez que les hemos dado libertad para proceder han hecho cagadas."

275 Gary Andrew Tennant, "Dissident Cuban Communism. The Case of Trotskyism, 1932-1965", op. cit.

276 Ibid.

277 John F. Kennedy, "Radio and Television Report to the American People on the Soviet Arms Buildup in Cuba", 22 out. 1962, John F. Kennedy Presidential Library and Museum, https://microsites.jfklibrary.org/cmc/oct22/doc5.html.

Com navios de carga entupidos de material nuclear se aproximando de Cuba, ele anunciou um bloqueio naval completo. Tomando isso como um ato de guerra, Castro e Guevara apelaram a Khrushchev para que ele lançasse um primeiro ataque nuclear caso o bloqueio fosse efetivamente posto em ação.[278]

Cada hora que passava trazia um novo momento de tensão. Uma aeronave estadunidense de espionagem foi abatida, matando o piloto. Um submarino soviético atingido por cargas de profundidade por um triz não lançou suas ogivas nucleares. A sensação era de que o "acerto de contas final" estava se aproximando a cada milha náutica, mas Adolfo Gilly notou a espantosa ausência do comportamento típico de crise, no qual as pessoas correm para estocar alimentos ou tentar fugir do país. Na verdade, desde a Baía dos Porcos o entusiasmo revolucionário nunca esteve tão forte. Mobilizada em torno da preparação para a batalha, a sociedade estava operando de maneira mais azeitada, as divisões políticas ficaram abafadas e a produção inclusive aumentou:[279]

> Havia sinais dizendo: "Às armas!" por toda a cidade de Havana, e membros das milícias populares faziam seus exercícios de treinamento sob a chuva. Não havia qualquer indício de alarme nem terror, apenas uma recusa em se curvar diante da ameaça atômica. Foi essa recusa, de que todos se lembram até hoje, que salvou Cuba e a Revolução. Foi um verdadeiro momento de glória.[280]

---

[278] Fidel Castro, "Letter to Nikita Khrushchev Regarding Defending Cuban Air Space", 26 out. 1962", John F. Kennedy Presidential Library and Museum, https://web.archive.org/web/20080413022949/https://www.jfklibrary.org/jfkl/cmc/cmc_castro_khrushchev.html.

[279] Adolfo Gilly, "Inside the Cuban Revolution" *Monthly Review*, v. 16, n. 5, out. 1964, p. 50-51.

[280] Adolfo Gilly, "What Exists Cannot be True". *New Left Review*, n. 64, jul.-ago. 2010, https://newleftreview.org/II/64/adolfo-gilly-what-exists-cannot-be-true.

Os cubanos não se sentiam ameaçados pela perspectiva de incineração instantânea, disse Gilly; eles a esperavam, até mesmo a *desejavam*. Para eles, não era mais um conflito entre Cuba, os EUA e a URSS, mas o início de um conflito que iria consertar o mundo inteiro. "Todos viram o ataque a Cuba não apenas como o princípio de uma guerra mundial, mas de uma guerra entrelaçada com a revolução mundial. Cuba se sentia parte da humanidade como um todo."[281]

Khrushchev, no entanto, não tinha nenhum verdadeiro interesse na guerra. Seu objetivo na crise era só pressionar Kennedy para que ele retirasse os mísseis estadunidenses da Europa e cedesse o controle total de Berlim. Kennedy concordou com a primeira solicitação em 27 de outubro, e Khrushchev voltou atrás, enviando um telegrama a Castro no qual pedia "paciência, contenção e mais contenção", e emendava: "quanto a nós, estamos fazendo tudo o que podemos para estabilizar a situação em Cuba, para proteger a ilha de uma invasão e para salvaguardar para vocês a possibilidade de construção pacífica de uma sociedade socialista."[282] Depois de ler a carta, conta-se que Castro teria socado um espelho em seu escritório.[283]

Gilly, Guevara e inúmeros outros também ficaram enojados. A URSS tinha usado a revolução deles como um peão em seu tabuleiro geopolítico. Essa raiva, conta Gilly, começou a se expressar nas ruas como dissidência contra a cumplicidade de Castro na *détente*:

---

[281] Adolfo Gilly, "Inside the Cuban Revolution", op. cit., p. 51–5.

[282] Nikita Khrushchev, "Letter from Khrushchev to Fidel Castro", 28 out. 1962, Wilson Center Digital archive, https://digitalarchive.wilsoncenter.org/document/114504.pdf?v=45584abodfdce9395b29471df701c9bc.

[283] Michael Dobbs, "Fidel Castro, Master Madman", *Politico*, 27 nov. 2016, https://www.politico.com/magazine/story/2016/11/fidel-castromaster-madman-214484.

> Toda a tensão, todo o heroísmo demonstrado pelo povo cubano nos dias anteriores agora se convertia em protesto contra a retirada dos mísseis. Houve reuniões e comícios no campus da Universidade de Havana [...]. Nos dias 29 e 30, Fidel Castro foi pessoalmente às ruas e locais de encontro de Havana, e também falou com grupos nas trincheiras. Os protestos e pressões que ouviu em primeira mão diziam todos a mesma coisa [...][284]

A dissidência precisava ser suprimida, e os elementos do PSP situados dentro do departamento de segurança do Estado viram os posadistas como um primeiro alvo fácil. Nas semanas que se seguiram à crise dos mísseis, os membros do POR(T) foram despedidos dos seus empregos ou transferidos para outras regiões, a fim de desmantelar as redes de classe trabalhadora que eles tinham organizado. Foram buscar Gilly em seu apartamento e o levaram direto para o aeroporto com uma passagem só de ida.[285]

A visita de Posadas a Cuba em 1963, e seu texto subsequente denunciando uma convenção de arquitetura em Havana, forneceram mais motivos para sustentar a tese do PSP de que os posadistas pretendiam destruir Cuba. "Não se pode organizar nenhum congresso de arquitetura sem falar da guerra", escreveu Posadas. "É uma insanidade. É todo um esforço [...], erguer uma coisa que vai virar pó daqui a alguns anos."[286] O texto fechava com uma denúncia da cultura cubana em geral. "Os congressos que eles [os cubanos] realizam são francamente ver-

---

284 Adolfo Gilly, "Inside the Cuban Revolution", op. cit., p. 51–5.

285 Gary Andrew Tennant, "Dissident Cuban Communism. The Case of Trotskyism, 1932-1965", op. cit.

286 Blas Roca, "Trotskyist Slanders Cannot Tarnish the Cuban Revolution", *International Socialist Review*, v. 27, n. 3, verão de 1966, p. 91-5, disponibilizado no Encyclopedia of Trotskyism Online: https://www.marxists.org/history/etol/newspape/isr/vol27/no03/roca.htm.

gonhosos. Por exemplo, muitos jovens só os frequentam pelas mulheres e pelos bailes [...]. As reuniões são só pretexto."[287]

O secretário do PSP, Blas Roca, citou o artigo extensamente como uma demonstração da postura caluniadora "incompreensível" do trotskismo. Nos dois anos seguintes, militantes cubanos e seus associados foram presos um a um sob a acusação de distribuírem um jornal sedicioso. Os juízes consideraram os posadistas culpados de serem lacaios imperialistas fazendo agitação para deflagrarem uma nova Baía dos Porcos, e distribuíram penas que variavam de dois a nove anos de prisão.

À medida que as incursões começavam a ser mais frequentes, a luta dos comunistas contra o trotskismo reapareceu em uma nova frente do outro lado do Caribe, na Guatemala – onde Posadas havia despontado como o improvável líder ideológico de uma insurreição guerrilheira.

Em uma estrutura arquetípica de *república das bananas*, grandes fatias da terra guatemalteca eram de propriedade da United Fruit Corporation (hoje a Chiquita Brands International), e o Estado servia essencialmente como seu protetor. Quando o populista de esquerda Jacobo Árbenz foi eleito em 1944, com um programa pautado na promoção dos direitos dos trabalhadores, da reforma agrária e do sufrágio universal, a United Fruit articulou um *lobby* para pressionar Eisenhower e a CIA a derrubarem-no. Depois de uma década de propaganda anticomunista e operações clandestinas, eles conseguiram instalar na presidência o general de extrema-direita Miguel Ydígoras Fuentes por meio de um golpe militar. A operação ajudou a radicalizar o então estudante de medicina Ernesto Guevara, que

[287] Ibid.

depois fugiu para o México para tramar uma revolução com um grupo de exilados cubanos que o apelidaram de "Che".[288]

Mas foi somente a partir de 1960, quando a CIA começou a usar bases militares guatemaltecas como postos de treinamento para a invasão da Baía dos Porcos, que os guatemalenses começaram a revidar.[289] Boa parte das forças armadas já desprezava Ydígoras por conta de seu nepotismo e sua corrupção, e o treinamento de exilados cubanos foi a gota d'água. No dia 13 novembro de 1960, um grupo de 124 jovens oficiais com o reforço de três mil soldados tomaram a base militar de Zacapa exigindo sua renúncia e a convocação de novas eleições.[290] A própria CIA se encarregou de lidar com os rebeldes, cuidando de bombardear a área até que a maior parte deles se rendeu.

Entre os que continuaram lutando estavam os jovens oficiais Luis Augusto Turcios Lima e Marco Antonio Yon Sosa, que fugiram para as montanhas de Honduras a fim de reagrupar em um movimento de guerrilha batizado de Movimiento Revolucionario - 13 (MR-13), em homenagem à data de seu levante original. Depois de um inverno escondidos, eles emergiram na Cidade da Guatemala em busca de aliados. Seus apoiadores mais enérgicos foram os membros do Partido Guatemalteco do Trabalho (PGT), alinhado aos soviéticos, e o movimento estudantil de esquerda, contrário ao governo. Pela primeira vez, Yon Sosa e Turcios foram expostos ao anticapitalismo, ao anti-imperialismo e ao contexto global de sua luta contra os Esta-

[288] "Che é uma palavra em guarani que os argentinos costumam usar em uma locução que se pode traduzir livremente como 'Ei, você'." Jon Lee Anderson, *Che Guevara: uma biografia*, trad. M. H. C. Côrtes, Rio de Janeiro: Objetiva, 1997.

[289] Michael McClintock, *State Terror and Popular Resistance in Guatemala*. Londres: Zed Books, 1987, p. 49.

[290] Ibid.

dos Unidos e seu Estado-fantoche. Com as forças de segurança respirando na sua nuca, eles desapareceram novamente para as montanhas a fim de preparar sua primeira operação.

Em fevereiro, suas forças conjuntas de 50-100 guerrilheiros[291] atacaram duas bases militares e uma sede administrativa da United Fruit no distrito de Bananera.[292] Por mais que o evento tenha sido pequeno e pouco decisivo, espalhou-se pelo país a lenda do ataque à corporação odiada. Estudantes inspirados pela iniciativa organizaram greves e piquetes manifestando sua solidariedade aos guerrilheiros. Em março, a repressão comandada por Ydígoras matou vinte pessoas e feriu centenas de outras, jogando mais lenha na fogueira da indignação popular contra o governo militar.[293] Com as eleições fraudulentas realizadas no ano seguinte, houve uma nova onda de protestos estudantis, seguida de mais massacres. Enquanto isso, Turcios e Yon Sosa seguiam planejando sua revolução. Eles constataram que seus apoiadores mais fortes eram os comunistas, particularmente os agentes cubanos, e em 1962 anunciaram sua filiação à tradição da revolução bolchevique[294] e se fundiram com o PGT e com o grupo estudantil Abril-12 para formar as Forças Armadas Rebeldes (FAR).

No fim do ano de 1962, quando Yon Sosa e Turcios estavam dividindo seu exército para irem a regiões separadas, Posadas foi ao México apresentar uma escola de formação de quadros a

---

291 Hilde Hey, *Gross Human Rights Violations: A Search for Causes. A Study of Guatemala*. Leiden: Brill, 1995, p. 35.

292 Michael MacClintock, *State Terror and Popular Resistance in Guatemala*, op. cit., p. 50.

293 Ibid.

294 Arturo Taracena Arriola, "The Rebel Movement November 13 (MR13) and the Emergence of the Armed Struggle in Guatemala", *Comunidades de Población en Resistencia* (blog), 5 fev. 2012, http://cpr-urbana.blogspot.com/2012/02/el-movimiento-rebelde-13-de-noviembre.html.

fim de solidificar a aderência do POR à sua Internacional. Entre os participantes estavam dois estudantes curiosos para ver Posadas em pessoa: David Aguila Mora e Eunice Campirán. Eles eram membros de um grupo trotskista rival, alinhado ao IC, a Liga Operária Marxista (LOM), liderado pelo irmão de Mora na Universidad Nacional Autónoma de México (UNAM), a principal universidade mexicana e o coração da organização socialista do país. Assim como a maioria dos estudantes de esquerda, eles estavam profundamente inspirados pela revolução cubana e ficaram interessados no MR-13 por conta de um colega de classe guatemalteca chamado Francisco Amado Granado. Ele lhes contou do golpe, da ditadura e previa que a Guatemala seria a próxima Cuba. Também lhes confessou que era um agente cubano encarregado de repassar armamentos de Castro para as guerrilhas. Enquanto a LOM via com certo ceticismo as perspectivas revolucionárias da guerra de guerrilha, Posadas pregava que o modelo cubano estava se espalhando por toda a América Central e tinha tudo para se tornar um conflito global. Ao final de sua fala, os dois estudantes "literalmente caíram a seus pés", admirados.[295]

Logo depois, os dois apresentaram Posadas a Amado, que ficou igualmente enfeitiçado. Esbanjando experiência na organização das lutas armadas de Cuba e de Argel, Posadas ofereceu os recursos da Internacional para fornecer armas e política revolucionária para a frente guatemalteca via Felipe Galván, um veterano do trotskismo mexicano desde os anos 1940 e atual secretário do POR(T).[296] Gilly, que acabara de voltar de seu exílio cubano,

---

[295] Verónica Oikión Solano, "Un encuentro decisivo en la encrucijada revolucionaria. La influencia del port en el mr-13", em Alberto Martín Álvarez (coord.), *La Izquierda Revolucionaria Latinoamericana. Intelectuales, Movimientos Radicales y Revolucionarios En La América Contemporánea*, vol. 3. Universidad de Colima, 2010, p. 62.

[296] Verónica Oikión Solano, "Los profetas armados. Una historia de

ficou encarregado de ir às suas bases na selva para doutrinar as tropas e redigir missivas para a imprensa de esquerda no mundo todo. Mora e Campirán passaram a distribuir material de propaganda na Cidade da Guatemala, e construíram uma rede subterrânea de financiamento movida a contribuições de estudantes e burgueses simpáticos à causa – e mais tarde complementada pelo dinheiro de resgate do sequestro de guatemalenses ricos.[297] Posadas também foi pessoalmente visitar os guerrilheiros na selva: "Imagine só", teria se gabado Posadas depois, "um socialista pacífico como eu, que nunca usou uma arma na vida, ter que ficar andando por aí carregando um rifle!"[298]

Posadas compartilhava com a LOM algumas preocupações de que a guerra de guerrilha tinha o risco de transformar o programa político do socialismo em uma conquista armada do poder, que poderia acabar alienando camponeses e operários. Em seu ensaio "A função das guerrilhas na luta pelo poder operário", entretanto, ele reconhecia que esses movimentos podiam fornecer um "ponto de partida" que deveria progredir até se "unificar com a população explorada". A partir dali, as guerrilhas poderiam estabelecer conselhos estudantis, campesinos e operários no interior de seus territórios libertados, órgãos de "poder dual" contra o Estado – algo como uma variante de Terceiro Mundo dos sovietes, munida de armas, política e moralidade revolucionária posadista.[299]

---

los trotskistas en México, 1934-1976", *El Colegio de Michoacán*, dez. 2007, p. 19: https://www.scribd.com/document/264680451/Una-Historia-Del-Trotskismo-Mexicano.

[297] Leo Huberman e Paul M. Sweezy, "The Strategy of Armed Struggle", *Monthly Review*, v. 18, n. 4, set. 1966, p. 10.

[298] Paráfrase de Luciano Dondero. Troca de e-mail com Sebastien Budgen.

[299] Verónica Oikión Solano, "Los profetas armados", op. cit., p. 20.

Em 1964, Yon Sosa já estava plenamente convertido ao programa e passara a exigir que suas tropas lessem o *Revolución Socialista*, o jornal posadista de Amado, e começassem a estabelecer conselhos campesinos em suas áreas de operação. "Nossa luta não é primariamente militar, mas sim social", teria dito Yon Sosa a Gilly. "Não é nossa intenção destruir o governo por meios militares; pretendemos dissolvê-lo por meio de ação social [...]. É verdade, nós lutamos com armas na mão, mas também organizamos as massas campesinas e os trabalhadores urbanos. São esses que vão derrubar a ditadura capitalista."[300] Leo Huberman e Paul Sweezy descreveram na *Monthly Review* como a missão do MR-13, que originalmente era "construir uma base militar e se preparar para a batalha final contra o exército comum", passou a girar em torno de uma "estratégia de grupos de guerrilha pequenos e extremamente móveis, cujas funções são organizar o campesinato, conectar em um todo coeso comunidades camponesas até então isoladas, e, quando necessário, administrar duros golpes em latifundiários e autoridades que oprimirem os camponeses."[301]

As FAR permaneceram militarmente fracas, mas sua popularidade entre os camponeses e a juventude assinalava para a elite que Ydígoras estava perdendo o controle. Com auxílio da CIA, eles alçaram à presidência um sujeito ainda mais linha-dura chamado Coronel Enrique Peralta Azurdia, e o encarregaram de exterminar todas as guerrilhas e todos que supostamente as apoiavam.[302] À medida que as forças armadas se mobilizaram e fecharam o cerco nos seus esconderijos, começaram a vir à tona tensões políticas

---

[300] Citado em Adolfo Gilly, "The Guerrilla Movement in Guatemala" *Monthly Review*, v. 17, n. 1, mai. 1965, p. 20.

[301] Leo Huberman e Paul M. Sweezy, "The Strategy of Armed Struggle", op. cit., p. 10.

[302] Verónica Oikión Solano, "Un encuentro decisivo en la encrucijada revolucionaria", op. cit., p. 77.

até então dormentes entre Yon Sosa e Turcios. Em 1964, o PGT escreveu uma carta aberta às FAR alertando que eles tinham sido infiltrados por *provocateurs* trotskistas, e instando ambas facções a cessar fogo para apoiar a campanha de Méndez Montenegro, um civil pró-democracia que o regime militar havia permitido concorrer com a promessa de se contrapor um pouco à linha dura de Peralta.[303] Era uma clássica disputa stalinista *versus* trotskista, escreveu o *The Militant*, entre estabilizar a democracia por meio de aliança interclasse, ou forjar uma frente unida de trabalhadores independente: "as diferenças repousavam na assim chamada 'burguesia nacional'. Até agora, Yon Sosa sempre defendeu plena independência. Seus opositores, evidentemente sob influência do [PGT], vem insistindo em uma postura mais amena."[304]

Em dezembro, as duas facções se reuniram em "Las Orquídeas", um campo de treinamento situado nas montanhas. Convencido da linha do PGT, Turcios defendeu o cessar-fogo. Ele reconhecia que não dava para confiar em Montenegro, mas argumentou que diminuir as tensões poderia lhes permitir estabilizar suas forças e evitar ser completamente exterminados. Yon Sosa recusou. Para ele, o único curso de ação correto para as FAR seria adaptar o programa posadista de guerra civil internacional e moralidade revolucionária. Era uma escalada dogmática em um momento que exigia compromisso. A atitude fez com que ele perdesse muitas de suas tropas para Turcios.[305] Ao final da convenção guerrilheira, as FAR e o MR-13 eram dois grupos separados.

---

[303] M. Basmanov, *Contemporary Trotskyism: Its Anti-Revolutionary Nature*. Moscou: Progress Publishers, 1972, p. 178. Arquivado online: https://archive.org/stream/ContemporaryTrotskyismItsAnti-revolutionaryNature/Trot_djvu.txt.

[304] "The 'Worker' Report on Castro's Speech", *The Militant*, 31 jan. 1966, p. 4-5, https://www.themilitant.com/1966/3005/MIL3005.pdf.

[305] Verónica Oikión Solano, "Un encuentro decisivo en la encrucijada revolucionaria", op. cit., p. 72–3.

Acompanhando atentamente o desdobrar desses acontecimentos desde Havana, Castro agora passou a entender o ódio especial que o PSP nutria pelo trotskismo. O episódio de Las Orquídeas era como uma repetição da crise dos mísseis, na qual a posição trotskista tentava forçar um conflito impossível de ser vencido, como se Deus estivesse do seu lado. Ele deu luz verde para a repressão cair em cima dos posadistas cubanos. No final de 1964, quase todos os membros do movimento estavam presos.[306]

Um deles era Roberto Tejera, condenado a cinco anos depois de pedir ao governo a libertação de seus camaradas. Depois de alguns poucos dias atrás das grades na fortaleza de La Cabaña, em Havana, seu carcereiro veio lhe dizer que alguém do Estado tinha vindo para falar com ele sobre seus crimes. Ele foi levado a uma sala de interrogatório, já esperando o pior. Quando a porta pesada se abriu, ele se deparou com ninguém menos que o próprio Che Guevara. No dia seguinte, Tejera e vários de seus camaradas foram liberados.[307]

Che havia chegado a uma posição semelhante à dos posadistas depois da crise dos mísseis. "O que afirmamos é que temos que caminhar pela vereda da libertação, mesmo que isso custe milhões de vítimas atômicas", escreveu ele em 1962, "porque na luta de morte entre dois sistemas não se pode pensar em nada que não a vitória definitiva do socialismo ou seu retrocesso com a vitória nuclear da agressão imperialista"[308]. Apesar de estar inicialmente de acordo com essa leitura, à medida que se a ilha se

---

306 Gary Andrew Tennant, "Dissident Cuban Communism. The Case of Trotskyism, 1932-1965", op. cit.

307 Ibid.

308 Ernesto "Che" Guevara, "Tática e estratégia da revolução latino-americana", em *Textos revolucionários*, trad. Aton Fon Filho, São Paulo: Global, 1986, p. 94.

tornava dependente da assistência dos soviéticos, Castro mais tarde sucumbiu às propostas de política interna e internacional feitas pela URSS. Guevara, por outro lado, sempre se considerou mais guerrilheiro do que governante e não iria se permitir virar um funcionário burocrático de Moscou. Em fevereiro de 1965, ele deu seu último discurso público em Argel, argumentando que o Norte global – incluindo a URSS – estava explorando o Sul global e que a guerra de guerrilha no Vietnã e em Cuba deveria visar desestabilizar a fraude da "coexistência pacífica", apoiada pelos soviéticos, que mantinha em suspenso a Guerra Fria.

Guevara fez uma breve passagem por Cuba ainda naquele ano. Ele novamente visitou prisioneiros políticos como Roberto Acosta, um membro do POR(T) que havia sido preso recentemente por imprimir uma versão de *A revolução traída*, de Trótski, em sua casa. Guevara o disse que o trotskismo continuaria proibido em Cuba por um bom tempo, mas que um dia ele seria permitido, e que eles deveriam continuar lutando. Ao sair da cela, ele disse a Acosta: "Te vejo nas próximas trincheiras."[309]

Acosta foi um dos últimos cubanos a ver Che vivo. À medida que semanas, e depois meses, se passavam sem nenhuma notícia de Che, começaram a circular boatos sobre seu sumiço da vida pública. Alguns especularam que ele tinha partido para algum foco de agitação global: São Domingos ou Vietnã. Uma teoria mais comum era que ele teria brigado com Fidel, talvez sobre o trotskismo, e que o *comandante* o havia mandado para algum lugar, talvez algum tipo de hospício. Castro finalmente tocou no assunto em abril, dizendo vagamente que Che estava "bem" e que estava "onde seria de utilidade maior para a revolução."[310]

Os boatos eram parcialmente verdadeiros. Che tinha renunciado ao governo, se despedido de Fidel e de sua família, e em-

---

309 Ibid.

310 Jon Lee Anderson, *Che Guevara: uma biografia*, op. cit., p. 686.

barcado em uma expedição para o Congo com uma unidade de afro-cubanos para apoiar uma operação de guerrilha contra o governo apoiado pelos EUA, Reino Unido e pela Bélgica. Antes de partir, Guevara pediu à inteligência cubana que fosse oferecido um acordo aos trotskistas que ainda estavam presos: liberdade em troca de cessarem totalmente sua atividade política. O partido ficou relutante diante da oferta – a Internacional Posadista havia lançado uma campanha de solidariedade, e estava progredindo bem na organização de seus companheiros de prisão. Mas com Guevara fora de cena eles tinham pouco respaldo efetivo para seguir. Concordaram então com os termos do governo e foram todos soltos na primavera daquele ano. Eles dissolveram o partido e, embora informalmente ainda tenham mantido uma pequena rede de articulação, seu jornal nunca mais foi publicado.[311]

Posadas, no entanto, não mediu palavras para atacar a Fidel. Em novembro de 1965, ele escreveu que Guevara havia sido "eliminado" em um golpe articulado por Castro e os comunistas com o objetivo de "liquidar" a "tendência socialista consciente da revolução". Em particular, Posadas dizia a seus militantes que Raúl Castro havia pessoalmente assassinado Guevara por ter se tornado um trotskista. Até mesmo Gilly se mostrou um tanto convencido disso, chegando a escrever, na *Monthly Review*, que "a evolução política vertiginosa da liderança cubana nos últimos meses confirma a opinião de que é verdade que eles ou assassinaram Guevara ou então o estão impedindo de se expressar politicamente."[312] Quando veio a público a carta de resignação de Guevara, Posadas acusou o documento de ser uma fraude – assim como fez dois anos depois com a divulgação

---

[311] Gary Andrew Tennant, "Dissident Cuban Communism. The Case of Trotskyism, 1932-1965", op. cit.

[312] Adolfo Gilly, "A Conference without glory and without Program", *Monthly Review*, v. 17, n. 11, abr. 1966, p. 9.

das fotos do cadáver de Che, morto na Bolívia.[313] Ele recorreu à China, principal participante do próximo Congresso Tricontinental de Estados anti-imperialistas do Terceiro Mundo, para que ela "exigisse que Cuba dissesse onde afinal está Che, e que haja uma discussão sobre o caso Guevara."[314]

No fim, Posadas conseguiu o que estava pedindo. No Congresso de janeiro de 1966, Castro abordou a alegação de Posadas diretamente nas suas considerações finais. Depois de assegurar aos presentes que Che estava bem e logo apareceria vivo e com saúde, ele colocou os boatos de que Guevara havia sido assassinato na conta do trotskismo – que se antes simplesmente representava uma "posição errônea", agora havia se tornado um "instrumento vulgar do imperialismo e da reação". Ele citou extensamente o *Lotta Operaia*, chamando o jornal de "órgão do trotskismo italiano" e a Posadas de "um líder da Quarta Internacional" infiltrado pelo imperialismo ianque a fim de "liquidar um movimento revolucionário". A Guatemala era a prova disso. Como é que Yon Sosa, aquele "oficial patriótico", acabou pervertido a ponto de mergulhar em uma missão suicida? Ele culpou tanto Posadas quanto o "comerciante" Amado, "que se encarregou dos aspectos políticos do grupo":

> O que a Quarta Internacional cometeu com isso foi um verdadeiro crime contra o movimento revolucionário; isolá-lo do resto do povo, isolá-lo das massas, o contaminar de estupidez, o descré-

---

[313] J. Posadas, "The Macabre Farce of the Supposed Death of Guevara in Bolivia", *Red Flag*, 10 jan. 1968, p. 4, disponibilizado pela Encyclopedia of Trotskyism Online: https://www.marxists.org/history/etol/newspape/red-flag-posadas/red_1968.pdf.

[314] J. Posadas, "The Removal of Guevara" *Red Flag*, jan. 1966, p. 6, disponibilizado pela Encyclopedia of Trotskyism online: https://www.marxists.org/history/etol/newspape/red-flag-posadas/red_1966.pdf.

dito e a coisa repugnante e nauseante que o trotskismo é hoje no campo da política.[315]

Em uma decisão correta, Turcios tinha se separado do MR-13 para se juntar ao esforço internacional de luta contra o imperialismo, concluiu Castro, emendando que ainda dava tempo de Yon Sosa fazer o mesmo. O público de quase mil pessoas – "provavelmente a concentração mais poderosa de forças pró-comunistas, antiamericanas na história do hemisfério ocidental" de acordo com um relatório do senado dos EUA,[316] – ovacionou de pé essa série de repreensões ao trotskismo.

Trotskistas do mundo todo ficaram horrorizados com o discurso. As seções britânica e norte-americana do Secretariado Unificado da Quarta Internacional escreveram cartas abertas a Castro, implorando para que ele reconhecesse que Posadas e sua organização eram "trotskistas só de nome".[317] Para Maitan, Castro estava se fazendo de desentendido para poder usar Posadas, e o trotskismo em geral, como bode expiatório para as falhas de Cuba na Guatemala. Turcios já tinha reconhecido que o posadismo não passava de uma tendência de um movimento mais amplo, disse Maitan, e Castro certamente sabia disso também:

---

315 Fidel Castro. "At the Closing Session of the Tricontinental Conference", trad. US Government: Foreign Broadcast Information Service, 16 jan. 1966, disponibilizado pelo Castro Internet Archive: https://www.marxists.org/history/cuba/archive/castro/1966/01/15.htm.

316 Staff Study Prepared for the Subcommittee to Investigate the Administration of the Internal Security Act and Other Internal Security Laws, "The Tricontinental Conference of African, Asian, and Latin American Peoples", 1966, acessado em: http://www.latinamericanstudies.org/tricon/tricon1.htm.

317 Blas Roca, "Trotskyist Slanders Cannot Tarnish the Cuban Revolution", op. cit.

> É, portanto, natural concluir que todos os principais protagonistas da polêmica sabem perfeitamente bem qual é a verdade e estão cientes da posição completamente antagônica da Quarta Internacional a respeito da turma posadista. Estão jogando todo o resto nesse mesmo saco por motivos faccionais e para fazer terrorismo ideológico.[318]

Posadas alegou que as críticas de Castro não passavam de uma cortina de fumaça, uma forma de "fingir que estava atacando o MR-13 porque ele se sentia pressionado" pelos soviéticos a agir assim.[319] Essa pirueta tipicamente otimista foi atropelada pela realidade dos acontecimentos no campo de batalha, onde, mesmo antes do discurso de Castro, a maré tinha virado violentamente contra as guerrilhas guatemaltecas. Mora foi preso em maio ao tentar atravessar a fronteira do México com a Guatemala, onde seus camaradas, incluindo sua esposa grávida Eunice, estavam o esperando no *front*. Ele foi enviado para a Cidade do México para ser torturado. Depois de solto, ele voltou à Guatemala, se fazendo passar por um jornalista, mas acabou novamente sendo preso na fronteira em dezembro. A polícia guatemalteca o mandou para Zacapa para ser torturado até confessar ter sequestrado figuras do governo. No dia 20 de dezembro, ele foi executado e teve seu corpo atirado de um helicóptero no meio do Caribe.[320]

Em março, o exército da Guatemala fechou o cerco em mais de trinta líderes do MR-13 e do PGT. Quase todos foram execu-

---

[318] Livio Maitan, "Castro's Interventions in the Guatemalan Dispute", 3 abr. 1966, Socialist Workers Party records, TN 92036, 27057, Box 22, Hoover Institute Archives.

[319] J. Posadas, "Sobre la detención de camaradas en Mexico y de Adolfo Gilly", Boletin Interno, POR(T) IV Internacional, AGN/FDIPS, caja 2966-A, p. 59, Archivo General de la Nación.

[320] Verónica Oikión Solano, "Un encuentro decisivo en la encrucijada revolucionaria", op. cit., p. 77–8.

tados, incluindo Campirán e Amado.[321] Milhares de soldados foram despachados para varrer, bombardear e incendiar com agente laranja a Sierra de las Minas, enquanto esquadrões da morte à paisana saíram executando sumariamente quaisquer guerrilheiros ou simpatizantes.[322] Foram elaboradas listas de morte com centenas de nomes, e os vilarejos suspeitos de ser pró-guerrilha eram devastados. A estratégia posadista de implementar conselhos armados campesinos se provou um erro particularmente trágico. Ao contrário das unidades móveis de guerrilha, os aldeões eram alvos fixos.[323] Entre novembro de 1966 e março de 1967, foram mortos oito mil deles só na região de Zacapa.[324]

Percebendo-se de repente sem nenhum aliado, Yon Sosa entendeu o discurso de Castro na Conferência Tricontinental como um chacoalhão e rompeu com o trotskismo logo depois. Para provar que havia realmente mudado de posição, ele depôs contra seus antigos camaradas em um tribunal organizado pelas FAR para acusá-los de desvio de verbas. Julio César Macias, um comunista cubano e comandante das FAR, argumentou que o POR(T) havia "cometido peculato de milhares de dólares [...] usados para financiar as atividades da Internacional Trotskista em outros países".[325] Dizia-se que os "vários milhares de quetzais" (estimados em 50 mil dólares por um ex-posadista[326]) arrecadados como "tributos"

---

[321] Ibid.

[322] Michael MacClintock, *State Terror and Popular Resistance in Guatemala*, op. cit., p. 84.

[323] Verónica Oikión Solano, "Un encuentro decisivo en la encrucijada revolucionaria", op. cit., p. 87.

[324] Michael MacClintock, *State Terror and Popular Resistance in Guatemala*, op. cit., p. 85.

[325] Julio César Macías, "Mi camino: la guerrilla, presentación de Carlos Montemayor", México: Planeta, 1999, citado em Oikión Solano, "Los profetas armados", op. cit., p. 22.

[326] Joan Benevant, "J. Posadas, el profeta paranoico", *La Espada*

da burguesia para financiar as operações do MR-13[327] teriam sido desviados para financiar a impressão da *European Marxist Review* – a edição europeia da *Revista Marxista Latino-Americana*. Em declaração, o POR(T) não negou que as verbas tivessem sido usadas dessa maneira, mas argumentou que elas foram divididas de maneira equânime entre todas as seções da Internacional. Neste ponto, Livio Maitan se viu mais uma vez obrigado a sair em defesa de Posadas, argumentando que as verbas haviam sido provavelmente "compartilhadas de comum acordo" entre a Internacional e as guerrilhas. Os quadros posadistas sempre operaram dessa maneira, como bem sabia Yon Sosa.[328]

A maioria dos dezesseis posadistas condenados no julgamento de fachada já estavam na prisão (uma semana antes, no dia 24 de abril, a polícia tinha entrado nas suas casas na Cidade do México). Oscar Fernández Bruno, Eduviges Teresa Confretta Bruno, Islas Carranza, Zapata Múzquiz, Garcés Estrada, os irmãos Salguero e Adolfo Gilly foram presos e o restante dos fundos supostamente desviados foi apreendido.[329] Um apelo de solidariedade da LOM, em apoio aos prisioneiros, descreveu da seguinte maneira o tratamento que Gilly recebeu:

> A polícia política mexicana o prendeu sumariamente e o torturou durante três dias a fim de forçá-lo a confessar [...] e trair

---

del Zorro (blog), 13 mar. 2009 https://laespadadelzorro.blogspot.com/2009/03/jposadas-el-profeta-paranoico-del.html.

327 Robert Jackson Alexander, *International Trotskyism 1929-1985*, op. cit., p. 611.

328 Livio Maitan, "Apuntes sobre una historia del trotskismo en América Latina",em *Boletín de Formación Política*, PRT, n. 1, 1978, p. 13, citado em Verónica Oikión Solano, "Un encuentro decisivo en la encrucijada revolucionaria", op. cit., p. 83.

329 Verónica Oikión Solano, "Un encuentro decisivo en la encrucijada revolucionaria", op. cit., p. 85.

> seus camaradas. Ele foi submetido a seis rodadas de socos no peito, na cabeça e nos rins. Depois disso, ficou algemado numa cadeira a noite toda. Na sequência, o submergiram na água ao ponto de asfixia. Depois ameaçaram de levá-lo a uma rodovia e lhe aplicarem a lei dos fugitivos [execução extrajudicial de alguém supostamente tentando fugir]. Depois ainda o arrastaram a um oficial superior que lhe comunicou que estava cogitando entregá-lo às autoridades guatemaltecas na fronteira (que o executariam imediatamente).[330]

Após o interrogatório inicial, ele foi jogado junto com os presos comuns em Lecumberri, na Cidade do México – o presídio mais notório do país. Durante seu julgamento, revelou-se que o POR(T) havia sido profundamente infiltrado por agentes da *Dirección Federal de Seguridada* (DFS). Os agentes tinham produzido relatórios minuciosos sobre cada reunião deles, detalhando como o grupo estava organizando um "veículo militar" que incluía membros das forças armadas e um campo de treinamento nas montanhas de Veracruz.[331] Eles foram colocados no Bloco N, a ala política da prisão, onde permaneceriam por seis anos, até que o presídio foi fechado por suas condições insalubres e desumanas.[332]

Em crise, Posadas colocou as prisões na conta da indisciplina do quadro de militantes:

---

[330] Liga Obrera Marxista. "Libertad para los presos políticos", 21 jul. 1966, AGN/FDIPS, caja 2944, folder 2, Archivo General de la Nación. Archivo General de la Nación.

[331] Arquivo da DFS: Captain Fernando Gutiérrez Barrios. "Partido Obrero Revolucionario (Trotskista)", 12 abr. 1966. Distrito Federal Seguridad Versión Pública, Partido Obrero Revolucionario (Guerrillas) Box 192 File 2/6, p. 44-5, Archivo General de la Nación.

[332] Adolfo Gilly, "What Exists Cannot be True", op. cit.

> O camarada V. foi detido quando entrava em casa. Ele resistiu à polícia, gritou; saiu pela janela de seu apartamento no primeiro andar; defendeu-se por um tempo, tempo suficiente. A polícia, eram cinco homens, o algemou e o jogou em um pequeno corredor na porta de sua residência. De lá ele também gritou para Ir. não abrir. E Ir. foi e abriu a porta.[333]

Ao terem deixado a polícia entrar, os mexicanos haviam descumprido os protocolos de segurança do partido, permitindo que documentos, nomes, endereços e recursos caíssem nas mãos do governo. "É criminoso", escreveu ele em um aviso dirigido a todo o movimento. "VOCÊS TÊM DE ENTENDER QUE ESTA É A SUA FALHA MAIS CRUCIAL. E QUE SE ACONTECER DE NOVO VOCÊS ESTARÃO TODOS MORTOS – SE NÃO FISICAMENTE, POLITICAMENTE MORTOS."[334]

Posadas distribuiu um novo plano de segurança reforçada. Os pseudônimos do partido foram todos alterados. Entre os novos procedimentos exigidos estavam práticas de simulação de queima de arquivos e de dinheiro ao primeiro sinal de uma incursão policial. Cada seção passou a ter um partido sombra paralelo.[335] A verdade era que por mais disciplinados e preparados que os posadistas estivessem, esse episódio horrível da Guatemala era uma visão do futuro. A guerra suja de Peralta tornou-se o modelo de contrainsurgência promovido pela CIA junto a militares anticomunistas de alta patente em toda a América Latina, em um processo acelerado ao qual nem o próprio Posadas escaparia.

---

333 J. Posadas, "Sobre la detención de camaradas en México y de Adolfo Gilly", p. 59.

334 Ibid.

335 David John Douglass, *The Wheel's Still in Spin*, op. cit., p. 39.

9. Discos voadores, o processo da matéria e da energia, a ciência, a luta revolucionária e da classe trabalhadora e o futuro socialista da humanidade

Em determinado momento em meados dos anos 1960, o representante do SWP, Peter Camejo, participou de uma conferência trabalhista no Brasil. Uma presença importante ali era o Partido Operário Revolucionário posadista, cujos militantes atuavam em sindicatos de várias indústrias-chave, em universidades, no exército e em lutas camponesas. Ele conta que se lembra deles sentados, estranhamente imóveis, antes do início do encontro, sem falar com ninguém e recusando-se a tocar nos copos de café oferecidos. "Até que Posadas entrou na sala, sentou-se e pegou seu café. Ato contínuo, todos os posadistas, em uníssono, pegaram seus copos e começaram a beber."[336]

O comportamento deles era "esquisito", conta Camejo, mas era uma lealdade autenticamente conquistada. Era o BLA de Posadas que tinha criado o partido no início dos anos 1950 e o transformado em uma força política nacional ao longo da década seguinte. Havia um embalo particular no Nordeste do Brasil, onde o militante do POR, Paulo Roberto Pinto (Jeremias), atuava como um dos principais organizadores do sindicato dos

---

[336] John Wenz, "UFOs, Dolphins, Nuclear War and Communism: The Stranger than Sci-Fi Political Party", *SyFy Wire*, 1 nov. 2017: https://www.syfy.com/syfywire/ufos-dolphins-nuclear-war-and-communism-the-stranger-than-sci-fi-political-party.

trabalhadores rurais, um movimento campesino dedicado a abolir as relações de servidão modernas por meio de greves e ocupação de terras. Em novembro de 1963, o sindicato convocou uma greve geral que paralisou a capital pernambucana e contou com a adesão de duzentos mil camponeses e agricultores.[337] Os acontecimentos tiveram um impacto tão grande que Posadas chegou a declarar que o Brasil se encontrava em uma situação pré-revolucionária, inspirando Jeremias a tentar replicar a estratégia posadista das guerrilhas com conselhos campesinos – obtendo resultados semelhantes aos da Guatemala.

A chegada de grupos de luta armada no Brasil foi usada como pretexto para que os militares dessem um golpe no governo de centro-esquerda Goulart em 1964.[338] A junta militar anticomunista que o substituiu permaneceu no poder até a década de 1980, e o POR, identificado como um movimento guerrilheiro, foi um de seus primeiros alvos. Jeremias foi caçado e assassinado por esquadrões paramilitares quase imediatamente depois do golpe.[339]

Ele se tornou o primeiro mártir da Internacional Posadista. Homenageado com longos obituários em cada jornal, ele inclusive virou tema de uma canção popular cantada nas reuniões do grupo. A repressão não parou por aí, no entanto. Nos meses que se seguiram muitos outros militantes brasileiros foram capturados, encarcerados e torturados.[340] Junto com o aprofundamento da repressão na América Central, as páginas da

---

[337] Murilo Leal, *A esquerda da esquerda*, op. cit., p. 242.

[338] Virginia Prewett, "Castro Plots in Brazil Confirmed", *Washington Daily News*, 10 abr. 1964, https://www.cia.gov/library/readingroom/docs/CIA-RDP88-01315R000400130100-6.pdf.

[339] Osvaldo Coggiola, *O trotskismo na América Latina* [col. Tudo é história, n. 94]. São Paulo, Brasiliense, 1984.

[340] Murilo Leal, *A esquerda da esquerda*, op. cit., p. 252-3.

imprensa posadista estavam cada vez mais tomadas por homenagens, obituários e campanhas de solidariedade a militantes aprisionados. Talvez não coincidentemente, a extrema lealdade notada por Camejo começou a se desintegrar entre os militantes mais jovens nessa época.

No Quinto Congresso Nacional do POR em 1965, um grupo distribuiu um documento chamado "Criticar, construir e planejar coletivamente o partido".[341] Embora estivessem de pleno acordo com a linha do partido, os signatários tinham receio de que sua estrutura monolítica havia se tornado um mecanismo de defesa usado para encobrir déficits teóricos e táticos, e comparavam a proibição a críticas a "alimentar um monstro que poderá dar dores de cabeça bem maiores mais tarde".[342] Para eles, o "centralismo personalista" de Posadas e sua insistência em grandes narrativas histórico-mundiais estava isolando o partido das lutas locais. Eles recomendavam a publicação de um "jornal que respondesse aos problemas concretos de cada frente de trabalho numa linguagem adequada" aos trabalhadores comuns, feito sob medida para "cada região" do amplo e diversificado território brasileiro, especialmente os camponeses e aqueles que haviam composto a base do Partido Comunista desestabilizado pelo golpe.[343]

O grupo foi rapidamente expulso. Uma resolução publicada em uma edição pós-congresso do *Frente Operária* os chama de

---

[341] Ibid., p. 152.

[342] Ibid., p. 155.

[343] Tiago De Oliveira, "Não seguiram a canção. Reorganização do trotskismo no Brasil: posadismo, organização política e unificação. Primeiros apontamentos (1968-1971)", Anais do XXVII Simpósio Nacional de História, Anpuh, Natal, 22-26 jul. 2013. Disponível online: http://snh2013.anpuh.org/resources/anais/27/1371333220_ARQUIVO_Reorganizacao_do_trotskismo_no_Brasil_Primeiros_apontamentos.pdf.

um "PEQUENO GRUPO DE AVENTUREIROS E DESCONTENTES A SERVIÇO DA POLÍCIA E CONTRA A IV INTERNACIONAL".[344] Como se antecipassem a resposta, eles já haviam começado a publicar o jornal proposto e agora certificaram-se de que ele fosse entregue aos seus antigos camaradas. Com uma defecção após a outra, a multiplicação viral de quadros que havia sido chave para a estratégia da Internacional começou a se reverter, culminando num racha particularmente catastrófico da seção brasileira em 1968.[345] No início dos anos 1970, o movimento trotskista no Brasil era liderado por ex-militantes do POR que ainda aderiam a boa parte do programa do BLA, mas que já não reverenciavam mais Posadas.[346]

O colapso da seção brasileira, provavelmente a mais importante da Internacional, foi paradigmático de dezenas de outros escândalos menores deflagrados por críticas internas e que culminaram em expulsões e rachas que se irradiaram por cada uma das seções do BLA na década de 1960. Quase todos os membros que ainda não haviam sido presos abandonaram o POR(T) mexicano por desgosto diante das decisões que haviam levado às derrotas na região.[347] No Uruguai, um casal de militantes deixou o partido depois que Posadas acusou a esposa de cometer adultério e os intimou a divulgar uma declaração pública de autocrítica. Em resposta, eles produziram um panfleto sarcástico que dizia: "Viva Posadas, não há ninguém como Posadas! Doe para Posadas, siga Posadas [...] Abaixo Posadas."[348]

---

[344] Murilo Leal, *A esquerda da esquerda*, op. cit., p. 221.

[345] Arquidiocese de São Paulo, *Brasil: nunca mais – um relato para a história*, prefácio D. Paulo Evaristo Arns. Petrópolis: Vozes, 2003, cap. 9.6, p. 112-4.

[346] Tiago De Oliveira, "Não seguiram a canção. Reorganização do trotskismo no Brasil", op. cit.

[347] Verónica Oikión Solano, "Los profetas armados", op. cit., p. 25-6.

[348] J. Posadas, "Sobre Las Guerrillas 'Tupamaros', su estrategia y acción" [circular], 19 set. 1969, Quatrième Internationale Posadiste

Na Argentina, alguém com acesso às chapas do *Voz Proletaria*, provavelmente um editor desgarrado, imprimiu uma edição falsa do jornal zombando das posições bizarras de Posadas sobre o regime cubano, com uma manchete que apelava para que Mao derrubasse Castro.[349]

As defecções eram comparativamente raras e isoladas nas pequenas seções europeias, onde o fato de haver menos em jogo mantinha a maioria dos militantes obedientes como recém-convertidos. As consequências para dissidências internas, no entanto, não eram nem um pouco menos duras. Em um caso, um membro da seção italiana saiu do partido por conta de uma polêmica contra Posadas e a lealdade dogmática que Minazzoli dedicava a ele. Em resposta, Minazzoli mandou matá-lo. Sem saber se ele estava mesmo falando sério, ninguém executou a ordem.[350]

Outros preferiram se distanciar silenciosamente, incluindo importantes intelectuais como Alberto J. Pla, na Argentina, e Boris Fausto, no Brasil. Para a maior parte do núcleo intelectual dos veteranos do GCI e a família imediata de Posadas, no entanto, cair fora simplesmente não era uma opção. A Internacional não era apenas um grupo socialista dentre muitos, mas o único correto, cuja linhagem remontava legitimamente à Primeira Internacional de Marx e Engels. Sua tarefa era igualmente filosófica e técnica, como uma máquina que converte a consciência co-

---

Collection, ARCH01158, Box 1, folder 8, International Institute for Social History.

349 "Resolution of I.S. of IV International on the issue of *Voz Proletaria* of the Argentine forged by imperialism and the world counterrevolution", *Red Flag*, 10 fev. 1967, disponível em Encyclopedia of Trotskyism Online: https://www.marxists.org/history/etol/newspape/red-flag-posadas/red_1967.pdf, p. 1.

350 Piero Leone, "Circolo vizioso: La mia esperienza all'interno della Quarta Internazionale posadista con un modesto tentativo di analisi socio-politica", op. cit.

munista em realidade social a fim de produzir um novo mundo a partir da matéria-prima do velho mundo. À medida que a produção de novos quadros começou a sustar, eles optaram por colocar a culpa nos componentes da máquina – a base militante do movimento – em vez de se responsabilizarem enquanto engenheiros e operadores. Engrenagens desgastadas e defeituosas foram facilmente descartadas, criando uma máquina mais enxuta que na expectativa deles ao menos funcionaria de forma mais azeitada e com menos acidentes fatais.

Em suas memórias do POR(T), a militante argentina Joan Benavent usou uma metáfora diferente para descrever o movimento: uma "igreja marxista *sui generis*". Posadas era o papa, os integrantes de seu secretariado eram os cardeais, e seus congressos e grupos de leitura eram sínodos secretos. Todos acreditavam ser os herdeiros de uma verdade fundamental sobre a natureza da realidade que lhes permitia interpretar e avançar o cânone marxista à medida que realizavam uma visão singular do céu comunista na Terra. A "frieza emocional" com a qual a Igreja Posadista excomungava os militantes operários e estudantis mais críticos aprofundou o abismo entre essa ideia de comunismo e a realidade da luta de classes. Isso, ela conta, resultou nas posições e pronunciamentos bizarros pelos quais o movimento é conhecido hoje.[351]

Em entrevista à *Revista Descubrir*, Angel Fanjul conta que nessa época seus grupos de estudo começaram a girar em torno das mais profundas questões científicas do marxismo. "Falávamos sobre a evolução da matéria", recorda Fanjul, referindo-se ao *Anti-Dühring*, a crítica de Engels à ideologia burguesa nas

---

[351] Joan Benevant, "J.Posadas, el profeta paranoico del trotskismo sudamericano", *La Espalda del Zorro*, mar. 2009, acessado online: https://laespadadelzorro.blogspot.com/2009/03/jposadas-el-profeta-paranoico-del.html.

ciências que se tornou um texto fundador do método científico materialista dialético, "sobre a evolução protoplasmática em um universo em formação e movimento".[352] O assunto, bizarro e obscuro para a maioria dos socialistas, tinha sido central para os debates entre Bogdánov e Lênin, e as respectivas concepções descentralizada *versus* monolítica do partido. Publicada entre 1904 e 1906, a série de ensaios de Bogdánov intitulada *Empiriomonismo* defendia que o trabalho dos físicos modernos havia demonstrado que a realidade, em última análise, era uma função de uma consciência humana intersubjetiva. À medida que um único processo de trabalho capitalista se espalhasse por todo o mundo, ele acreditava que os trabalhadores viriam a se dar conta instintivamente desse caráter social da realidade e da sua capacidade de se apoderarem dela. O papel do partido era ajudá-los nesse percurso por meio de ação política e educação de massa. Os ensaios de Bogdánov ficaram em larga medida ofuscados pela dura polêmica que Lênin travou contra eles em seu *Materialismo e empiriocriticismo*, de 1909. Este tornou-se um texto central do posadismo, no qual Lênin afirmava que a filosofia de Bogdánov era puro idealismo, porque a natureza no fundo era objetiva, material e empírica, e seria melhor compreendida por uma vanguarda intelectual bem versada no método científico marxista do materialismo dialético. A tarefa do partido não seria, portanto, acompanhar os trabalhadores na sua tomada de consciência revolucionária, mas sim guiá-los para a revolução e governá-los depois como ditadores.

Na condição de herdeiros legítimos de Lênin e da internacional de Trótski, os posadistas acreditavam ser as autoridades mais bem equipadas para enfrentar os mistérios do universo deixados em aberto pelo tumulto da primeira metade do século. Este era

---

352 Emilio J. Corbiere, "La Leyenda de Posadas", *Revista Descubrir*, ago. 1998, p. 82.

o momento pelo qual Minazzoli aguardava desde a fundação do GCI, quando tinha sido obrigado a reprimir sua paixão de adolescência por ficção científica e cosmismo. Ele aproveitou o ensejo dessa discussão sobre física, evolução e dialética para recolocar na mesa a hipótese extraterrestre. Uma vez que a crença de que os seres humanos seriam a única vida inteligente no universo representa o mesmo tipo de idealismo burguês que sustenta a naturalidade da sociedade de classes capitalista como o melhor de todos os mundos possíveis, ele argumentou, a Internacional Posadista deveria reconhecer na popularidade dos óvnis um impulso socialista. O fascínio em massa com o fenômeno demonstraria um desejo de se alçar às alturas dos nossos visitantes alienígenas, que aliás muito provavelmente estavam mesmo aqui para nos ajudar. Se uma análise pró-extraterrestre fosse incorporada ao seu programa, a Internacional receberia um novo embalo de apoio das bases, senão do próprio cosmo.[353]

O assunto finalmente veio à tona no Congresso Mundial de 1967. Embora Minazzoli até tivesse certo apoio, boa parte do Secretariado Internacional não aguentava mais esse "papo dia sim, dia não sobre o assunto",[354] conta Héctor Menéndez:

> Houve uma pausa para esticar o corpo, comer um sanduíche, tomar um café. Naquela época estava ocorrendo pequena enxurrada de notícias sobre objetos voadores não identificados, e havia camaradas que defendiam a existência de discos voadores, e outros, como Almeyra, que diziam: "Não, vocês estão loucos; se de fato existisse uma civilização superior existisse, eles já teriam intervindo."[355]

---

353 Dante Minazzoli, "Si no hay transformación social, jamás se dará el contacto masivo", op. cit., p. 12.

354 Luciano Dondero, entrevista ao *Leftist Trainspotters*.

355 Héctor Menéndez, em entrevista ao autor.

Ao final do intervalo, com as bobinas do Geloso rodando, Posadas decidiu que era hora de resolver o debate. "Pode haver vida em outros planetas, em outros sistemas solares, em outras galáxias e outros universos", ele anunciou. Mas o que isso tinha a ver conosco? A questão da energia era central – tanto no sentido da exploração da energia "existente na matéria" quanto como a força comum do universo que guia o movimento dos corpos celestes e da história. Tudo isso era uma coisa só, ele insinuou, mas o capitalismo só entende aquilo que ele pode explorar e comercializar: trabalho vivo e combustíveis fósseis.

> [Os alienígenas] por outro lado, é possível que estejam usando toda a energia existente na matéria, toda a energia que ainda não sabemos empregar na Terra, e transformando-a em luz [...]. Enquanto levamos x tempo para ir de um continente para outro, eles talvez o façam em meio segundo. A concepção da vida e a organização da matéria são determinadas por essas coisas todas. Essa energia deve conter uma propriedade e força infinitamente superior a qualquer coisa de que temos conhecimento. É possível imaginar um ser que, só de erguer a mão, é capaz de produzir luz, atrair energia, repeli-la e organizá-la. É possível.[356]

Qualquer espécie capaz de fazer viagens interestelares já teria há muito tempo dominado esse saber mais profundo. Já a NASA, por outro lado, estava cega pela concepção capitalista de vida na Terra apenas "no sentido comercial da propriedade privada". É por isso que os soviéticos tinham os superado em todos os

---

356 J. Posadas, "Flying Saucers, The Process of Matter and Energy, Science, The Revolutionary and Working-Class Struggle and the Socialist Future Of Mankind" 26 jun. 1968, trad. David Broder, disponível em Encyclopedia of Trotskyism Online: https://www.marxists.org/archive/posadas/1968/06/flyingsaucers.html.

sentidos, disse Posadas, emendando a revelação críptica de que os russos haviam recentemente descoberto um tal de "raio infinitamente mais rápido que a luz".

Os alienígenas também deveriam ser socialmente avançados o bastante para terem alcançado a unidade necessária enquanto espécie para desenvolverem viagens interestelares. Como prova disso, ele aludiu a histórias de encontros imediatos de terceiro grau que revelavam que os alienígenas "não têm impulso agressivo, não precisam matar para viver: eles vêm apenas observar". A verdadeira ameaça dos óvnis era revelar o sistema capitalista como retrógrado em comparação com a harmonia social e tecnológica dos alienígenas. A sociedade de classes, a pobreza e a guerra seriam todas abolidas pela abundância possibilitada por tal unidade, assim como a morte natural e os desastres naturais. Se os elefantes podiam viver 260 anos, ele disse (talvez pensando nas tartarugas), por que não nós?

> A organização da sociedade poderia assumir formas infinitamente superiores, sem luta e sem antagonismos. Não haveria motivo para brigar. Se os seres de outros planetas nos vissem, eles diriam, espantados: "Ah, veja só! Eles estão brigando por um carro, se atirando, matando uns aos outros!" Para eles, a morte não existe. Aqui, ela existe. A noção de morte, de extinção da matéria ou das células, não é a mesma em todos os lugares.[357]

Ao mesmo tempo que Posadas acreditava que caberia a nós "apelar aos seres de outros planetas, quando eles se apresentarem a nós, para que intervenham e colaborem com os terráqueos na supressão da pobreza", ele também alertoava contra o risco de gastar tempo especulando sobre eles. Era mais importante primeiro "resolver os problemas da humanidade aqui na Terra".

---

357 Ver nota de rodapé em *Posadists Today*: http://posadiststoday.com/the-quest-for-extraterrestrial-life/.

Por que ficar sonhando com o primeiro contato enquanto os Estados operários já estão erradicando a fome e fazendo avanços tecnológicos incríveis? Dito isso, ele passou a se concentrar inteiramente em questões político-econômicas terrestres.

Longe da concepção popular de transformar o movimento em um "culto trotskista de óvnis", Dondero acreditava que Posadas fez esse discurso com a finalidade de "aplacar" a insistência de Minazzoli no tema e fechar o assunto de uma vez por todas. Talvez sem perceber como isso tudo pareceria fora de contexto, Posadas ainda assim mandou sua secretária preparar uma transcrição para ser publicada. Um ano depois, o discurso foi publicado em alguns jornais posadistas com o título "Discos voadores, o processo da matéria e da energia, ciência, a luta revolucionária e da classe trabalhadora e o futuro socialista da humanidade". Essa rapidamente se tornou a característica definidora do posadismo para membros de outras tendências trotskistas, que já liam obsessivamente a imprensa posadista para se assegurar de que haviam escolhido a seita correta. Até então, o posadismo era tão semelhante à maioria dos outros grupos trotskistas que eles tinham pouca munição para atacar Posadas *politicamente*, visto que seu culto de personalidade, abuso de militantes, anti-imperialismo fanático, paranoia, ziguezague extremo de posições e catastrofismo eram características mais ou menos presentes em quase todas as outras correntes do movimento. Agora que os posadistas haviam anunciado sua crença em alienígenas, os *ragazzi* que atiravam pedras na sede da seção posadista italiana em Roma, os morenistas rancorosos e o POR boliviano de Lora podiam chamar seus rivais de *extraterestres*.[358] A maior ironia, no entanto, foi a data da publicação do ensaio sobre os discos voadores: a primavera de 1968.

---

[358] Steven Sándor John, *Permanent revolution on the Altiplano: Bolivian Trotskyism, 1928-2005*. Dissertação de PhD, Nova York: City University of New York (CUNY), 2006, p. 314.

10. O acidente

A onda revolucionária internacional que há tanto tempo vinha sendo prevista finalmente arrebentou em 1968. Em dezenas de países, em todos os continentes e em ambos os lados da Cortina de Ferro, estudantes e trabalhadores se levantaram para fazer greve, tumultuar e ocupar escolas e fábricas em confronto direto com a ordem do pós-guerra. Eram muitas as pautas dos rebeldes: direitos civis, solidariedade com a Ofensiva Tet no Vietnã, o tratamento dos trabalhadores, a censura estatal da oposição, esgotamento popular com a guerra imperialista, segregação, violência policial, autoritarismo burocrático ou sociedade de classes de modo geral. As lutas rapidamente se expandiram e se combinaram em escala global em um movimento socialista coeso que rompeu velhas formas de luta – tudo sem ter direção ou liderança claras. Deveria ter sido o momento dos trotskistas. No entanto, quando alguém pergunta a um deles o que estavam fazendo durante aquele ano crucial, muitos talvez respondam como Piero Leone: "Eu estava em Marte."[359]

Os posadistas tinham tudo para ser arrastados pelo espírito antiautoritário da "Nova Esquerda", mas essa dinâmica acometeu quase todas as outras tendências também. O trotskismo foi amplamente revelado como um movimento paralisado por rachas belicosos, isolado em seitas cada vez menores e ideologicamente centralizado em torno de ortodoxias vistas como demasiadamente conservadoras para muitos da geração de 68.

---

[359] Piero Leone, "Circolo vizioso: La mia esperienza all'interno della Quarta Internazionale posadista con un modesto tentativo di analisi socio-politica", op. cit.

Posadas respondeu ao auge mais icônico da onda, a rebelião juvenil do maio de 1968 francês, rotulando seus protagonistas estudantis de pequeno-burgueses, na melhor das hipóteses aliados da classe trabalhadora, e usando o mesmo vocabulário que a imprensa conservadora usava para desqualificá-los: "Eles não fazem a barba nem tomam banho. Eles afastam todo mundo! É um fenômeno boêmio, uma modinha de protestar contra o capitalismo como forma de tentar escapar dele. Denota a influência do proletariado, mas com um sentimento individualista."[360]

Em junho, no entanto, Posadas já estava admitindo que os estudantes eram a nova vanguarda proletária, constatando que as cenas de seus corajosos enfrentamentos de rua e sua articulação paralela com trabalhadores industriais havia inspirado uma onda de greves selvagens e ocupações espontâneas de fábricas. Quando alguns dos principais sindicatos do país, controlados pelo Partido Comunista Francês (PCF), convocaram uma greve geral no 13 de maio, o Estado finalmente cedeu, concordando em reabrir as escolas e soltar os manifestantes presos. Mesmo assim as ocupações e greves continuaram. Dezenas de escolas e fábricas foram declaradas autônomas à medida que trabalhadores e estudantes se uniram em demandas que ultrapassavam as da esquerda organizada: o fim do regime De Gaulle, de seu imperialismo e da ordem burguesa em geral. Ainda assim, Posadas acreditava que sem seu programa e sem a formação de sovietes, o movimento ficaria vulnerável aos contra-ataques do Estado, à retomada da estabilidade capitalista, da coexistência pacífica ou, o pior de tudo, às pautas de desarmamento nuclear. Ele lançou um texto convocando aos líderes sindicais comu-

360 J. Posadas, "Parte Final de la Historia de la Cuarta Internacional" [circular], 12 dez 1969, 201–1374, Quatrième Internationale Posadiste Collection, ARCH01158, Box 1, Folder 8, p. 29, International Institute for Social History.

nistas para que barrassem qualquer tentativa de "moderar" a insurreição, e apelando ao Exército Vermelho para que invadisse a França caso a rebelião se tornasse uma guerra civil[361] – essencialmente na expectativa de que Paris fosse uma pecinha no efeito dominó que levaria ao "acerto de contas final" que ele ainda sustentava que viria até o final da década.[362]

Sem exercer grande influência nos sindicatos nem nas universidades, a única contribuição mensurável do Parti Communiste Révolutionnaire (Trotskiste) à luta foi vender as transcrições dos sermões apocalípticos na *Lutte Communiste* nas portas das assembleias e nas margens das manifestações que, como a própria história, passaram reto diante deles. O fatalismo da perspectiva da revolução-guerra pode ter aliviado a dor de ter que assistir a milhares se organizarem em torno da liderança de Alain Krivine, de uma organização trotskista rival chamada Secretariado Unificado da Quarta Internacional (USEC). Krivine havia anunciado sua candidatura como oposição de esquerda a De Gaulle e ao PCF nas eleições relâmpago de junho. Apesar de ser amplamente impopular, o partido de De Gaulle explorou o temor de uma guerra civil para arrebatar a maioria dos assentos no congresso. Krivine recebeu cerca de um por cento dos votos.[363]

---

361 J. Posadas, "The Revolutionary Mobilisations of the French Masses led by the Proletariat, the Counter Revolutionary Role of the Bureaucrats of the Communist and Socialist Parties, the Paralysis of French Capitalism and the Need for a Conscious Leadership to Transform the Insurrectional General Strike in the struggle for taking of Power (Extracts)", *Red Flag*, 10 jul. 1968, p. 2-3.

362 Piero Leone, "Circolo vizioso: La mia esperienza all'interno della Quarta Internazionale posadista con un modesto tentativo di analisi socio-politica", op. cit.

363 Robert Jackson Alexander, *International Trotskyism 1929-1985*, op. cit., p. 391.

Em uma reunião do Secretariado Internacional, Posadas reclamou que sua seção francesa havia demonstrado "grande fraqueza na forma de indisciplina, equívocos, individualismo, medo...". A Itália, a Bélgica e a Inglaterra haviam se mostrado mais fortes e mais dinâmicas nas manifestações, mas nenhuma delas teria chegado aos pés dos padrões da América Latina.[364] Embora fosse verdade que as seções do BLA tiveram mais influência nos levantes de 1968 latino-americano na Argentina e na Cidade do México, já não passavam de ecos do que haviam sido no passado. Durante a primeira metade da década, algumas facções industriais do PO(T) argentino, como a Fracción Trotskista de Mecanicos, progrediram quase autonomamente para se tornar a ala anticapitalista mais insurrecional do movimento operário peronista no país, distribuindo jornais ilegais específicos do setor em todas as grandes fábricas. Em 1963, a Kaiser, a maior fábrica de automóveis do país, anunciou que fecharia as suas portas. Os posadistas se contrapuseram a uma proposta de greve em que os trabalhadores paralisariam seus postos de trabalho, com uma proposta de ocupação total da fábrica, a implementação imediata de controle operário e expropriação da indústria automobilística sem nenhuma compensação.

Tais apelos eram muito radicais para um tempo em que a maioria dos trabalhadores via o horizonte de sua luta como o retorno a Perón, e a maioria dos militantes do partido acabavam demitidos e barrados da indústria.[365] À medida que os anos

---

[364] J. Posadas, "Fragmentos de carta del camarada Posadas al Buro Europea", 2 jul. 1968, ARCH01158, Box 1, folder 4, Quatrième Internationale Posadiste Collection, International Institute for Social History.

[365] Mónica R. Gordillo, *Córdoba en los '60: la experiencia del sindicalismo combativo*. Córdoba: Taller General de Imprenta, Secretaría de Extensión Universitaria, Universidad Nacional de Córdoba, 1996, p. 129.

1960 progrediam, no entanto, o agravamento das condições de vida levava os operários a chegar a conclusões semelhantes às de seus ex-colegas de trabalho que tinham entrado para as listas sujas do setor. Em 1965, uma fábrica da Fiat em Córdoba foi ocupada em resposta às reduções periódicas de horas que, em meio a um cenário de inflação galopante, estavam dificultando ainda mais o sustento dos trabalhadores. Em 1966, o ditador militar anticomunista Juan Carlos Onganía suspendeu o direito de greve, congelou os salários e elevou a idade mínima de aposentadoria. O cerco se fechou sobre dirigentes sindicais de esquerda e elementos sabidamente comunistas, grupos estudantis socialistas foram brutalmente reprimidos, e em 1968 uma onda grevista acabou produzindo demissões em massa de trabalhadores da Kaiser e da Renault. Em resposta, as greves se intensificaram ainda mais e foram formadas assembleias populares em um ciclo de lutas que se estendeu até 1969. Naquele mês de maio, o trabalhador radicalizado Máximo Mena, do setor automotivo, foi morto quando a polícia abriu fogo durante uma manifestação. Em retaliação, foram erguidas barricadas nas ruas, e edifícios do governo e escritórios administrativos de corporações estrangeiras foram incendiados. Córdoba se tornou completamente ingovernável à medida que a agitação se irradiou por todo o interior argentino. Tendo perdido a confiança em Onganía, a junta o substituiu em 1970 por um sucessor que prometia reconduzir o país à democracia – uma cadeia de acontecimentos que resultou em um presidente peronista de esquerda, promessas de maior "controle operário" e, eventualmente, o tão aguardado retorno de Perón. Atualmente, os estudiosos do movimento operário argentino Mónica R. Gordillo e Carlos Mignon consideram os comitês sindicais posadistas como elementos importantes nessa trajetória, um fato que se perdeu da memória cultural dos argentinos de hoje, que só se lembram dos posadistas como um culto de "baratas revolucionárias" preparando-se para sobreviver à guerra nuclear com a ajuda de seus camaradas extraterrestres.

Outro momento emblemático de 1968 foram a longa greve e as ocupações das escolas por estudantes mexicanos, e seu desfecho catastrófico. O movimento tinha sede na UNAM, onde havia um pequeno grupo do POR(T) no Departamento de Economia, o Fracción Estudantil, liderado por Francisco Colmenares, um dos poucos militantes que não foi jogado atrás das grades durante a repressão de 1966. Em suas memórias do ano de 1968, Paco Ignacio Taibo os descreve como os mais fanáticos das "quatro espécies" de trotskistas: "quase indistinguíveis dos devotos da Virgem de Guadalupe, que se dedicavam diligentemente às tarefas do proletariado antes, durante e depois da Terceira Guerra Termonuclear."[366] Os memorandos que o departamento federal de segurança produziu sobre a atividade estudantil citam um pouco de sua retórica:

> Um membro do POR(T), que se autodenominava WILLY, indicou que a luta só pode ser violenta e organizada, como vem funcionando no Vietnã [...] [ele disse que] aqui no México, mal começamos a fazer algo semelhante. Quer dizer, os burgueses só ouvem as palavras do proletariado quando elas são acompanhadas por ação violenta.[367]

Naquele verão, Posadas atualizou Colmenares com uma nova linha política a ser seguida. Em vez de avançar rumo à luta armada, o movimento estudantil deveria apelar para o sentimento nacionalista cívico da classe trabalhadora e construir uma

---

366 Paco Ignacio Taibo, *'68*. Nova York: Seven Stories Press, 2004, p. 19–20.

367 Documento da DFS: Miguel Nazar Haro, "Asunto, Universitario", 24 fev. 1968, AGN/FDIPS, caja 182, folder 1, p. 113, Archivo General de la Nación.

frente junto com elementos de esquerda do Partido Revolucionário Institucional (PRI), que estava no governo à época.[368] Não era um pedido fácil a se fazer para a base – o PRI era profundamente odiado em sua totalidade pelos estudantes por conta da sua repressão violenta e da sua recusa de negociar. Colmenares fez o que pode, argumentando que uma vez que o fundador do partido Lázaro Cárdenas havia concedido asilo a Trótski e nacionalizado grandes indústrias nos anos 1930, o partido ainda devia ter elementos populistas e anti-imperialistas que os estudantes poderiam ajudar a conduzir ao poder. Willy e sua esposa recusaram a nova linha e caíram fora do grupo, preferindo fundar o Partido Communista Revolucionario Trotskista, que depois se tornou notável por publicar um jornal incentivando os trabalhadores têxteis a se juntar ao movimento estudantil.[369]

Colmenares, agora praticamente sozinho, seguiu insistindo durante todo o verão. De acordo com a historiadora mexicana Verónica Oikión Solano, em seu estudo sobre o POR(T), "Los Profetas Armados", ele de fato conseguiu a atenção do próprio velho Cárdenas, e propôs que os dois se tornassem mediadores entre o movimento estudantil e o governo. Diz-se que o general idoso considerou a proposta, mas depois desistiu, quando Colmenares retomou o assunto.[370] Em uma assembleia semestral naquele outono, Colmenares reiterou a necessidade de trabalhar com o PRI, alertando seus companheiros estudantes de que o

---

368 J. Posadas, "Carta del camarada J. Posadas a la sección Mexicana de la IV Internacional del 3 de julio de 1968" [carta], 3 jul 1968, Quatrième Internationale Posadiste Collection, ARCH01158, Box 1, folder 4, International Institute for Social History.

369 Verónica Oikión Solano, "Los profetas armados", op. cit., p. 23-4.

370 Ibid.

governo logo racharia o movimento com violência.[371] A maioria discordou e votou para continuar a greve indefinidamente.

Com os Jogos Olímpicos se aproximando, e organizações como a de Willy estabelecendo pontes com a classe trabalhadora, como haviam feito os estudantes franceses, o Estado ficou desesperado para pôr fim à agitação. No dia 2 de outubro, a polícia abriu fogo contra uma manifestação estudantil de dez mil pessoas na Plaza de las Tres Culturas. Dezenas desconhecidos foram mortos e tiveram seus corpos desaparecidos. Colmenares sobreviveu para assistir à desintegração do movimento estudantil devastado no rescaldo do massacre. No final do semestre, a greve foi cancelada e, no seguinte, Colmenares continuou a sediar assembleias com uma fração de participantes. Os números cada vez mais parcos o tornaram um alvo fácil. Ele foi preso pela Direção Federal de Segurança em 1969 por "incitação à rebelião" e afiliação com a organização posadista guerrilheira, com quem ele voltou a se encontrar no Bloco N do presídio de Lecumberri.[372]

Ironicamente, foram os acontecimentos na Tchecoslováquia, onde os posadistas não contavam com nenhum militante, que tiveram o maior impacto na Internacional. Em janeiro de 1968, o novo presidente Alexander Dubček declarou que o socialismo havia sido alcançado no país e que os aparelhos repressivos de Estado remanescentes da era stalinista já não eram mais necessários. Ele prometeu uma imprensa livre, a implementação de uma economia mista, uma maior variedade de bens de consumo e movimento em direção a um sistema multipartidário. Para os soviéticos, as reformas populares eram uma ameaça à

---

371 Documento da DFS: Grupos Universitários, "Asunto: Universidad", 12 ago. 1968, AGN/FDIPS, caja 182, folder 1, p. 218–19, Archivo General de la Nación.

372 Poder Judicial de la Federación, sem título, 30 jan. 1969, AGN/FDIPS, caja 182, folder 2, p. 8, Archivo General de la Nación.

integridade de seu Bloco Oriental e, ao final de agosto, milhares de tanques russos entraram em Praga. Com pouca resistência, Dubček foi deposto e suas reformas foram revertidas.

A imagem do poderio militar sendo mobilizado contra um país nominalmente socialista só aumentou a desilusão com o sistema soviético entre os jovens de esquerda. Alguns trotskistas, especialmente Ernest Mandel e o SWP dos EUA, tinham a esperança de que a Primavera de Praga e os acontecimentos de 1968 em geral pudessem sinalizar uma reorientação da sociedade soviética, no sentido de abandonar o burocratismo e retomar os princípios verdadeiramente socialistas. Outros ecoavam a opinião de Fidel Castro de que "o regime da Tchecoslováquia estava se aproximando perigosamente [...] do capitalismo e marchava inexoravelmente na direção do imperialismo".[373] Entre esses dois extremos, Posadas lia a crise como um fenômeno primariamente interburocrático, resultado da "petrificação das burocracias dos Estados Operários."[374] Ainda assim, apoiou a invasão comandada pelo secretário-geral soviético Brejnev, avaliando que Dubček de fato estava inclinado a uma conciliação com Ocidente que acabaria por enfraquecer a posição dos Estados operários.

Alguns elementos do núcleo intelectual, especialmente Angel Fanjul e Guillermo Almeyra, ficaram frustrados com a atitude de Mandel, que interpretaram como subitamente indulgente frente ao liberalismo e ao mesmo tempo crítica à legitimidade

---

[373] Fidel Castro, "Castro comments on Czechoslovak Crisis", Havana Domestic Television and Radio Services, 24 ago. 1968: http://lanic.utexas.edu/project/castro/db/1968/19680824.html.

[374] J. Posadas, "Los intentos de vuelta al capitalismo en Checoslovaquia, las contradicciones y lucha interburocráticas de los estados obreros, la construcción del socialismo y el desarrollo mundial de la revolución socialista", *Voz Proletaria*, 8 ago., 1968, p. 3, Centro de Documentación e Investigación de la Cultura de Izquierdas.

dos Estados operários. Em agosto, aproveitando-se de que Posadas estava passando a maior parte do tempo na sede da Internacional em Montevidéu, eles silenciosamente adicionaram ao quadro de militantes do Bureau Político um jovem com ideias semelhantes às deles, e rapidamente emplacaram uma declaração forte na primeira página do *Voz Proletaria*:

> Os acontecimentos na Tchecoslováquia reafirmam a análise da IV Internacional segundo a qual estamos vivendo a derradeira fase desta etapa de acerto de contas com o imperialismo e o capitalismo [...]. Nosso partido apoia e convoca todos a apoiarem incondicionalmente os métodos militares, ainda burocráticos, dos Estados operários a fim de se defender do ataque capitalista.[375]

A posição mal divergia da de Posadas. Ambos apoiavam a intervenção; no entanto, só Posadas tinha especificado que ela deveria ter sido principalmente "política" em vez de militar. "A classe trabalhadora na Tchecoslováquia cercou os tanques soviéticos para discutir com os soldados", explicou ele, "e muitos trabalhadores disseram: 'vamos lá, vamos discutir e depois iremos atrás de quem quiser um retorno ao capitalismo'."[376] O que enfureceu Posadas, muito mais do que a linguagem do editorial, foi a manobra clandestina que o produziu – um desafio à sua autoridade, tão escandaloso quanto a própria Primavera de Praga contrarrevolucionária. Posadas chamou o caso de "a crise de H & M" (em referência a Herederia e Manuel, os nomes

---

[375] Editorial, *Voz Proletaria*, ago. 22, 1968, p. 1, Centro de Documentación e Investigación de la Cultura de Izquierdas.

[376] J. Posadas, "Los intentos de vuelta al capitalismo en Checoslovaquia, las contradicciones y lucha interburocráticas de los estados obreros, la construcción del socialismo y el desarrollo mundial de la revolución socialista", op. cit., p. 3.

que correspondiam a Fanjul e Almeyra no partido), e escreveu uma longa e contundente carta aberta, endereçada a eles, que foi publicada em toda a imprensa da Internacional:

> Vocês trabalham como bandidos no que diz respeito à Internacional [...] porque vocês estão roubando a Internacional. Vocês estão roubando. Essa é a função do bandido. É necessário eliminar o bandido. Eliminar os bandidos [...], criar um tribunal para julgar esses camaradas por violação da disciplina, do centralismo, das políticas e dos objetivos da Internacional. A Internacional propõe derrubar a burocracia dos Estados Operários. Eles, H & M, apoiam a burocracia. Seu documento a apoia. Nós propomos superá-la.[377]

Depois, ele passou a expressar seu temor de que poderia haver um novo racha na Internacional:

> Quando estávamos com Pablo, discutíamos e lutávamos para corrigir a Internacional, mostrando que estávamos certos; quando vimos que ele não era passível de ser corrigido, formamos nossa Internacional. Vocês estão começando a formar outra Internacional. Estão operando como uma liderança à parte.[378]

O debate unilateral fervilhou durante meses nos jornais e documentos internos da organização. Qualquer pessoa não familiarizada com a seção argentina ou com a liderança da Internacional não saberia a quem essas iniciais se referiam nem

---

377 J. Posadas, "The Czechoslovak-Soviet Crisis, the Impatience and Panic of the Petit-Bourgeois Revolutionaries, and the World Development of the IV International and the Socialist Revolution", *Red Flag*, 10 out. 1968, p. 2–3, Encyclopedia of Trotskyism Online: https://www.marxists.org/history/etol/newspape/red-flag-posadas/red_1968.pdf.

378 Ibid.

exatamente o que esses dois haviam feito, mas não deixava de servir de aviso contra qualquer um que estivesse cogitando desafiar Posadas. Almeyra foi demovido e enviado para organizar uma seção no Iêmen do Sul. Fanjul, secretário do partido na Argentina e advogado do movimento, foi expulso de uma vez.[379]

As punições pouco fizeram para aplacar a paranoia de Posadas diante de seus camaradas, mas logo se revelaram caras, pois o Uruguai, muitas vezes considerado a Suíça da América do Sul por sua tranquilidade permissiva, começou a se mover na mesma direção autoritária de seus países vizinhos. A repressão era uma resposta ao próprio capítulo montevideano da agitação de 1968. A estagnação econômica havia provocado greves trabalhistas, ocupações estudantis e um aumento da popularidade da guerrilha urbana Tupamaros. Preocupado com a possibilidade de uma insurreição no estilo parisiense eclodir, o presidente Jorge Pacheco Areco declarou um Estado de emergência que congelou os salários e autorizou o uso da força contra os grevistas em junho. O estudante de medicina Liber Arce foi baleado e morto em um dos levantes subsequentes, e mais mortes e dezenas de baixas se seguiram quando as escolas reabriram em setembro.

Depois das derrotas na América Central e no Brasil, Posadas tinha a esperança de que uma mudança de estratégia o mantivesse fora da mira. "Vamos nos infiltrar nos movimentos operários e liderar greves", anunciou.[380] A essa altura, se associar a estudantes e guerrilheiros insurretos só garantiria mais mártires e camaradas presos, escreveu Posadas, e esses movimentos eram arma-

---

379 Guillermo Almeyra, *Militante crítico*, op. cit., p. 210.

380 J. Posadas, "Sobre Las Guerrillas 'Tupamaros', su estrategia y acción" [circular], 19 set. 1969, Quatrième Internationale Posadiste Collection, ARCH01158, Box 1, folder 8, International Institute for Social History.

dilhas controladas por *agents provocateurs* em uma estratégia imperialista de colocar a burguesia nativa contra a esquerda.[381]

A mudança de estratégia veio tarde demais. Em 28 de outubro, a polícia uruguaia cercou uma escola de formação de quadros do BLA no subúrbio costeiro de Shangrilá, próximo de Montevidéu.[382] Havia pelo menos vinte e seis pessoas dentro, incluindo jovens militantes do Chile, Argentina e Uruguai, além do próprio núcleo da Internacional – Posadas, sua esposa Sierra e seu secretário Alberto di Franco. Preocupado com a possibilidade de eles abrirem fogo, Posadas orientou todos a ficarem dentro e destruir qualquer coisa que a polícia pudesse usar como evidência. À medida que ele começava a queimar uma pilha de rolos de fita, anotações e documentos, uma lata de gás lacrimogêneo voou pelo vidro da janela enchendo a casa de fumaça e fuligem. Um militante saiu correndo pela porta dos fundos a fim de distrair a polícia para que os outros pudessem escapar. Ele foi imediatamente espancado, e a polícia continuou a manter seu cerco.

---

381 Outro motivo que levou Posadas a virar as costas para os movimentos de guerrilha foi que eles haviam começado a se aproximar de seus rivais trotskistas. A ala comunista das guerrilhas argentinas *montanero* eram um racha do PRT de Moreno. No Chile, o grupo de luta armada Movimiento de Izquierda Revolucionaria (MIR) contava com o POR não posadista de Luis Vitale.

382 Robert J. Alexander, *Trotskyism in Latin America*. Stanford: Hoover Institution Publications, 1973, p. 243.

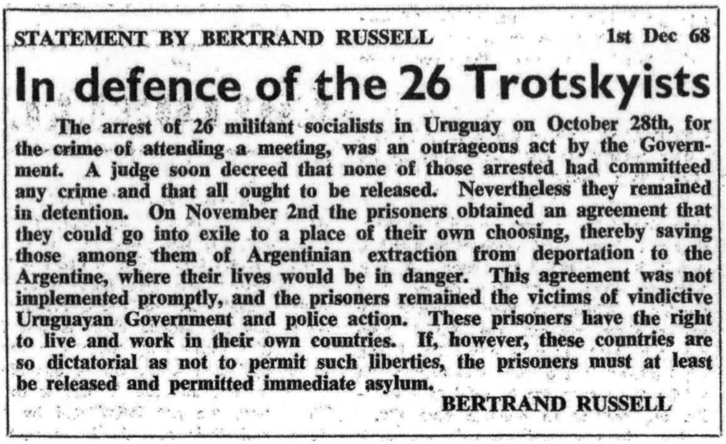
STATEMENT BY BERTRAND RUSSELL 1st Dec 68

In defence of the 26 Trotskyists

The arrest of 26 militant socialists in Uruguay on October 28th, for the crime of attending a meeting, was an outrageous act by the Government. A judge soon decreed that none of those arrested had committeed any crime and that all ought to be released. Nevertheless they remained in detention. On November 2nd the prisoners obtained an agreement that they could go into exile to a place of their own choosing, thereby saving those among them of Argentinian extraction from deportation to the Argentine, where their lives would be in danger. This agreement was not implemented promptly, and the prisoners remained the victims of vindictive Uruguayan Government and police action. These prisoners have the right to live and work in their own countries. If, however, these countries are so dictatorial as not to permit such liberties, the prisoners must at least be released and permitted immediate asylum.

BERTRAND RUSSELL

DECLARAÇÃO DE BERTRAND RUSSELL, 1º de dezembro de 68. *Em defesa dos 26 trotskistas*: A prisão de 26 militantes socialistas no Uruguai em 28 de outubro, pelo crime de comparecer a uma reunião, foi um ato ultrajante do Governo. Um juiz logo decretou que nenhum dos presos havia cometido qualquer crime e que todos deveriam ser soltos. No entanto, eles permaneceram detidos. Em 2 de novembro, os prisioneiros obtiveram um acordo de que poderiam se exilar em um lugar de sua própria escolha, salvando assim aqueles entre eles de extração argentina da deportação para a Argentina, onde suas vidas estariam em perigo. Este acordo não foi implementado prontamente, e os prisioneiros continuaram sendo vítimas do governo uruguaio vingativo e da ação policial. Esses prisioneiros têm o direito de viver e trabalhar em seus próprios países. Se, no entanto, esses países são tão ditatoriais a ponto de não permitir tais liberdades, os prisioneiros devem pelo menos ser soltos e receber asilo imediato.(Bertrand Russell) [383]

[383] Trecho da edição de 10 de dezembro de 1968 do *Red Flag*, jornal do Partido Revolucionário dos Trabalhadores (trotskista), Seção Britânica da Quarta Internacional Posadista. Cortesia da *Enciclopédia Online do Trotskismo*.

Depois de quase três horas, os camaradas ficaram com medo de que a polícia estivesse procurando um motivo para matá-los e finalmente se renderam. Os homens foram levados para um quartel militar, e as mulheres ficaram detidas numa escola de enfermagem. Nos interrogatórios, eles contaram uma história ensaiada: estavam de férias. Ninguém sabia nada sobre a Internacional ou seu líder. "Dois camaradas de 12 e 14 anos foram interrogados: 'Esse aqui é o P[osadas]?', 'Não sei quem é esse'; 'Qual é o seu nome?', 'Eu não sei.'" Durante os interrogatórios, seus camaradas ficavam cantando *A International* a plenos pulmões para manter o ânimo alto.

"Todos os camaradas se concentraram em uma única preocupação, defender [Posadas]", escreveu Posadas em um documento interno no qual se referia à operação policial como "*el accidente*". "Eles não tiveram como submeter ninguém a julgamento", continuou ele, satisfeito com a confusão que acreditava que seu pseudônimo causara à polícia uruguaia, "porque Posadas não existe."[384]

Na realidade, os policiais uruguaios sabiam que Cristalli era Posadas. As agências de segurança latino-americanas estavam cientes de seu apoio às FLN, à revolução cubana e ao MR-13. Depois da operação policial contra o POR(T) mexicano, a DFS havia se queixado às autoridades uruguaias de que o grupo armado estava respondendo a alguém que operava a partir do endereço de Posadas em Montevidéu.[385] Os posadistas também

[384] J. Posadas, "Respuesta del Camarada L. a las intervenciones de los camaradas sobre conclusiones del accidente" [circular], 13 dez. 1968, Quatrième Internationale Posadiste Collection, ARCH01158, Box 1, Folder 4, p. 18, International Institute for Social History.

[385] Documento da DFS: Miguel Nazar Haro, "Asunto: Partido Obrero Revolucionario (Trotskista)", 7 jul. 1966, Dirección Federal de Seguridad, Versión Publica, Box 192, Folder 2, p. 214, Archivo General de la Nación.

estavam sendo vigiados por conta da sua ligação com o herói popular vivo, fundador dos Tupamaros, Raul Sendic, irmão de Alberto Sendic, braço direito de longa data de Posadas. É capaz que soubessem muito pouco além disso a respeito da Internacional, mas essas ligações já bastavam para justificar a sua expulsão do país.

Angel Fanjul em uma marcha pelos direitos humanos na França, 1978. Cortesia do *Factor el Blog*.

Da primeira vez que compareceram ao tribunal de justiça, conta um comunicado interno do partido, o juiz ordenou que todos os presos fossem liberados. Os militares interviram, invocando o Estado de emergência como justificativa para manter os estrangeiros sob custódia. O defensor público ofereceu a Posadas um acordo para ser deportado para a Argentina dentro de 48 horas. Ele conta que em um primeiro momento chegou a aceitar a proposta. Mas isso foi antes que Fanjul, que havia sido expulso, chegasse de Buenos Aires para negociar. Era bem possível que ele tivesse de enfrentar sentenças mais longas de encarceramento, ou coisa pior, na Argentina de Onganía, advertiu Fanjul. Quando mais tarde Posadas encontrou o defensor público novamente, ele atirou no chão o documento com os termos do acordo. "Nós não vamos," disse. Ele imediatamente "ficou pálido".[386]

As autoridades uruguaias concordaram em dar a Fanjul algum tempo para encontrar um país seguro para exílio. Passou-se uma semana. Quanto mais tempo melhor, pensou Posadas – mais tempo para construir uma campanha de solidariedade e aumentar a simpatia do movimento global pela sua causa, a fim de lhes dar mais cacife na negociação jurídica. Em 2 de novembro, Posadas conseguiu contrabandear uma mensagem por meio de um visitante. "Toda a Internacional deve assumir a tarefa imediata de organizar uma intensa campanha de defesa e apoio à luta dos Camaradas no Uruguai", escreveu ele, atribuindo as operações policiais a uma articulação entre potências imperialistas e lideranças do Partido Comunista contrarrevolucionário "com o objetivo de eliminar, assassinar os vinte e seis militantes trotskistas, como parte de uma aliança concreta de coexistência pacífica."[387] A imprensa posadista espalhou a notícia das prisões e lançou um apelo urgente aos políticos de esquerda para que o acolhessem, e pedindo contribuições financeiras de simpatizantes da causa. A campanha recebeu cartas de apoio do vice-presidente uruguaio Alberto Abdala, do Arcebispo de Montevidéu,

---

[386] J. Posadas, "Repuesta del Camarada L. a las intervenciones de los camaradas sobre conclusiones del accidente", op. cit., p. 11.

[387] J. Posadas, "Communique of the International Secretariat of the IV International (2 de novembro de 1968)", *Red Flag*, p. 1, Encyclopedia of Trotskyism Online: https://www.marxists.org/history/etol/newspape/red-flag-posadas/red_1968.pdf.

Carlos Parteli Keller, do periódico de esquerda *La Marcha*, de grupos estudantis e sindicatos alinhados ao trotskismo em toda a América do Sul, e de Bertrand Russell.[388] Os guardas trataram os prisioneiros notavelmente bem, fazendo vista grossa para o contrabando de produtos de higiene pessoal, café, açúcar, mate, chocolate e bilhetes entre prisioneiros e visitantes. Posadas também conquistou o apoio de catorze outros presos políticos, seis deles membros do Partido Comunista, por puxar noites de cantoria com suas versões políticas dos clássicos de Gardel. "Eu não esperava receber uma aula de canto!", teria exclamado um jovem comunista agradecido.[389]

Depois de duas semanas, Fanjul conseguiu um acordo de asilo com o Chile por meio do presidente Eduardo Frei Montalvo e do então senador Salvador Allende. Posadas, Previtera e di Franco[390] foram levados a Santiago em um voo da Air France. Assim que desembarcaram e colocaram os pés em solo chileno eles foram cercados pela polícia. Os posadistas acreditavam que a embaixada dos EUA tinha ficado sabendo do acordo durante o voo e ordenou que ele fosse imediatamente revogado. Quando a polícia explicou que eles seriam colocados no próximo voo para a Argentina, o trio sentou-se na pista, recusando-se a sair dali.

O drama chamou a atenção da tripulação da Air France:

— Olha, somos exilados políticos — explicou Posadas.

---

[388] Press Communique, Revolutionary Workers Party (Trotskyist) British Section of the IV International, "The Arrest of 26 Militants and Friends of the IV International in Montevideo: Press Communique No. 1 (16 November 1968)", *Red Flag*, 22 nov. 1968, p. 2, Encyclopedia of Trotskyism Online: https://www.marxists.org/history/etol/newspape/red-flag-posadas/red_1968.pdf.

[389] J. Posadas, "Respuesta del Camarada L. a las intervenciones de los camaradas sobre conclusiones del accidente", op. cit., p. 10.

[390] Guillermo Almeyra, *Militante crítico*, op. cit., p. 238.

— Ah, comunistas?

— Não, não, trotskistas.

— Ah! Trotskistas! — exclamou o tripulante. — Tenho um grande, grande amigo francês que é trotskista.[391]

A tripulação, radicalizada pelo levante parisiense que eclodira naquele mesmo ano, prometeu à polícia que os tiraria do país o mais rápido possível. Garrafas de champanhe estalaram. O piloto concordou em levá-los clandestinamente para a França e deixá-los com um "líder trotskista" no aeroporto. Mas, à medida que tentavam desenhar os detalhes do plano, a realidade se impôs. Embora os eventos de 1968 tenham tornado grande parte da França simpática à revolução, eles também deixaram seu governo paranoico quanto a um possível influxo de agitadores externos. Um segundo empecilho era a parada obrigatória de reabastecimento que eles fariam no Brasil, outro país em que Posadas podia muito bem estar na mira do governo.

Na falta de uma ideia melhor, eles voaram de volta para Montevidéu e retornaram para o quartel. As negociações continuaram, com a ameaça de deportação ainda iminente. Cada seção da Internacional redobrou seus pedidos de asilo a políticos simpáticos, dando a entender que Posadas podia estar prestes a ser executado. Os apelos à Suíça e à Iugoslávia foram recusados. "Eles eram muito agradáveis", conta Posadas, "mas acreditavam que aquilo causaria um conflito com os soviéticos."[392] O ministro do Partido Trabalhista Britânico, Paul Rose, fez uma tentativa que aparentemente não deu em nada.[393] Piero Leone

---

[391] J. Posadas, "Repuesta del Camarada L. a las intervenciones de los camaradas sobre conclusiones del accidente", op. cit., p. 19.

[392] Ibid., 34.

[393] "Uruguayan Citizens (Application for Asylum)", Parlamento do Reino Unido, 27 nov. 1968, https://api.parliament.uk/historic-han-

pegou um trem para Estocolmo para pedir a ajuda do Partido Socialista Sueco. Assim que chegou, ele ligou para casa e ouviu a boa notícia. O Partido Comunista Italiano tinha intervindo. Cristalli, Previtera e Di Franco eram *oriundi*, italianos de origem estrangeira; tecnicamente cidadãos. Eles iam para casa.

Embora os prisioneiros chilenos continuaram encarcerados por semanas[394] e o partido uruguaio tenha sido oficialmente banido e jogado na clandestinidade, Posadas embarcou em seu voo para Roma considerando que a história toda tinha sido um *feliz* acidente. Era quase uma confirmação sobrenatural de sua reversão entrista, intensas contendas públicas e insistência na infalibilidade. Ele estava escapando com vida, sua esposa e seu secretário para a cidade que o havia originalmente inspirado a criar a Internacional, a convite do mais importante Partido Comunista do Ocidente. Embora fosse tabu no pensamento marxista, para Posadas aquela operação policial tinha sido nada menos que uma obra do *destino*.

---

sard/written-answers/1968/nov/28/uruguayan-citizens-application--for-asylum.

394 "Campana por la libertad de los Trotskistas presos en Uruguay", *Voz Proletaria*, 13 dez. 1968, p. 7–9, Centro de Documentación e Investigación de la Cultura de Izquierdas.

11. Hombrecitos

Uma pequena equipe da seção italiana recebeu os exilados no aeroporto. Cientes das circulares furiosas sobre falhas de segurança nas seções latino-americanas, eles haviam passado a noite anterior inteira planejando a escolta de seu líder de modo a despistar a polícia em um plano para subverter as cláusulas da concessão de asilo que especificavam que eles teriam de morar em um endereço registrado e se aposentar da política. Do aeroporto, iriam de carro até uma igreja onde Candida Previtera, Alberto Di Franco e Homero Cristalli entrariam pela porta frente como se estivessem passando para agradecer a Deus por terem chegado a salvos. Os três então sairiam como Sierra, Rovira e J. Posadas pela porta dos fundos, onde outro carro estaria esperando para levá-los a um local seguro para restabelecer com segurança o Secretariado Internacional clandestino.

Depois de se embananarem ali dentro, eles acabaram desistindo do plano original. O portal de transformação estava trancado, e o trio teve que sair pela porta da frente mesmo. Sem conseguir descolar um bom esconderijo a tempo, eles ainda foram obrigados a se encaminhar ao apartamento de Piero Leone – uma das principais figuras públicas do partido, cujo endereço constava no jornal oficial da organização.

Posadas sabia que o Bureau Europeu era muito menos experiente que o BLA e inclusive considerava isso uma vantagem. Quatro meses antes, a Internacional tinha ficado à beira do colapso quando a crise de H & M expôs o abismo entre sua autoridade infalível e sua franca incapacidade teórica. Conflitos assim eram muito mais improváveis em torno dos jovens europeus obedientes. Muitos deles tinham sido introduzidos ao socialismo e à militância pelas palestras de Posadas, e só depois foram entrar em contato com outras leituras do cânone marxista. Questões de mais alto nível eram deixadas a cargo dos dirigentes sul-americanos, uma vez que eles se limitavam a cumprir diligentemente suas tarefas de publicação e recrutamento. Convencido de que a fortuita incursão policial em Shangrilá havia elevado a Internacional, e a própria História, a um patamar superior, Posadas agora se sentia ousado o suficiente para exigir ainda mais.

A Itália sempre foi um dos principais focos da luta comunista. Ao final da Primeira Guerra Mundial, os trabalhadores tomaram quase todas as fábricas do norte industrial. O PCI, liderado por Antonio Gramsci, havia surgido em 1921 como uma cisão da esquerda do Partido Socialista (PSI) para urgir os trabalhadores a tomar o poder estatal. Com a ajuda da monarquia e do PSI, os fascistas de Benito Mussolini foram alçados ao poder em uma manobra que supostamente visava defender a estabilidade democrática. Mussolini, em vez disso, assumiu controle total sobre o Estado e reprimiu brutalmente a esquerda, jogando o PCI inteiramente na clandestinidade. Com o desmoronamento de seu regime no fim da Segunda Guerra Mundial, dezenas de milhares de *partigiani* armados voltaram a erguer a bandeira vermelha, e em 1944 o PCI foi reestabelecido. Havia um sentimento de que a revolução poderia ocorrer ali mesmo, mas Stálin, tendo prometido ceder a Europa Ocidental, e temendo uma guerra civil por procuração como a grega, ordenou os *partigiani* a se desarmarem e orientou o PCI a perseguir uma modesta estratégia democrática.

Mas em 1968 a juventude comunista já estava farta de parlamentarismo. Os jovens começaram a ler Marx como um filósofo da revolução internacional em vez de como teórico do progresso social estável, e passaram a mirar em Mao e Guevara como ídolos revolucionários, em vez de Gramsci e Stálin. Seria uma oportunidade de ouro para o maior grupo trotskista do país, o Grupo Comunista Revolucionário (GCR), de Livio Maitan, se eles não tivessem insistido na estratégia pablista de entrismo sem data para acabar no PCI desde 1951. A relação cordial de trabalho que Maitan havia estabelecido com a liderança do PCI[395] levou muitos jovens militantes a começar a enxergar os dois como funcionalmente equivalentes. À medida que surgiam novos grupos maoístas, autonomistas e ultraesquerdistas independentemente do PCI, o GCR mergulhou em uma crise. Como lembra a ex-militante Lidia Cirillo:

> Em 1967 as coisas estavam acontecendo de maneira muito mais rápida do que a nossa capacidade de as compreender e de agir. Alguns grupos católicos tinham começado a dar uma guinada à esquerda numa velocidade que para nós era inédita. Na universidade, tudo estava acontecendo: ocupações e batalhas agudas com fascistas [...]. O círculo "Che Guevara", que tínhamos construído com um pé dentro e outro pé fora do PCI começou a encher de jovens que não conhecíamos, que falavam do partido de formas que considerávamos muito desrespeitosas.[396]

Em 1969, com o grupo cada vez mais desfalcado, Maitan se viu obrigado a remover do PCI o pouco que ainda restava de seu GCR – só até que um possível substituto se consolidasse. O idiossincrático deputado do PCI Pietro Ingrao tinha desempenhado um papel importante no processo de garantir o asilo de

---

[395] Robert Jackson Alexander, *International Trotskyism 1929-1985*, op. cit., p. 59.

[396] Lidia Cirillo, "A Journey with Livio Maitan: Lessons from a Critical Intellectual", International Viewpoint, 19 jan. 2005, acessado online: http://www.internationalviewpoint.org/spip.php?article393.

Posadas,[397] uma manobra que talvez refletisse suas simpatias pelos movimentos da extrema-esquerda, ou então seu desejo de manter o trotskismo domesticado no interior do PCI.[398] Seja como for, Posadas não deixou a oportunidade passar. Dentro do PCI, o maior partido comunista do Ocidente, que no seu auge chegou a esbanjar uma adesão de dois milhões de filiados, a Internacional poderia "avançar mais do que antes", disse Posadas no primeiro encontro desde sua chegada. De lá, eles poderiam expandir sua influência nos partidos socialistas, nas lutas coloniais anti-imperialistas e entre homens fortes nacional-populistas, a fim de construir uma nova constelação revolucionária chamada de "Internacional Comunista das Massas". Esse nome não significava nada para qualquer um de fora do círculo de Posadas, mas ele frequentemente se referia e apelava a ele como se já existisse.

Outras visões do futuro próximo também vieram a ele nos dias frenéticos que se seguiram à sua chegada – talvez visões até demais. "Agora, mais do que nunca," ele continuou na reunião,

> meu dinamismo aumentou [...] eu vejo algo e tento traduzir em imagens. Rápido. Ainda estou pensando assim: Eu te dou imagens, imagens completas. Em painéis [...]. E quando você os vê, "os homenzinhos" saem [...] [em um momento da crise e] trabalham rapidamente, com controle, e sem motor. Trabalham.[399]

---

397 Segundo Luciano Dondero, o Partido Socialista Italiano (PSI), o Partido Socialista Italiano de Unidade Proletária (PSIUP), e o Democracia Cristã (DC) fizeram parte do processo do asilo. (Entrevista com o autor).

398 David Broder, "A Heretic, Not a Splitter", *Jacobin Magazine*, 7 out. 2015. Disponível online: https://www.jacobinmag.com/2015/10/pietro-ingrao-pci-christian-democracy-palmiro-togliatti-italian-communism/.

399 J. Posadas, "Repuesta del Camarada L. a las intervenciones de los

Posadas ocasionalmente se refere a esses *hombrecitos* em outros discursos. O mais provável é que eles fossem uma espécie de metáfora da divisão do trabalho na sua fábrica mental, demonstrando como sua mente trabalhava para superar obstáculos em momentos de confusão ou dúvida, e também como os seus militantes deveriam trabalhar.

As memórias de Leone sobre sua época no RCP(T), *Circolo vizioso* [Círculo vicioso], são uma ilustração vívida do que significava ser um dos homenzinhos de Posadas. No dia da chegada deles, tendo passado uma série de noites em claro regadas a paranoia e desespero, ele saiu para resolver uma tarefa simples e quase morreu depois de cair no sono andando de moto. Leone conta que acordou no hospital, milagrosamente ileso, e logo se viu em uma vida "posadizada". Junto com suas obrigações para com a esposa e seu recém-nascido filho Luigi (batizado em homenagem ao pseudônimo de Posadas), ele continuou tendo que arcar com suas responsabilidades políticas no partido[400] e ainda acumulou novas incumbências como anfitrião e assistente de Posadas. Além das tensões normais de dividir a casa com alguém, ele tinha que assistir à frieza cruel com a qual seu líder infalível tratava a sua esposa e ainda testemunhar as brigas que ele travava com seu secretário. Em um episódio, Di Franco contou a Leone que viu Posadas no meio da noite

camaradas sobre conclusiones del accidente", 13 dez. 1968, Quatrième Internationale Posadiste Collection, ARCH01158, Carpeta 4, p. 1, International Institute for Social History.

400 Isso incluía uma agenda diária de tarefas como escrever, traduzir e organizar conteúdo para seu periódico quinzenal *Lotta Operaia*, distribuir o jornal nas bancas, participar de conferências e manifestações, e frequentar reuniões e escolas de formação de quadros locais, regionais e nacionais. Ver Piero Leone, "Circolo vizioso: La mia esperienza all'interno della Quarta Internazionale posadista con un modesto tentativo di analisi socio-politica", op. cit.

surrupiando da geladeira um pedaço de queijo parmesão que havia sido comprado coletivamente – nada menos que um crime grave de individualismo, se fosse qualquer outra pessoa.[401]

O trabalho acadêmico passou a ser seu único respiro das infindáveis tarefas e dramas cotidianos desgastantes. Nos raros momentos em que não estava trabalhando para Posadas nem estudando, ele se via incapaz de falar com terceiros. "Um dia, como tantos outros, ouvi um comerciante falar sobre suas questões. Naquele momento tive um claro sentimento de que ele estava no mundo real, enquanto nós estávamos mais ou menos em outro planeta (ou em uma nave espacial): éramos algo como 'marcianos'."[402]

Cada vez mais focado nos seus superiores, Posadas transformou Leone em um intermediário dele com o PCI. Foi uma estranha inversão para Leone, que vinha há anos malhando o PCI no jornal do partido, lançara candidatos próprios contra eles,[403] e disparara contra Maitan como lacaio deles.[404] De uma hora para outra era quase como se era Posadas que queria estar no lugar dele, agora convencido de "que a base dos partidos comunistas se comportava conscientemente (ou quase) como um trotskista: isto é, agiam no interior de seu próprio partido no sentido de transformá-lo e torná-lo revolucionário".[405]

---

401 Idem, ibidem.

402 Ibid.

403 "Reports of the Electoral Campaigns in Italy and Belgium", *Red Flag*, mai. 1968, p. 1.

404 J. Posadas, "The Historic Audacity of the Vietnamese Masses, The Elevation of the Consciousness of the Masses of the World, The Miserable Function of the Ex-Trotskyist Capitulators, and the Development of the IV International", *Red Flag*, mai. 1968, p. 2-3.

405 Piero Leone, "Circolo vizioso: La mia esperienza all'interno della Quarta Internazionale posadista con un modesto tentativo di analisi socio-politica", op. cit.

Leone arranjou uma reunião de Posadas com o PCI logo após sua chegada. Sua equipe ficou dias preparando documentos sobre a situação italiana para que Posadas pudesse provar ser seu igual e conquistar uma relação formal duradoura com o partido. "Mas não deu em nada", escreveu Leone. "[Posadas] abandonou a ideia [...] lembro de ele ter dito (fazendo aquele clássico 'mecanismo de projeção') algo como que a equipe não estava preparada. Mas estou convencido de que foi ele que se sentiu inadequado diante da comparação."[406]

Ele se gabou de que a reunião cancelada não obstante provou sua relevância e mandou Leone propor outra reunião diretamente com os soviéticos. Aparentemente sem dar muita bola para o cancelamento anterior, o PCI lhe arranjou um convite ao Kremlin. Posadas se recusou a comparecer, enviando Alberto Sendic a Moscou em seu lugar. Sua contraparte soviética era Boris Ponomarev, um sujeito que era desde 1955 chefe do Departamento Internacional do Comitê Central do Partido Comunista da União Soviética, efetivamente a posição de liderança de todos os partidos comunistas não maoístas do mundo todo.[407] O encontro se resumiu a três perguntas endereçadas aos posadistas: o que eles queriam dizer por "Estado operário"? Era aproximadamente equivalente à noção marxista de "ditadura do proletariado"? E por que eles geralmente acabavam ficando do lado dos sindicatos e não da liderança do Partido Comunista quando a disputa era entre os dois? Sendic respon-

---

406 Idem, ibidem.

407 Quem promoveu Ponomarev foi Mikhail Suslov, cria de Stálin, considerado o elemento mais antirreformista do governo soviético após a morte de Stálin. Ele ficou conhecido como um "stalinista não reformado" e apoiador da política de financiar movimentos radicais terceiro mundistas via partidos comunistas.

deu da melhor forma que pode, e a reunião terminou com uma cantoria camarada d'*A Internacional*.

"Moscou falou conosco reconhecendo a nossa capacidade teórica superior", se vangloriou Posadas ao ler um relatório do encontro. "Eles nos trataram como iguais. Porque não chegaram dizendo: 'É assim' [mas sim] 'Como vocês interpretam isso? O que isso lhes diz? Como vocês fazem isso?' Estão nos discutindo lá em cima."[408]

Ele continuou encarando a reunião como um sucesso, mesmo depois de Ponomarev publicar um texto criticando o posadismo e a velha Quarta Internacional intitulado "Trotskismo: instrumento do anticomunismo". A tendência posadista havia "definido as linhas dos líderes chineses como autenticamente revolucionárias", dizia o texto, referindo-se especificamente à questão da guerra preventiva, que era, para Ponomarev, uma perigosa leitura equivocada de Lênin.[409]

Posadas ainda assim viu o texto como evidência da regeneração soviética. Ele estava convencido de que Ponomarev o havia redigido sob pressão de suprimir a crescente popularidade do trotskismo dentro da Internacional Comunista das Massas. Quanto às passagens diretamente críticas a ele, ele estava contente de ter sido citado como "líder da IV Internacional", e de que a evisceração seguinte era precisa: "Três vezes ele [me] criticou sem caluniar."[410]

---

[408] J. Posadas, "Análisis del viaje a Moscú" [circular], 18 nov. 1971, Posadas Tendency collection, MS1209/4/1, p. 2. Senate House Archives.

[409] Boris Ponomarev, "El Trotskismo, Instrumento del Anticomunismo", *Kommunist* n. 28, 1971, citado em J. Posadas, "Sobre la publicación de estos textos de los soviéticos sobre el trotskismo" [circular], 3 jul. 1973, Posadas Tendency Collection, MS1209/7/1, p. 12–13, Senate House Archives.

[410] J. Posadas, "Sobre la publicación de estos textos de los soviéticos sobre el trotskismo" [circular], 3 jul. 1973, Posadas Tendency Collec-

O Partido Comunista Revolucinário (Trotskista), seção italiana da Quarta Internacional Posadista, em 1973.

Ele instruiu suas seções ao preparo trabalhando em íntima colaboração com os partidos comunistas e na construção de frentes populares. A seção italiana começou a diligentemente endossar as posições comunistas em seus jornais e divulgar pelo país cartazes em apoio aos candidatos do PCI. "Moscou não vai nos convocar imediatamente", ele admitiu humildemente. "Querem ver o que somos capazes de fazer, que tipo de incentivo incorporamos. Porque eles querem verificar do que somos feitos, e ao mesmo tempo sondar a nossa reação [...], é possível que haja um teste para medir nosso grau de influência."[411]

Depois de meses na residência dos Leone, as conexões que os posadistas faturaram por meio de suas colaborações mais cerradas com os partidos de massa abriram uma saída para sua situação de pobreza. Horrorizados pelo agravamento da

tion, MS1209/7/1, p. 1, Senate House Archives.

411 Posadas, "Analisis", p. 2.

repressão na América Latina, os esquerdistas europeus estavam muito dispostos a apoiar refugiados políticos. Simpatizantes apelavam a membros familiares ricos para que ajudassem com verbas para o partido, e Posadas promoveu um círculo de pintores modernos, incluindo Victor Vasarely, Wilfredo Lam e Mario Schifano, para doarem algumas de suas obras.[412] Uma única contribuição de Schifano "valia o equivalente a muitos milhares de euros", conta Dondero, e ele doou muitas telas.[413]

Eventualmente ele conseguiu levantar uma quantidade suficiente de recursos para estabelecer seu próprio complexo à la Coyoacán, nas Colinas Albanas, ao sul de Roma. Eles apelidaram a nova residência de *La Villa*, o que significava tanto uma mansão romana quanto um cortiço *porteño*. Posadas deu um jeito de levar seu velho segurança à Itália para viver em um complexo separado em Roma apelidado de *La Comuna*. Com a Crise de H & M aparentemente perdoada, Almeyra também foi restituído e levado à Itália. A decisão funcionou ao mesmo tempo como um reconhecimento de sua importância para o partido, e uma punição – sua esposa Ana Teresa foi obrigada a permanecer em Buenos Aires para que as energias libidinais do marido se concentrassem unicamente no partido. Fanjul também recebeu essa mesma proposta, mas recusou.

Posadas aplicava a si mesmo uma disciplina semelhante. Embora sentisse muita falta dos filhos, que inclusive temiam ser os próximos alvos de uma nova onda de repressão anticomunista no continente, ele os orientou a ficar na América do Sul para

---

412 J. Posadas, "Declaración del camarada Luis en pleno proceso de infarto el jueves 14 de Mayo 1981 a las 10 1/2 de la mañana en la clínica 'citta di Roma" [circular], 10 out. 1981, Posadas Tendency collection, MS1209/17/1, p. 20, Senate House Archives.

413 Luciano Dondero, entrevista ao *Leftist Trainspotters*.

liderar o BLA na sua ausência.[414] Ele sabia que os perigos eram grandes, mas a revolução ainda estava por vir. Uma revolta da classe trabalhadora havia conseguido derrubar o governo anticomunista de Onganía na Argentina, o agora legalizado POR uruguaio havia entrado para uma nova e poderosa coalizão de esquerda chamada Frente Amplio, e os partidos políticos proibidos no México e em Cuba estavam lentamente reconstruindo suas redes subterrâneas.[415] Amainados, os levantes que haviam eclodido em 1968 agora só prometiam voltar ainda mais ambiciosos, e haviam muitos motivos para acreditar que os anos 1970 seriam ainda mais revolucionários. Não chegava a ser o colapso final do capitalismo que ele havia previsto para o final da década, mas também não deixava de ser um fechamento agradável, como um suave interlúdio antes da cacofonia do derradeiro desfecho.

Esse otimismo tenso ecoou nas palavras infames do astronauta Neil Armstrong ao pisar na superfície lunar em julho de 1969. Foi o acontecimento mais unificador da história da humanidade; milhões de pessoas assistiam simultaneamente aos pequenos passos de um homem representando o trabalho coletivo de todo o gênero humano. As possibilidades imaginadas para o que a humanidade seria capaz de realizar e o quão longe ela poderia chegar com essa unidade tomando forma e as massas tomando o poder eram ilimitadas. Poucos teriam acreditado que aqueles primeiros passos solitários do astronauta saindo do módulo lunar pudessem também ser alguns dos últimos, com o ápice da civilização ainda cristalizado na imagem da bandeira estadunidense eternamente remexida por ventos cósmicos inexistentes.

---

414 J. Posadas, "Repuesta del Camarada L. a las intervenciones de los camaradas sobre conclusiones del accidente", op. cit., p. 4.

415 Gary Andrew Tennant, "Dissident Cuban Communism. The Case of Trotskyism, 1932-1965", op. cit.

12. *Volver*

Depois que se mudou para a Europa, Posadas inaugurou uma nova tradição no movimento: uma reunião outonal em comemoração à operação policial de Shangrilá. Terminado o *asado*, o mate e a partida de futebol, os camaradas se reuniam em torno de uma fogueira para ouvir Posadas contar a história da operação entre cantorias dos tangos à capela que ele cantava quando preso. Às vezes a história e as letras mudavam para fazer paralelos com acontecimentos recentes, mas uma das canções não precisava de nenhuma alteração para se revolucionária, "Volver", de Carlos Gardel:

Yo adivino el parpadeo
de las luces que a lo lejos
Van marcando mi retorno.
Son las mismas que alumbraron
con sus pálidos reflejos
Hondas horas de dolor.
Y aunque no quise el regreso
Siempre se vuelve al primer amor
La vieja calle donde le cobijo
Tuya es su vida, tuyo es su querer
Bajo el burlón mirar de las estrellas
Que con indiferencia, hoy me ven volver[416]

Depois de anos fugindo de sua casa, de seu amor e de sua classe, o eu lírico da canção é obrigado a voltar a seu posto na vida por

[416] Carlos Gardel e Alfredo Lepera, "Volver" [1935].

forças tão irresistíveis quanto o movimento dos corpos celestes. O termo "revolução" deve suas origens a esse sentido cósmico do destino – cunhado por revolucionários ingleses do século XVI que afirmavam que seu governo era uma restauração de uma autoridade legítima, tão natural como o despontar do sol no horizonte depois de uma longa noite. A partir daí o conceito foi ressignificado pelas Revoluções Americana e Francesa, passando a remeter não à órbita dos ciclos repetitivos, mas à ideia de instituir uma ordem secular inteiramente nova ancorada na racionalidade e liberdade humanas. Enquanto Hegel via esses acontecimentos como indicativos de que a humanidade havia se libertado da infindável regressão, Marx identificou uma nova "má infinidade" tomando forma na ordem burguesa, cujas estruturas políticas só eram capazes de defender a necessidade de expansão infindável própria do capital, a despeito de causar crises periódicas e cada vez mais piores. Ele vislumbrou uma revolução que superaria permanentemente o capitalismo, abolindo a sociedade de classes em uma marcha violenta em direção a um mundo inteiramente novo logo além deste horizonte sombrio.[417]

No entanto, temas de ciclos irresistíveis permaneceram centrais no imaginário dos revolucionários dos anos 1970. À medida que a jovialidade maníaca arrefecia na virada da década, muitos acreditavam que a revolução incompleta de 1968 seria algo como o que havia ocorrido na Rússia em 1905 – o início de um novo ciclo que culminaria em uma revolução de 1917 por volta de 1980. A onda revolucionária que havia começado no final da Primeira Guerra Mundial retornaria, todas as revoluções fracassadas anteriores seriam redimidas, a União Soviética

---

[417] Ver Hannah Arendt, *On Revolution*. Londres: Penguin Books, 1965, p. 42-52 [ed. bras: *Sobre a revolução*, trad. Denise Bottmann, São Paulo: Companhia das Letras, 2013].

se "regeneraria" e a Quarta Internacional finalmente cumpriria seu desígnio profetizado.

Em nenhum outro imaginário político, no entanto, esse conceito de revolução restauradora era mais importante do que no da Argentina. Desde a derrubada e exílio de Perón em 1955, a esquerda, a direita, a juventude e os trabalhadores estavam unidos na demanda messiânica do movimento Perón Vuelve. Uma série de motins e lutas armadas contra os regimes antiperonistas e anti-trabalhador haviam levado à convocação de novas eleições em 1973, que Héctor Cámpora, o emissário de esquerda de Perón, ganhou com uma margem folgada. Os presidentes chileno e cubano Salvador Allende e Osvaldo Dorticós compareceram à cerimônia de posse. O novo governo imediatamente restabeleceu as relações com o mundo socialista e concedeu anistia aos presos políticos e guerrilheiros que haviam lutado contra a ditadura. Por mais radical que tenha sido, todas as suas outras ambições políticas foram sacrificadas com em prol do objetivo principal de sua eleição: limpar a pista para o aguardado *volver* de Perón.[418]

No momento da sua chegada, toda a falsa unidade do seu movimento terminou num massacre cuidadosamente orquestrado. O maestro por trás disso era López Rega, chefe de segurança de Perón, conselheiro espiritual de sua nova esposa Isabel e praticante do *espiritismo* argentino – um sincretismo religioso semelhante à santeria ou ao vodu. Ele acreditava que os argentinos eram únicos na América Latina por manterem uma pureza étnica europeia ao mesmo tempo que eram "tonificados por sangue indígena", dando-lhes a superioridade racial de uma branquitude enraizada em solo nativo. Para ele, o peronismo estava se aproximando de uma teologia oculta da raça

---

[418] Como vemos retratado no filme biográfico *Puerto de hierro* (2013), codirigido e estrelado por Victor Laplace.

argentina, dedicada a superar o caos da modernidade por meio da criação de uma religião nacionalista. "Nossa única missão é levar Perón para a Argentina", disse ele. "Seu retorno será o nosso triunfo espiritual."[419]

Mas Rega também entendia que a base peronista pendia à esquerda. Seus elementos mais poderosos foram a CGT, a Juventude Peronista (JP) e o novo presidente pseudossocialista Cámpora. Para eles, o peronismo significava anti-imperialismo, antielitismo e redistribuição justa da riqueza da nação. Para Rega, tudo isso não passava de uma "fase política" a ser temporariamente encorajada a fim de "derrotar as forças que o estão deixando prostrado no exílio".[420] Uma vez que isso fosse alcançado, ele mobilizaria a extrema-direita do movimento para esmagar a esquerda, com respaldo da Igreja, da polícia e dos militares.

Ele encontrou aliados para essa tarefa em uma ordem secreta maçônica conhecida como Propaganda Due. Sediada em Roma, a loja era um *hub* de uma ampla rede subterrânea de fascistas e industriais europeus que dependiam, para preservar as suas riquezas, de destruir o socialismo como haviam feito Mussolini ou Hitler antes da guerra. O fascismo tinha se tornado amplamente impopular, quando não ilegal, desde então, mas não menos atraente para a elite como plano B, caso a esquerda fosse eleita para o poder. Sem muito esforço, Rega foi iniciado na loja maçônica e doutrinado conforme sua visão de mundo de que uma conspiração "sincrética" entre comunistas, banqueiros internacionais e sionistas supostamente controlava o mundo e impedia a unidade e a soberania em nações como a Argentina. É possível rastrear à rede de atuação da Propaganda Due inúmeras operações terroristas de bandeira falsa, assassi-

---

[419] Marcelo Larraquy, *López Rega: el peronismo y la Triple A*. Buenos Aires: Punto de Lectura, 2007, p. 114.

[420] Ibid.

natos, guerras sujas e golpes militares em todo o mundo nos anos 1960 e 1970 – incluindo os acontecimentos que levaram ao "processo de reorganização nacional" na Argentina.[421]

A festa de boas-vindas a Perón em junho de 1973 no aeroporto de Ezeiza era o momento perfeito para dar início à violenta feitiçaria de destruição da esquerda. Os primeiros a entrar marchando, com a intenção de ocupar logo a primeira fileira da comitiva de recepção, foram os representantes da Tendência Revolucionária, ala da esquerda organizada do movimento. Eles estavam levemente armados, mas poucos pesquisadores do evento acreditam que tenham sido eles que iniciaram qualquer confronto físico antes que as forças armadas peronistas de direita que Rega havia instalado como franco-atiradores abrissem fogo. Dezenas de pessoas foram mortas, a cerimônia virou um enorme caos, e Perón saiu do aeroporto convencido de que a esquerda tinha provocado o derramamento de sangue.

Cámpora prontamente renunciou para permitir que Perón concorresse à presidência. Ele venceu em setembro, apenas duas semanas depois de uma junta militar instalar o general Augusto Pinochet no poder no Chile. Dirigindo-se aos revolucionários argentinos, ele disse: "Se vocês querem fazer como o Allende no Chile, vejam o que está acontecendo com ele lá. É preciso ir com calma."[422]

Depois de concentrar toda a sua energia na campanha pelo seu retorno, a esquerda ficou repentinamente dividida quanto ao que fazer a seguir. Com os posadistas marginalizados e praticamente esquecidos, o principal grupo comunista era o

---

421 Ver Philip Willan, "Puppetmasters: The political use of terrorism in Italy", Lincoln: Author's Choice Press, 1991, capítulos 6-8.

422 "*Si ustedes quieren hacer como Allende en Chile, miren cómo le va a Allende en Chile. Hay que andar con calma*". Citado em José E Ortega, "Perón and Chile", *Revista Encrucijada Americana*, v. 2, n. 1, 2014, p. 80.

Partido Revolucionário dos Trabalhadores (PRT) de Nahuel Moreno, que desde o golpe de 1955 vinha defendendo a colaboração com elementos de esquerda do peronismo. Depois do Cordobazo[423], seu colaborador Mario Roberto Santucho havia criado o Exército Revolucionário do Povo (ERP) para atacar os militares e as corporações estrangeiras durante todo o ano de 1973. Interpretando o massacre de Ezeiza como um início de golpe fascista, o ERP não só recusou o pedido de Perón para que abaixassem suas armas, como esperava trazê-lo à mesa de negociação ao matarem, um por um, elementos de extrema-direita alojados no movimento.

Eles assassinaram seu primeiro alvo, o líder de extrema-direita da CGT José Ignacio Rucci, poucos dias antes da cerimônia de posse de Perón. O tiro saiu pela culatra. Perón amava Rucci como um filho e ficou com receio de que as ameaças de eliminar Rega em seguida poderiam significar que Isabel também estivesse na lista deles. Assim que tomou posse, ele organizou um jantar para centenas de militares e anunciou uma nova organização paramilitar para defender a sua esposa e a República: a Aliança Anticomunista Argentina (AAA), com López Rega à frente.[424]

Independentemente de quanto ele pessoalmente odiasse a esquerda ou acreditasse na teoria conspiratória sinarquista,[425] é pouco provável que ele compartilhasse o mesmo fervor fascista dos acólitos de Rega no AAA – a maior parte deles, an-

---

423 O Cordobazo foi um levante civil na cidade de Córdoba, Argentina, no final de maio de 1969, durante a ditadura militar do general Juan Carlos Onganía, que ocorreu poucos dias após o Rosariazo, e um ano após os protestos globais de 1968, associando estudantes e trabalhadores na mesma luta contra o governo militar. [N.E.]

424 Ibid., p. 492.

425 Federico Finchelstein, *The Ideological Origins of the Dirty War: Fascism, Populism, and Dictatorship in Twentieth Century Argentina*. Oxford: Oxford University Press, 2014, p. 114.

tissemitas e homofóbicos virulentos obcecados por Hitler que fantasiavam com uma limpeza política e étnica. Ainda assim, ele endossou sua lista suja de "inimigos do povo" a serem "executados assim que encontrados". Era efetivamente um *quem é quem* da esquerda argentina, incluindo Silvio Frondizi, Nahuel Moreno, Agustín Tosco e Homero Cristalli.[426]

Em janeiro, os guerrilheiros do ERP continuaram sua campanha com um ataque à guarnição militar Azul, matando dois coronéis em uma tentativa fracassada de sequestro. Em resposta, Perón enviou uma carta aos militares prometendo endurecer ainda mais com a esquerda armada. "Os psicopatas remanescentes serão exterminados um a um para o bem da República", prometeu.[427] Dois dias depois do ataque, ele e Rega se encontraram com representantes de esquerda da Juventude Peronista, que pediram que ele reconsiderasse as mudanças ao código penal que abririam a possibilidade para uma dura repressão de dissidentes políticos. "Ninguém é obrigado a permanecer em uma facção política", respondeu Perón. "Quem não estiver feliz, que saia [...]. Se alguém preferir uma tendência diferente do peronismo, é só sair."[428]

---

426 Ruth Werner e Fecundo Aguirre. *Insurgencia obrera en la Argentina, 1969-1976: clasismo, coordinadoras interfabriles y estrategias de la izquierda*. Buenos Aires: Ediciones IPS, 2009, p. 492.

427 Guido Braslavsky, "Cuando Perón habló de 'exterminar uno a uno' a los guerrilleros", *Clarín*, 18 jan. 2009. Disponível em: https://www.clarin.com/ediciones-anteriores/peron-hablo-exterminar-guerrilleros_0_S18epAqRaYl.html.

428 Guillermo Martín Caviasca, "Los montoneros y el enfrentamiento con Perón", *Lucha Armada en Argentina*, n. 3, 2005. Disponível em: http://guillermocaviasca.blogspot.com/2012/01/los-montoneros-y-el-enfrentamiento-con.html.

Um dos representantes da JP exortou Perón a moderar sua retórica. O ERP era um resquício da ditadura, disse, uma "violência de baixo gerada pela violência de cima".[429] Perón discordou:

> Este movimento é dirigido lá da França, precisamente, de Paris, e a pessoa por trás dele atende pelo pseudônimo Posadas. O nome verdadeiro é italiano. Conheço esse "*naranjo*" [literalmente "laranjeira", gíria que significa fracassado]. Eu sei do que eles estão atrás, o que procuram. Então, nesse sentido eles não me enganam.[430]

O significado da denúncia ainda é motivo de debate. Será que ele estava mesmo mal-informado a ponto de acreditar que Posadas, que de fato chegou a morar em Paris ao longo dos anos 1970, tinha alguma influência sobre as ações do PRT-ERT? Ou será que ele simplesmente o confundiu com Moreno ou Santucho? O historiador do peronismo Guillermo Martin Caviasca acredita que ele sabia muito bem o que estava fazendo. "Obviamente [...] ele estava ciente da existência das diferentes Internacionais e, entre elas, da Quarta Internacional contemporânea à qual o ERP aderia. Certamente o espírito ideológico de sua formação nos anos 1930 e 1940 [implicava] que eles não passavam de braços da 'sinarquia'."[431] Perón, portanto, além de corroborar tacitamente a teoria da conspiração de que todos os marxistas faziam parte de uma única grande articulação, também estava deslocando estrategicamente a responsabilidade para uma figura externa e marginal que não contava com uma base social

---

[429] Ibid.

[430] Norberto Galasso, *Peron: exilio, resistencia, retorno y muerte: 1955-1974*. Buenos Aires: Colihue, 2005.

[431] Guillermo Martín Caviasca, "Los montoneros y el enfrentamiento con Perón", op. cit.

como a de Moreno ou Santucho que se mobilizaria logo em sua defesa transformando-o em um ícone à la Guevara.

A julgar pela reação confusa da imprensa, é capaz que a manobra tenha funcionado. A *Prensa Confidencial* estampou na sua capa a manchete: "A QUARTA INTERNACIONAL: QUEM É POSADAS?".[432] As matérias subsequentes se valeram da reputação do movimento entre os trotskistas rivais, descrevendo-o como uma seita irrelevante que se isolou nos anos 1960 para promover teorias conspiratórias e se dedicar a tentar entrar em contato com extraterrestres. As piadas agora se espalharam para a Argentina toda, tornando Posadas uma figura cultural pop pela primeira vez. O jornal *Militancia* publicou o que pode muito provavelmente ter sido o primeiro meme de Posadas, zombando da sua nova fama de bicho-papão esquerdista: um cartum retratando um pai tentando fazer com que seu filho engolisse uma colher de xarope para tosse, dizendo, "Se você não tomar o remédio eu vou chamar o Posadas!".[433] O *Voz Proletaria* passou a ser amplamente chamado de *Voz Planetaria*. A Juventude Peronista escreveu uma canção de luau que até hoje é cantada: "*Não são marcianos nem luzes de várias cores / São os posadistas em seus discos voadores!*"[434] O jornal uruguaio *Así* resumiu o clima de alívio cômico: "É lógico que as notícias não chegaram nem perto de impactar vastos setores políticos, mas tiveram a

---

432 "Quien es Posadas?" *Prensa Confidential*, 26 jan. 1974, capa e p. 13, *clipping* de Posadas Tendency Collection, MS1209/8/1, Senate House Archives.

433 "Tendencio", *Militancia*, 24 jan. 1974, p. 7, *clipping* da Posadas Tendency Collection, MS1209/8/1, Senate House Archives.

434 "*No son marcianos ni luces de colores / Son posadistas en platos voladores!*" Pablo Robledo, "200 Argentinos/Vida pasión y muerte (1810-2010)", *Revista Veintitrés*, 2010, republicado em Elizio Ramirez, "Entre las 200 personalidades más destacadas de Argentina". *Revista Conclusiones*, n. 25, nov. 2010, p. 35.

rara virtude de produzir uma gigantesca onda de piadas sobre a menção do líder [...], um tonto que serviu para quebrar nossa tensão política."[435]

O PO(T) divulgou um comunicado de imprensa negando qualquer envolvimento no ataque. O texto insistia que eles se diferenciavam do ERP "ilegal" de maneiras "organizacionais, políticas e programáticas", e apresentava sua própria teoria da conspiração de que a operação do Azul seria na verdade um complô da CIA visando promover os interesses do imperialismo.[436] Em um documento interno, Posadas se gabou de que a denúncia era mais uma evidência da sua importância: "Se eles estão preocupados com a gente, é porque exercemos uma enorme influência [...]. Não é à toa. É tremenda a nossa influência sobre [...] o movimento peronista." Quanto aos comentários depreciativos e as caricaturas debochadas que passaram a circular na mídia, para ele, tudo aquilo era "propaganda gratuita".[437]

Por mais engraçada que possa ter parecido para alguns a condenação mal informada de Perón, o sentimento hostil por trás dela já era uma indicação dos horrores que aguardavam a Juventude Peronista: "[Nós], infelizmente, temos que agir dentro da lei; se não já teríamos encerrado a questão em menos de uma semana."[438] Ele logo começou a substituir os integrantes

---

435 "Lo que se sabe y no se sabe de J. Posadas", *Así*, 8 fev. 1974, *clipping* da Posadas Tendency Collection, MS1209/8/1, Senate House Archives.

436 "Niegan que Posadas tenga que ver con la guerrilla", *La Opinión*, 29 jan. 1974, *clipping* de Posadas Tendency Collection, MS1209/8/1, Senate House Archives.

437 J. Posadas, "Sobre el [illegible]", 5 mai. 1974, Posadas Tendency Collection, MS1209/8/1, Senate House Archives.

438 "19 de enero de 1974: asalto al regimiento 10 de Azul por el ERP" [suplemento], *Estrella Roja* [revista do PRT-ERP], n. 29, 28 jan. 1974 prensa del PRT-ERP, 28 de enero de 1974. Disponibilizado online pelo

da JP presentes no governo por figuras da direita, dando mais poder às instituições (tanto as legais, quanto as extraoficiais) determinadas a destruir a esquerda.

As pessoas que estavam na lista suja começaram a receber ameaças anônimas orientando-as a sair do país. Pablo Fredes, um trabalhador posadista do setor dos transportes em Buenos Aires, foi um dos primeiros militantes sindicais a ser assassinado.[439] A filha de Posadas, Elvira – que já estava refugiada no Brasil com o marido Sidney Fix Marques dos Santos (Santi) e o filho Luigi –, pediu para se juntar a ele na Europa.[440] Mais uma vez ele os orientou a ficar. Além do seu trabalho na Argentina ser muito importante, argumentou o pai, não era digno para um militante fugir de medo. Ao que tudo indica, Elvira desobedeceu a ordem e partiu para a França com seu filho Luigi. Marques ficou para trás, preso no limbo burocrático ao tentar descolar um passaporte na embaixada brasileira. Em resposta à insubordinação, Posadas os expulsou do partido.[441]

Perón morreu subitamente de um ataque cardíaco no dia 1 de julho de 1974. Em pouco mais de um ano, ele havia reconfigurado radicalmente o equilíbrio político do país.[442] Sua jovem

---

Nota de Tapa, em: https://web.archive.org/web/20140328230009/http://elortiba.org/notapas10.html.

439 Ver "Argentina Today: A Reign of Terror", *Latin American Perspectives*, 1 jan. 1976, p. 167.

440 J. Posadas, "Critica a la cda. Susana", 28 nov. 1973, Posadas Tendency Collection, MS1209/7/1, p. 1, Senate House Archives.

441 J. Posadas, "Despedida a las cdas Sus y Lui", 11 dez. 1973, Posadas Tendency Collection, MS1209/7/1, Senate House Archives.

442 Nas palavras de Guillermo Martin Caviasca, "a aposta de Perón na ala direita de seu movimento não foi uma virada ideológica, nem expressão de uma suposta ideologia fascista, mas sim parte de sua tradicional política pendular. Perón morreu com o pêndulo voltado para a direita, e a burocracia política e sindical contou com um grau de le-

esposa, Isabel, uma dançarina de boate com pouco traquejo e ambição políticos, era a próxima na linha sucessória. Para muitos, ela evocava uma figura tão importante para o culto peronista quanto o próprio Juan: sua falecida esposa. Uma carismática antielitista de origem rural e humilde, Eva Perón era tão amada quanto seu marido Juan, o santo padroeiro da classe trabalhadora. Depois que ela morreu de câncer uterino em 1952, dezenas de milhares de pessoas foram visitar seu corpo, que ficou exposto publicamente como o de Lênin, com direito a boatos de que seria incorrupto de maneira sobrenatural. O espetáculo público ofuscou a crise econômica que levou à sua derrocada, e agora Rega tinha a esperança de que o cadáver pudesse ser reanimado para novamente ocultar as violentas contradições da economia política argentina.

Rega também tinha consciência de que Isabela não era nenhuma Evita, mas ele adotava um etos semelhante ao de Posadas: "Aquele que domina a mente é capaz de dominar qualquer coisa".[443] Ele mandou exumar o corpo, deitou Isabel logo ao lado do cadáver e ficou dias realizando "exercícios de transmissão de espírito".[444] Acreditando ter sido bem sucedido o ritual, Isabel aceitou a posição de vice-presidente. Na realidade, ela não era muito mais do que um fantoche de Rega, e logo entregou o país todo a ele e a seus cupinchas larápios no baronato.

Não demorou para que eles destruíssem a economia. A CGT convocou uma greve geral de 48 horas, que a direita usou de

---

gitimidade que ela jamais havia tido, assumindo-se herdeira do movimento peronista – título que ela conservou por muito tempo." "Los montoneros y el enfrentamiento con Perón", *Lucha Armada en Argentina*, n. 3, 2005. Acessado online: http://guillermocaviasca.blogspot.com/2012/01/los-montoneros-y-el-enfrentamiento-con.html.

443 Marcelo Larraquy, *López Rega: el peronismo y la Triple A*, op. cit., p. 114.

444 Ibid., p. 148.

pretexto para arrancar de vez o poder de Isabel em um golpe militar. Nos cinco anos seguintes, a Argentina se tornou o mais brutal teatro da Operação Condor, uma aliança de ditaduras militares anticomunistas no Chile, Uruguai, Brasil e Paraguai. Seu "processo de reorganização nacional" proibiu literatura marxista e prendeu e torturou dissidentes, acabando por assassinar cerca de 30 mil pessoas.

Uma delas foi o genro de Posadas. Em 15 de fevereiro de 1976, poucos dias antes do golpe da AAA, Santi foi sequestrado por dez agentes à paisana que apareceram na sua casa na Avenida Scalabrini Ortiz.[445] Depois de semanas sem nenhuma notícia do filho, seus pais pegaram um voo de São Paulo a Buenos Aires para procurá-lo. Posadas também se comprometeu a apoiar a busca, mas depois de um ano sem resultados, ele foi finalmente forçado a admitir que Santi estava morto.[446] "Se o mataram, foi porque ele se recusou a abrir a boca", imaginou Posadas. "Porque ele deu um endereço que não era o dele. Por isso eles o mataram, para fazê-lo abrir a boca. Quer dizer, foi uma morte digna."[447]

Santi foi mais um mártir do movimento, juntando-se ao panteão ao lado de Paulo Roberto Pinto, Francisco Amado Grana-

---

[445] Comissão de Familiares de Mortos e Desaparecidos Políticos, Instituto de Estudo da Violência do Estado - IEVE Grupo Tortura Nunca Mais- RJ e PE, *DOSSIÊ DOS MORTOS E DESAPARECIDOS POLÍTICOS A PARTIR DE 1964*, Recife: Companhia Editora de Pernambuco, 1995, p. 322.

[446] Como ocorreu com muitos dos trinta mil, foi só vários anos depois da queda da ditadura que sua família e entes queridos puderam confirmar que de fato ele havia sido assassinado em cativeiro. Seu corpo ainda não foi encontrado. Ibid.

[447] Posadas, J. "Sobre Sus. y Guill", 21 jan. Quatrième Internationale Posadiste Collection, ARCH01158, Carpeta 23, 5416/1 4591, p. 1, International Institute of Social History.

dos, David Aguilar Mora, Eunice Campiran, Olavo Hanssen,[448] Rui Osvaldo,[449] Néstor Rubén Antoñanzas Pérez,[450] José Luis Jiménez Calderón e Horacio Luis Blinder,[451] lembrados e homenageados a cada outono com as canções de Gardel, na voz do líder socialista determinado a acabar de uma vez por todas com os cruéis ciclos da história:

Tengo miedo del encuentro
con el pasado que vuelve
A enfrentarse con mi vida.
Tengo miedo de las noches
que pobladas de recuerdos
encadenan mi soñar.
Pero el viajero que huye
Tarde o temprano detiene su andar.
Y aunque el olvido que todo destruye,
Haya matado mi vieja ilusión
Guardo escondida una esperanza humilde
Que es toda la fortuna de mi corazón.[452]

---

448 Metalúrgico e militante posadista de São Paulo, torturado e morto pelo Estado brasileiro depois de ser forçado a ingerir inseticida em agosto de 1970. Ver: http://www.desaparecidospoliticos.org.br/pessoa.php?id=118&m=3.

449 Um jornalista brasileiro, nome partidário Marcos, preso e morto em São Paulo, em abril de 1972 pelo Estado brasileiro. Ver: http://www.desaparecidospoliticos.org.br/pessoa.php?id=183&m=3.

450 Ver: http://www.desaparecidos.org/arg/victimas/a/antonanzas/.

451 Blinder, de Córdoba, e Jimenez, da Bolívia, eram membros do PO(T) que vivam em Córdoba, na Argentina. Os dois foram presos e mortos pela polícia por distribuírem o jornal *Voz Proletaria* no bairro cordovês de Yofre. Seus corpos foram largados em uma praça pública. Ver: http://www.laopinion-rafaela.com.ar/opinion/2010/11/22/iob2206.php.

452 Gardel, "Volver".

13. O que existe não pode ser verdade

Em março de 1972, Adolfo Gilly foi libertado depois de seis anos encarcerado no panóptico conhecido em todo o México como "o palácio negro" – mas ele tinha aproveitado ao máximo seu tempo ali dentro.[453] Desde o início, seus camaradas promoveram campanhas de solidariedade que convenceram os carcereiros a deixar os presos políticos auto-organizarem o Bloco N como uma zona autônoma na qual os guardas raramente entravam. "Esvaziamos uma cela para usar como cozinha [...] juntávamos todos os recursos e materiais [...] TV, jornais [...] livros de fora; um prisioneiro conseguiu até trazer um piano – chegou arrastado por quatro guardas no corredor." Dentro do "Território Livre de Lecumberri" Gilly releu as obras de Hegel, Marx, Lênin e Trótski em ordem cronológica, estudou a história mexicana e até escreveu um livro *best seller* – *La revolución interrumpida* [A revolução interrompida] – hoje considerado o mais importante estudo sobre a história da revolução mexicana contada a partir de uma perspectiva de esquerda. "Claro, era injusto que eu estivesse preso ali", disse Gilly à *New Left Review*, "mas o regime era quase que um mosteiro. Era bom estar isolado de toda a turbulência da práxis política – ficar acompanhando como cada deputado votou, produzindo e distribuindo panfletos, e assim por diante." Depois de alguns anos reintegrado à Internacional Posadista, com seu

[453] "Editorial announcement", *Red Flag*, 2 mar. 1972, p. 1, disponibilizado pela Encyclopedia of Trotskyism Online: https://www.marxists.org/history/etol/newspape/red-flag-posadas/red_1972.pdf.

sectarismo cada vez mais aprofundado e sua insistência em sigilo, segurança e disciplina cega, ele desabafou: "Eu me sentia muito mais livre atrás das grades."[454]

A polícia o escoltou até o aeroporto Benito Juarez e o colocou em um avião para a França, onde foi recebido como um herói. Almeyra conta que sua chegada foi envolta de um sentimento de renovação de esperança para o movimento.[455] Apesar do agravamento da paranoia de Posadas, a Internacional havia se estabilizado na Europa e seu alcance era possivelmente maior do que nunca. Pequenas novas seções posadistas estavam pipocando no Equador, na Colômbia, na Venezuela, no Iêmen do Sul, na Alemanha e na Suíça, e o movimento ainda contava com correspondentes simpatizantes em países como Síria, Iugoslávia, China, Romênia, Japão, Madagascar, Somália, Líbia e Congo. Gilly tinha condições de oferecer alguma respeitabilidade ao movimento nessa modesta fase de expansão e, tendo ficado fora das controvérsias da Internacional nos últimos anos, talvez pudesse ainda neutralizar alguns dos piores instintos de seu líder.

Por ora, no entanto, Gilly obedeceu diligentemente. David Douglas conta que participou de uma escola de formação de quadros na Inglaterra em que Gilly estava lecionando. Depois de um longo dia de aulas, ele ficou transtornado de ver Douglas e seus camaradas abrindo umas cervejas para espairecer, chamando aquilo de "bebedeira lúmpen".[456] Mais tarde, naquela mesma noite, à medida que o grupo se preparava para ir dormir, Gilly ficou ainda mais possesso: "O que é isso?", teria perguntado Gilly, "Camaradas homens e mulheres, juntos? Dormindo no mesmo quarto? [...] Isto aqui não é um festival

---

454 Adolfo Gilly, "What Exists Cannot Be True", op. cit.

455 Guillermo Almeyra, *Militante crítico*, op. cit., p. 269.

456 David John Douglass, *The Wheel's Still in Spin*, op. cit., p. 261.

hippie, não dá para termos sexos misturados assim, todo mundo junto: é degeneração".[457]

Depois dessa experiência na escola de formação, o grupo de Douglas abandonou o movimento, trocando o ascetismo posadista pelas suas raízes boêmias. Mas, afinal, como foi que o intelecto selvagem de Gilly, que compartilhava essas raízes boêmias, se domesticou de maneira tão decisiva? A explicação mais simples é que ele passou por um processo de lavagem cerebral. Muitos ex-militantes contam que o que não dá para perceber só de ler as bizarras e repetitivas transcrições dos discursos de Posadas são os elementos hipnóticos de sua performance: a cadência dramática, o humor e a musicalidade. Esse efeito era intensificado pelas trocas individuais que Posadas realizava periodicamente com os militantes durante congressos ou escolas de formação de quadros, práticas que lembram as técnicas carismáticas das "auditorias" parapsicológicas de L. Ron Hubbard, a mistura de vendedor carismático e pregador do evangelho própria de um Jim Jones ou a confiança magnética de um Marshall Applewhite. Nas palavras de Leone:

> Os encontros com Posadas muitas vezes se tornavam sessões psicanalíticas [...] algo como um confessor, um pequeno padre [...]. Os militantes saíam com a sensação de que Posadas tinha tido uma incrível sacada sobre a vida deles. Ele os conhecia melhor do que eles próprios. Isso permitia que Posadas, nas sessões subsequentes, '[...] deformasse a interpretação' conforme seus interesses. Se um militante estivesse angustiado, era porque ele não estava se comprometendo suficientemente com a causa. Se estivesse feliz, era porque sua militância estava lhe trazendo alegria – e assim eram delegadas mais tarefas.[458]

---

457 Ibid., p. 262.

458 Piero Leone, "Circolo vizioso: La mia esperienza all'interno della

Mesmo quando Gilly e os outros intelectuais não estavam inteiramente enfeitiçados, nos primeiros anos da Internacional havia ao menos certo método na loucura. A estranheza de Posadas era mais do que compensada pela sua intuição de classe, sua capacidade motivacional, incansável atividade de organização e a forma pela qual ele absorvia as posições de seus intelectuais. O que começou a incomodar muitos do círculo interno, especialmente Almeyra, era o "atalho teórico" de Posadas querer interpretar qualquer desdobramento político ou mudança brusca na conjuntura como prova de uma aceleração rumo ao socialismo que ele prometia estar ocorrendo. Um exemplo extremo disso foi a sua análise do que ocorreu em 1973 no interior da junta militar na Grécia. O exército havia matado dezenas de estudantes para reprimir uma revolta na Politécnica de Atenas, mas alguns setores da junta achavam que a resposta tinha sido muito branda e muito lenta. De alguma forma, contrariando a opinião de seus camaradas gregos, Posadas conseguiu interpretar a ascensão subsequente de generais mais bárbaros como um desenvolvimento potencialmente revolucionário:

> A reação fraca da junta na Politécnica indica que eles querem apoiar os alunos. Há uma luta interna na junta militar, mas ela ainda não produziu [...] uma decisão final, ou o poder absoluto do setor que quer desenvolver a economia às custas da aliança com o rei, com os latifundiários, com a igreja e com o imperialismo.[459]

Quarta Internazionale posadista con un modesto tentativo di analisi socio-politica", op. cit.

459 J. Posadas, "Sobre Grecia" [circular], 16 apr. 1973, Quatrième Internationale Posadiste Collection, ARCH01158, Carpeta 15, p. 3, International Institute of Social History.

Posadas sempre buscou se alinhar a figuras poderosas, mas querer sentar-se ao lado de figuras verdadeiramente odiosas como os integrantes da junta fascista grega era inaceitavelmente ingênuo. No que Almeyra descreve como outra "fase do delírio",[460] Posadas o enviou à Líbia para se encontrar com Muammar al-Gadaffi, e à Síria para apoiar o baathismo – o nacional-populismo árabe –, que Posadas apoiava sem fazer a distinção entre suas tendências socialistas e os autoritários de direita que haviam assumido o poder, como Hafez al Assad, na Síria, ou Saddam Hussein, no Iraque.

Até mesmo no golpe contra Allende no Chile ele conseguiu ver um sinal positivo. Posadas acreditava que a brutalidade sem sentido com a qual o general Augusto Pinochet derrubou um governo democraticamente eleito inspiraria uma revolução global que ajudaria a ensejar a Internacional Comunista das Massas.[461] A imprensa posadista soltou uma convocatória para que todos os Estados operários, partidos trabalhistas e sindicatos realizassem uma conferência mundial e formassem brigadas internacionais para ajudar a luta de resistência contra a junta militar chilena.[462] Almeyra sabia que aquilo era um gesto vazio. A maré tinha virado violentamente contra a esquerda em toda a América Latina, e, para piorar, Posadas era incapaz de ajustar seu pensamento a essa realidade. "Definir o acontecimento

---

460 "Marcelo Massarino, "Viaje al interior del posadismo", *Sudestada*, 2009. Disponível em: http://factorelblog.com/2018/04/08/posadismo-interior/.

461 J. Posadas, "Les Etats ouvriers doivent intervenir avec toutes leurs forces pour arrêter le massacre, réorganiser et ranimer la lutte pour le socialisme au Chili", *Lutte Ouvrier*, 2 nov. 1973, p. 2, http://quatrieme-internationale-posadiste.org/publications_pdf/1973.pdf.

462 International Secretariat, "RESOLUTION DU SECRETARIAT INTERNATIONAL SUR LE CHILI", Lutte Ouvrier, 18 out. 1973, p. 3, http://quatrieme-internationale-posadiste.org/publications_pdf/1973.pdf.

como uma derrota era equivalente a desejar isso", escreveu Leone, "e, portanto, significava juntar forças com o inimigo."[463]

Junto com certeza cada vez maior de que a revolução mundial estava próxima, e de que ele era um dos pensadores-chave conduzindo esse processo histórico, Posadas ficou cada vez mais paranoico pensando que os agentes do imperialismo estavam tramando contra ele. Em um discurso que fez para seu círculo interno sobre o assassinato de Trótski, Posadas culpou Joseph Hansen, o secretário de Trótski, por ter permitido a infiltração do complexo. "Há características semelhantes nas nossas preocupações atuais", ele disse, dando a entender que alguns membros de seu próprio grupo podiam ser tão incompetentes quanto, se não agentes infiltrados.[464]

A sangria interna começou no Nono Congresso Mundial em 1973. Ele ocorreu no cenário surreal, um castelo gótico abandonado no interior francês, cedido por um amigo jornalista de Sendic, já na expectativa de que o congresso passasse despercebido pelas autoridades. Os militantes ainda foram orientados a tomar precauções extras, tais como evitar o vilarejo ao lado e só entrarem no castelo à noite e em pequenos grupos. Como o castelo estava abandonado desde a guerra e sequer tinha luz elétrica, os primeiros dias do congresso foram gastos varrendo as dependências e arrancando teias de aranha e colmeias à luz de velas e tochas. Durante a faxina, eles se depararam com relíquias de seus últimos ocupantes: soldados alemães. Paul Shulz

463 Piero Leone, "Circolo vizioso: La mia esperienza all'interno della Quarta Internazionale posadista con un modesto tentativo di analisi socio-politica", op. cit.

464 J. Posadas, "La Vida en la Casa de Trotsky ejemplo a nuestra vida" [circular], 9 out. 1972. Quatrième Internationale Posadiste Collection, ARCH01158, Carpeta 13, 2762 1993, p. 4, International Institute of Social History.

traduziu uma de suas cartas, que explicava como eles haviam recuado depressa depois de sofrerem uma emboscada armada por *partisans* locais.

Terminada a limpeza, os militantes celebraram com seu tradicional campeonato de futebol. Os gritos da torcida ecoaram pelo vale em ao menos seis línguas diferentes, chamando a atenção dos moradores do vilarejo vizinho. Quando a polícia chegou, a escritora Nicole Guardiola, da seção francesa, e o ator Jordi Dauder, da seção espanhola, improvisaram uma história de que eles estavam preparando uma série televisiva que se passava no castelo e contava com um elenco europeu diversificado.

Apesar de os policiais terem comprado a história, Posadas ficou profundamente abalado. "Boa parte dos posadistas não italianos que estavam morando na Itália naquele tempo tinha fugido de seus países de origem e tinham passaportes/documentos de identidade falsos", escreveu Dondero. "Alguns já tinham inclusive recebido sentenças de prisão".[465] A tensão fez com que a paranoia de Posadas finalmente explodisse. "Está se desenvolvendo, em toda a Internacional, um processo de crise", ele anunciou. A culpa ficou na conta dos "quadros mais veteranos, sobretudo. Esses quadros que não se desenvolveram em termos de disciplina, de confiança, não entendem o sentido da disciplina".[466] O primeiro alvo foi Gabriel Labat (Diego), um arquiteto uruguaio que morava em Paris. Veterano do BLA, ele era um sujeito alto, bem-vestido, gentil e atencioso, que estava sempre sorridente e era unanimemente amado dentro do movimento. Marijo Leone narra o incidente:

---

[465] Luciano Dondero, entrevista ao *Leftist Trainspotters*.

[466] J. Posadas, "Sobre el funcionamiento de Mi" [circular], 2 jul. 1973, Quatrième Internationale Posadiste Collection, ARCH01158, Carpeta 14, p. 8-9., International Institute of Social History.

> O chefe o acusou de não saber algo muito sério, algo que o tornava inapto para a causa. Conto essa história para sublinhar o horror que eram essas reuniões. Repito: eu não sabia que Diego tinha caído em desgraça e suponho que muitos camaradas também sequer tinham ideia. Estávamos em aproximadamente quarenta pessoas. E como era meio que obrigatório participar, tomamos a palavra, um depois do outro, para dizer ao pobre Diego que seu comportamento havia deixado a desejar e que ele precisava ser corrigido.

Por mais que Marijo soubesse que Labat estava sendo usado arbitrariamente de bode expiatório e que qualquer um deles ali poderia muito bem acabar naquele mesmo lugar no próximo ritual sádico à luz de velas, ela encontrou um jeito de se sentir mais segura ao tomar parte naquilo:

> Quando via alguém que eu considerava ser muito superior a mim, do ponto de vista da militância, cair em desgraça, sentia certo espanto e, perversamente, um certo gozo. O que era esse sentimento sombrio? Era porque aquilo aplacava nosso sentimento de culpa por não ser grandes militantes ou de dúvidas sobre a seita e a vida que levamos.[467]

Terminada a sessão, Labat confessou a Almeyra que se não fosse a falta de calçados adequados para enfrentar a caminhada pela lama, ele sairia imediatamente até a estrada para pegar uma carona de volta para casa. Almeyra lhe deu suas botas e as trocou por um velho par de calçados da Wehrmacht.

Labat foi embora do castelo naquela noite para encontrar sua parceira Magda. Há muito tempo separada dele por conta do de-

---

[467] Piero Leone, "Circolo vizioso: La mia esperienza all'interno della Quarta Internazionale posadista con un modesto tentativo di analisi socio-politica", op. cit.

creto de Posadas, ela havia sido recentemente expulsa do movimento por ter ido a Paris, desobedecendo a orientação de ficar no Uruguai.[468] "Só ele saberá quanto sofreu naquele dia", escreveu Marijo. "Só posso esperar que ele ali tenha se dado conta do quão louco Posadas era e do quão maldoso ele podia ser, e de como nós podemos acabar sendo igualmente loucos e maldosos."[469]

Aquele congresso grotesco inspirou muitos dos seus participantes a começar a falar, em privado, sobre o clima cada vez mais sombrio do movimento. Almeyra passou a soltar algumas críticas nas escolas de formação, codificadas na forma de perguntas sutis sobre as conclusões de Posadas quando comparadas a citações do cânone marxista. Em Gênova, um militante chamado Nicola Caiazza captou as mensagens sutis e foi até Almeyra depois de uma conferência, para perguntar se o dirigente deles tinha ficado "gagá".[470]

Fingir concordar com os Posadas já era suficientemente difícil, mas Almeyra e sua esposa Ana Teresa estavam separados havia anos por conta disso. Eventualmente sua *compañera* ficou de saco cheio e comprou uma passagem para a Itália. "Quando Anaté decidiu juntar seu dinheirinho e vir me encontrar, recusando a se submeter a uma disciplina irracional, aquilo não só a libertou da chantagem [...] como também me deu força e confiança para tomar as minhas próprias decisões."[471] À medida que ela atravessava o Atlântico, Almeyra começou a redigir uma crítica de vinte páginas ao que a Internacional havia se tornado. Quando ele entrou para o movimento, tratava-se de um

---

[468] Guillermo Almeyra, *Militante crítico*, op. cit., p. 268.

[469] Citado em Piero Leone, "Circolo vizioso: La mia esperienza all'interno della Quarta Internazionale posadista con un modesto tentativo di analisi socio-politica", op. cit.

[470] Guillermo Almeyra, *Militante critico*, op. cit., p. 270.

[471] Guillermo Almeyra, *Militante critico*, op. cit. p. 272.

"grupo democrático de pares, composto de pessoas brilhantes e valorosas." Agora havia se tornado um culto retrógrado, propagando "posições absurdas e ridículas [...] resultado da ignorância de Posadas e de seus muitos jovens 'posadistas', e da nossa negligência de debater e erradicar as barbaridades a tempo, como a questão dos discos voadores, por exemplo."[472]

Ele e Anaté se reencontraram no porto de Gênova e pegaram um trem para Roma. Em uma pizzaria turística no centro da cidade, onde sabiam que não seriam vistos, ele lhe mostrou o texto. Ela topou ajudar a completá-lo, sabendo que aquilo seria tratado como uma heresia e já preparada para o pior. Eles encontraram um lugar para ficar, na casa da cunhada de um colega de trabalho, e lá editaram o documento até ele ficar pronto para ser divulgado.[473]

Alguns dias depois, Leone pediu para se encontrar com Almeyra no Panteão romano. Ele ficou "branco feito uma folha de papel, tremendo", conta Almeyra, quando recebeu a notícia da expulsão deles. Quando terminou, Almeyra perguntou o que ele achou da crítica. Leone admitiu que não tinha lido. Provavelmente poucos, se é que alguém, o leram antes de o documento ser destruído. Almeyra lhe implorou para esquecer todas as aulas de centralismo e monolitismo que ele havia tido dentro do movimento e, a não ser que quisesse ser "porta voz de uma aberração", que deixasse de fazer parte de uma organização política que não permitia sequer o direito de fazer uma crítica ou de se defender.[474]

Um ano depois, Almeyra e Ana Teresa deram à luz o primeiro filho do casal em uma clínica gratuita para refugiados latino-americanos em Roma. Na sala de espera, Guillermo viu

---

472 Ibid., p. 273.

473 Ibid.

474 Ibid.

seu camarada mais antigo. Gilly timidamente o cumprimentou em nome do partido, lhe entregou seu telefone e disse, quase cochichando: "Não diga a ele que você me viu aqui".[475]

Ele depois contou, ao telefone, o caos que se desenrolou logo depois da expulsão de Almeyra. Certa noite, um camarada argentino que estava ficando na Villa de Posadas acordou e reparou que sua esposa não estava na cama ao seu lado. Sua busca pela casa o levou enfim à suíte master; ele acendeu a luz e a encontrou fazendo sexo oral em Posadas. Os berros do jovem camarada acordaram todo o círculo interno, que se reuniu na cozinha para discutir sobre o ocorrido.[476]

Era evidente que Posadas havia quebrado seu próprio código moral, mas nas semanas que se seguiram ele tentou se esquivar de seu crime acusando seu círculo interno de cometer a mesma promiscuidade. Começava com seu motorista, um sujeito de Florença que transportava militantes vendados de Roma até a Villa. Um dia ele foi expulso sem explicação alguma. Depois Posadas começou a fazer críticas vagas a Sierra. Leone imaginou que Posadas estivesse acusando-a de infidelidade, mas não ficou claro se ele estava falando literalmente ou apenas em sentido metafórico. Ele conta que ela respondeu na forma de "uma atitude quase autista: ficava em silêncio, comia pouco, não admitia a culpa, mas também não se defendia contra as acusações."[477]

Dizendo aos seus militantes que ele se recusava a ser corno, ele mandou Sierra ir morar na seção alemã.[478] Seu discurso de "despedida" para ela foi tão vago quanto as acusações e frio de

---

475 Ibid. p. 284.

476 Héctor Menéndez, entrevista concedida ao autor.

477 Piero Leone, "Circolo vizioso: La mia esperienza all'interno della Quarta Internazionale posadista con un modesto tentativo di analisi socio-politica", op. cit.

478 Ibid.

maneira perturbadora, assim como todas as suas raras menções a ela nos documentos internos do movimento. Suas contribuições ao movimento nunca foram sequer reconhecidas, nem as políticas nem as domésticas – ela era apenas uma "função da história" que aparentemente já não era mais útil.[479]

Ao enxotar a sua esposa, Posadas começou a se interessar por uma jovem militante argentina chamada Ines. Ele acusou seu marido, Marcos, de indisciplina e o mandou embora, deixando Ines na Villa com ele, fazendo tudo o que Sierra fazia antes: "esfregar as costas dele depois das partidas de futebol, preparar o mate e por aí vai", conta Leone.

Logo, Posadas começou a fazer contra Ines as mesmas críticas vagas que ele havia feito contra Sierra e, nas últimas semanas de 1974, exatamente um ano depois daqueles discursos obsessivos sobre impropriedades sexuais, começou a expulsar um a um os membros de seu círculo interno. Durante esse processo, ele finalmente deixou claras as suas acusações. Ele acreditava que Sierra e Ines estavam "dando pra mais ou menos todos os homens [que tinham sido expulsos]", escreveu Leone. Posadas tinha certeza de que isso estava ocorrendo porque do seu quarto ele escutava o barulho inconfundível da cama chacoalhando.[480]

Primeiro foi Dante Minazzoli, depois todo o resto da velha trupe: Gilly, Di Franco, Dauder e os demais. Leone mergulhou em um período de crise mental, condicionado a acreditar em tudo que Posadas dizia, sabendo que nada daquilo era verdade. Ele se encontrou secretamente com Minazzoli que, aos prantos, lhe

---

479 J. Posadas, "S/la actitud de Sierra", 16 ago. 1974, Quatrième Internationale Posadiste Collection, ARCH01158, Carpeta 13, 4249 3258, International Institute of Social History. Piero Leone, "Circolo vizioso: La mia esperienza all'interno della Quarta Internazionale posadista con un modesto tentativo di analisi socio-politica", op. cit.

480 Ibid.

confessou que estava cogitando se atirar no Tibre. Minazzoli lhe implorou para sair do grupo. "Se aceitarmos esta loucura", disse a ele, "significa que paramos de pensar." Leone testemunhou outro terrível episódio envolvendo Di Franco. Como ele não tinha mais para onde ir depois de ser expulso, Alicia Fajardo o deixou permanecer na Comuna romana. Posadas ficou violentamente possesso quando o viu ali e enxotou a cadeiradas seu antigo camarada e secretário de longa data, para nunca mais voltar.[481]

Nas semanas que se seguiram, Leone assistiu a Posadas substituir sua corte por um grupo totalmente novo, composto majoritariamente de jovens europeus. As motivações dessa turma para entrar no movimento eram muito diferentes das da juventude intelectual radicalizada da geração de Leone, que se interessava por ação e organização revolucionárias; esses jovens, conta ele, estavam "procurando muito mais uma figura paterna confiável do que propriamente atividade política". Mesmo ciente de que Posadas era um louco, Leone permaneceu com o grupo e ocupou sua mente com as tarefas do partido. Ele leu um livro sobre materialismo dialético e o ofereceu a Posadas, na esperança de que a leitura também o ajudasse a distrair a cabeça. Quando Posadas visitou a casa dos Leone pouco depois, Piero perguntou o que ele tinha achado do livro. "Mas ele não estava nem aí para o livro", conta, "porque no fundo ele nunca deu bola pra nenhum livro". Finalmente se permitindo sentir raiva, ele ficou fora de si. Marijo se lembra do que aconteceu em seguida: "Por alguns momentos, talvez só segundos, embora parecessem horas, toda a respiração cessou" e ele finalmente descarregou suas palavras contra Posadas:

> Você sempre defendeu que seu maior mérito histórico foi ter criado uma equipe de liderança capaz de assumir as tarefas exigidas

[481] Ibid.

> pela revolução. Ao mesmo tempo, é preciso dizer que se as suas acusações contra os principais membros deste grupo forem mesmo verdadeiras, você no fundo não criou equipe nenhuma, mas sim um bordel [...]. Isso significa que ou você fracassou redondamente, ou então é preciso reconhecer agora que a equipe que você construiu era válida. Eu não sei por que, mas você deve ter algum buraco na cabeça.[482]

Posadas xingou Leone e rapidamente caiu fora da casa, mandando Marijo, que ainda estava neutra, acompanhá-lo até sua Villa. Naquela noite ele denunciou Piero à sua nova equipe e convidou Marijo a fazer o mesmo. Desta vez, ela se recusou. Os dois foram expulsos do Bureau Político, mas Piero ainda não estava pronto para sair. Ele implorou para continuar, oferecendo-se para distribuir o jornal a fim de provar seu valor. Depois de uma primeira rodada patética de entregas, ele percebeu que aquilo era o fim e concordou em sair. Em um discurso de despedida a Leone, Posadas disse sarcasticamente que ele lamentava perder o militante de longa data e fundador da seção italiana, mas tinha certeza de que eles encontrariam outro *office boy*.[483]

Em outro discurso ao novo SI no dia 3 de agosto de 1974, Posadas anunciou sua parceria com Ines em um longo discurso. Naquele mesmo ano, ela tinha "reconhecido suas falhas (os diversos adultérios) e graças a isso tinha sido perdoada", conta Leone.[484] Em uma tentativa de se "reconstruir" depois dos seus crimes, os dois tinham "se unido". Ele só reconheceu essa hipocrisia em termos puramente políticos:

482 Ibid.

483 Ibid.

484 Ibid.

> A necessidade de ter uma *compañera* não é um problema sexual. Para isso eu não preciso de uma *compañera*. Eu me viro. Mas preciso para elevar o afeto vital e o poder, para ter um método de elevar a vida afetiva. Agora, para isso, eu encontrei uma *compañera* [...] para construir e desenvolver sentimentos, percepção e resolução de afeições de modo a permitir que ela se construa como uma militante e dirigente; e para ajudar a promover a minha capacidade de desenvolver sentimentos de consciência, minha capacidade de organização.[485]

Alguns meses depois do anúncio, uma nova tarefa, e uma nova etapa da Internacional se anunciou sem que Posadas precisasse dizer uma única palavra: Ines estava grávida.

---

[485] J. Posadas circular, "Declaración cda. M. sobre unión con I., las tareas de la Int. y el funcionamiento de la dirección", 8 March 1974, Quatrième Internationale Posadiste Collection, ARCH01158, Carpeta 18, 4234 3242, p. 1, International Institute of Social History.

14. A chegada da camarada Homerita à casa

O Décimo Congresso Mundial em 1975 era a primeira chance de Posadas se dirigir ao seu movimento sem o peso do olhar crítico de sua velha equipe. Foi o congresso com o menor número de presentes de todos os tempos, quase todos eles novos recrutas, jovens e inexperientes. Mas Posadas se dirigiu a eles como se estivesse falando às massas. Ao longo de diversas horas de discurso, ele apresentou a história do trotskismo, seus fracassos no período pós-guerra e sua tarefa de criar "um reencontro histórico" do bolchevismo com o movimento comunista.

Vivemos em um mundo degenerado, ele afirmou, erguido em cima de instituições e ideologias corruptas que geram uma infinidade de desarmonias e separações: classe, nação, espécie, sujeito e objeto. Os bolcheviques e a Quarta Internacional de Trótski chegaram antes de seu tempo, e assim suas previsões da revolução mundial a ocorrer depois da Primeira e da Segunda Guerra só estavam parcialmente corretas – o que produziu o socialismo parcial dos Estados operários burocráticos. A atual etapa da história era, portanto, uma etapa de "regeneração parcial", na qual emerge a Internacional Comunista das Massas à medida que seus dirigentes chegam a um entendimento do futuro socialista de unidade total, e como chegar lá – um processo no qual a influência de Posadas permanecia crucial:

> A degeneração na URSS levou à degeneração no uso do marxismo – a própria fonte de poder do Estado Operário! Como os partidos comunistas não têm condições de retornarem sozinhos

> ao marxismo, a nossa tarefa é indispensável. É por isso que nós nos denominamos trotskistas-posadistas e não apenas trotskistas: nós ajudamos as camadas a se regenerar e adquirimos as bases e a experiência intelectuais para a Regeneração Consciente.[486]

As massas já haviam recebido uma consciência socialista *parcial* dos Estados Operários, mas só a guerra nuclear, ao reduzir a pó as estruturas do velho mundo, tinha condições de limpar o caminho para uma "Regeneração Completa". Assim, o objetivo do movimento passava a ser demonstrar, como um "um bem público à humanidade", exatamente como a sociedade deveria ser reconstruída a partir de um fundamento socialista. O mundo, dizia Posadas, era como um bebê ainda nas suas "fraldas históricas", e ele era seu professor.[487]

À medida que continuaram a publicar seu jornal e enviá-lo aos dirigentes dos Estados operários, o movimento se tornou, como tantas outras seitas revolucionárias e novos movimentos religiosos dos anos 1970, um experimento vivo de comunismo no microcosmo da sua Villa. Eliminou-se quase completamente a orientação direta para a luta de classes, e o recrutamento de novos quadros ficou em segundo plano para que fosse priorizada a lapidação dos militantes existentes a fim de transmitir a verdade marxista de Posadas aos altos escalões do poder. "O pequeno núcleo de pessoas que constituímos possui possibilidades imensas", dizia Posadas. "Se tivéssemos optado por seguir reproduzindo

---

486 1. J. Posadas, "The World Revolutionary Process and the Course of the Partial Regeneration in the Workers State", Quatrieme Internationale Posadiste, 19 jul. 1975, https://quatrieme-internationale-posadiste.org/textes_pdf/EN/the-world-revolutionary-process-and-the-course-of-the-partial-regeneration-in-the-workers-states.pdf, p. 8.

487 J. Posadas, "El sexo, la conciencia y el marxismo", 4 ago. 1974. Posadas Tendency collection, MS1209/8/2, 218, p. 1, Senate House Archives.

um ou outro ensinamento de Trótski, talvez teríamos crescido em número e adquirido uma certa massa de seguidores. E aí seríamos mais um 'grupo de esquerda'. Não foi isso que escolhemos fazer."[488]

Não era apenas a premissa leninista de estabelecer um partido revolucionário de vanguarda que Posadas agora rejeitava, mas também um conceito fundamental do marxismo: "O modo de produção da vida material condiciona o processo de vida social, política e intelectual", escreveu Marx. "Não é a consciência dos homens que determina o seu ser; ao contrário, é o seu ser social que determina sua consciência."[489] Leone resume da seguinte forma a inversão: "Em uma situação na qual o peso organizacional da Quarta Internacional Posadista é infinitamente pequeno, mas sua (presumida) influência política é enorme [...] a tarefa da IV Internacional Posadista torna-se, portanto, o desenvolvimento da consciência comunista e a organização de uma vida baseada nessa consciência".[490]

Boa parte dos integrantes dessa nova composição continua leal à tradição clandestina do posadismo, e nenhum deles topou ser entrevistado para este livro. Pouco se sabe sobre eles ou sobre a vida cotidiana do movimento, com exceção de algumas poucas histórias escritas sob seus pseudônimos partidários em documentos internos da organização. O novo secretário era um italiano chamado Federico, depois tinha um certo Nic., da

---

488 J. Posadas, "The Global Revolutionary Process and the Function of the Trotskyist-Posadist IV International", Quatrieme Internationale Posadiste, 26 jul. 1975, http://quatrieme-internationale-posadiste.org/textes_pdf/EN/the-global-revolutionary-process-and-the-function-ofthe-trotskyist-posadist-iv-international.pdf.

489 Karl Marx, *Contribuição à crítica da economia política*, trad. Florestan Fernandes. São Paulo: Expressão Popular, 2008, p. 47.

490 Piero Leone, "Circolo vizioso: La mia esperienza all'interno della Quarta Internazionale posadista con un modesto tentativo di analisi socio-politica", op. cit.

Polônia, Giorgio, Medor, Pan., Adri., e a nova *compañera* de Posadas, Ines, que frequentou o Congresso com o mais novo e mais importante recruta ainda *in utero*.

J. Posadas. Publicado no Fortean Times, agosto de 2003.

Com a data prevista para o parto chegando, Posadas preparou seu time para tratar a chegada do bebê naquele verão como uma tarefa central do movimento. Desenvolver um método para educar militantes desde a "mais tenra idade" tinha sido uma das grandes ambições de Posadas desde o nascimento de sua filha, mas ele alegava que Sierra barrava seus experimentos pedagógicos. Sua melhor tentativa foi com o neto Luigi em 1963. Com um mês de idade, o recém-nascido ouviu o avô repetir "Vietnã... Vietnã... Vietnã..." por semanas a fio – um experimento que Posadas alegava ter ajudado o pequeno Luigi a começar a falar aos seis meses de idade, menos da metade da idade típica.[491] Luigi Leone, filho de Piero e de Marijo, lembra de ser instruído a desenhar cenas da Guerra do Vietnã, marcando os bombardeiros estadunidenses como "mau" e a aeronave fornecida pelos soviéticos de "bom". A foice e o martelo nos aviões, Piero dizia ao filho, "logo, logo, seria completada pelo algarismo '4' da Quarta Internacional".[492] A expectativa era que crianças como Luigi fossem sempre militantes plenos da organização, participando o máximo possível das reuniões e manifestações. Posadas acreditava que os jovens, na sua inocência, eram mais conscientes da forma como o mundo estava mudando. "Vocês não veem cada vez mais meninos passando nas manifestações, crianças de um ano em carrinhos de bebê?", ele perguntou no congresso. "A humanidade está se desvencilhando de um dos fatores essenciais que costumavam perturbar e segurar seu engajamento político: a criação de filhos. Hoje,

---

491 J. Posadas, "On Revolutionary Morals and the Proletariat", *European Marxist Review*, n. 2, mar. 1967, p. 65, citado em Gus Fagan, "Posadism: a report on an autopsy", op. cit.

492 Piero Leone, "Circolo vizioso: La mia esperienza all'interno della Quarta Internazionale posadista con un modesto tentativo di analisi socio-politica", op. cit.

uma criança se incorpora à luta. Mesmo antes de seu nascimento ela já participa da necessidade de mudar a sociedade."[493]

Quando Ines entrou em trabalho de parto, as reuniões do movimento passaram a acontecer na própria maternidade, e a equipe hospitalar teve inclusive que pedir para que eles pegassem leve "na cantoria e na falação" por conta dos demais pacientes. A expectativa em torno do bebê demonstrava um espírito rejuvenescido no movimento, a marcar oficialmente o fim do período sombrio dos expurgos. Camaradas do mundo todo ligavam para saber notícias. Susana e Luigi vieram da França para uma visita. No dia 20 de agosto, Ines deu à luz uma menina, Homerita.[494]

No dia seguinte, Ines e Homerita foram recebidas na Villa com um discurso de boas-vindas de Posadas. O nascimento significava o renascimento da Internacional inteira em torno da causa comum de preparar a aparente herdeira. "Eu acredito que esta será uma boa experiência, juntando a tarefa de educar uma criança conforme a concepção comunista, educar também a mãe [...] e todos os outros camaradas atrasados."[495]

Durante os primeiros anos de vida de Homerita, boa parte dos escritos e da atividade de Posadas refletiam essa infantilização de seu novo círculo interno. Ele não raro lhes dava aulas de nível primário sobre história mundial, ciência, escultura, pintura, arquitetura e música. Um dos focos particularmente obsessivos girava em torno das obras de Michelangelo, Mozart e Beethoven. A harmonia identificada nas obras-primas desses artistas demonstrava uma progressão da humanidade, do homem sim-

---

493 Ibid.

494 Homerita era o apelido usado nos documentos internos. O nome real será preservado em respeito à sua privacidade.

495 J. Posadas, "Llegada a la casa de la camarada In. y Homerita", 21 ago. 1975, Posadas Tendency collection, MS1209/9/1, p. 308, Senate House Library.

ples até um estado ideal, com suas mínimas impressões ou ruínas revelando o quão longe a história ainda teria que ir.

Outras lições eram passadas no decorrer de "atividades de equipe", geralmente viagens de campo a sítios arqueológicos e museus em Roma. Uma dessas foi para o Bioparque de Roma, onde Posadas estimulou seus seguidores a considerar a "semelhança" deles com os leões, ursos, macacos e elefantes – animais inteligentes com os quais compartilhamos "uma raiz comum". Em vez de se sentirem "acima" daqueles seres, eles foram convidados a entender o "estágio de desenvolvimento" mais baixo daqueles animais como análogas às suas próprias falhas pessoais, ou à insuficiência do socialismo dos Estados operários. No futuro, não só a humanidade deixaria de possuir e matar animais, como "os próprios animais selvagens deixarão de ser selvagens". O socialismo irá "ganhar os animais" ao domá-los. Aqueles que não puderem ser domados podem acabar forçados à extinção, disse Posadas, "mas novas espécies surgirão".

Um ponto muito enfatizado durante essas aulas era a importância da era espacial. Adentrar o cosmo representava um ponto de virada crucial no qual a humanidade começava a entender a finitude da Terra a partir de uma perspectiva objetiva de um cosmo vasto, porém navegável. Posadas acreditava que isso havia produzido um choque ontológico que subemeteria o "egoísmo" essencial à lógica de propriedade privada, individualismo, classe, nacionalismo e todas as separações produzidas pelo capitalismo.[496] Era o começo de uma era de comunhão inimaginável entre humanos de todas as idades com animais, plantas, extraterrestres, objetos inanimados e o espaço no qual

[496] J. Posadas, "The relationship with the animals and socialism", Quatrieme Internationale Posadiste, 6 abr. 1978, https://quatrieme-internationale-posadiste.org/pdf_texte/EN/Relation-Animals.pdf.

todos nós vivemos – uma era muitas vezes resumida no bordão "unidade com a natureza e o cosmo."

Um dos símbolos centrais dessa unidade passou a ser o golfinho. Embora o tema seja hoje notório nas representações do posadismo, Posadas só o adotou em seu último ano de vida, depois de tomar conhecimento dos experimentos *new age* do parteiro russo Igor Charkóvski. Integrante do movimento "Parto Natural" na União Soviética, Charkóvski acreditava que as crianças que nascessem debaixo d'água desenvolviam habilidades físicas e mentais vastamente superiores às das crianças nascidas em ambiente hospitalar. Alguns desses experimentos conduzidos no Mar Negro aparentemente atraíram golfinhos selvagens, que, pelo que se diz, teriam demonstrado uma habilidade natural como parteiros por meio de uma "conexão telepática" entre mamíferos marítimos e terrestres. Além disso, ele afirmou que se uma quantidade suficiente de bebês nascesse dessa forma, a humanidade se tornaria "uma raça nova", evoluída a um patamar que a permitiria impedir que a humanidade se destruísse em uma guerra nuclear.[497]

Posadas abraçou completamente esse esquema extravagante. Em um artigo "A Baby is Born in the Water" [Um bebê nasce dentro d'água] escrito em 1980 e publicado postumamente pelo jornal da seção belga em 1984, ele descreveu o método de Charkóvski com entusiasmo: "A mãe e a parteira dão à luz na água. Ambas se encontram em uma piscina. O bebê que acabou de nascer permanece três minutos dentro d'água. Ele sai em ótima condição, a mãe também. E o bebê sorri."[498] À medida que a criança cresce, começam a surgir poderes super-humanos:

---

[497] Ekaterina Belooussova, "The 'Natural Childbirth' Movement in Russia: Self Representation Strategies", *Anthropology of East Europe Review*, v. 20, n.1, 2002, p. 14.

[498] J. Posadas, "Faire Naitre un Enfant San L'eau", *Lutte Ouvrier*, 10

> Os cientistas dão o exemplo de um bebê que eles colocaram para nadar desde o nascimento e que aos sete anos de idade já estava andando perfeitamente. [...] O bebê tende naturalmente a agitar seus bracinhos, a não se afogar e tem bem mais capacidade de suportar a falta de ar do que os adultos, pois seu sistema respiratório ainda está organizado em função da água. Poderíamos estar estudando isso há muito tempo. Mas não interessa ao capitalismo.[499]

Embora os experimentos de Charkóvski não tivessem sido devidamente validados, Posadas acreditava que eles tinham uma conexão com um "experimento com a gestação de um bebê no espaço", conduzido em 1978 pelo programa espacial russo. Juntos, os dois experimentos mostravam que os soviéticos entendiam a necessidade de conectar trabalho de parto, pedagogia e zoologia a uma concepção de unidade cósmica – talvez inspirados pelos próprios escritos de Posadas.[500] Por mais abstratos que possam parecer no papel esses conceitos *new age*, Posadas dedicou os últimos anos de sua vida a elaborar suas visões do quão radicalmente diferente a vida seria uma vez que essa harmonização fosse atingida. "No futuro, comer e dormir serão funções tão automáticas quanto são hoje o piscar ou o falar",[501] ele escreveu, acreditando que os avanços em tecnologia, organização social e razão humana destruiriam as vontades corpo-

---

fev. 1984, p. 6, http://quatrieme-internationale-posadiste.org/publications_pdf/1984.pdf.

499 Ibid.

500 J. Posadas, "Childbearing in space, the confidence of humanity, and Socialism", *Quatrieme Internationale Posadiste*, 12 ago. 1978, https://quatrieme-internationale-posadiste.org/pdf_texte/EN/JPChildbearing-in-space-JP-final.pdf.

501 J. Posadas, "Regarding the Existence of Life on Other Planets" [circular], 8 ago. 1978, Quatrième Internationale Posadiste Collection, ARCH01158, Carpeta 24, p. 2, International Institute of Social History.

rais básicas. Com menos fome, os humanos consumiriam apenas os alimentos mais naturais e nutritivos[502] e só desejariam o sexo para fins de procriação.[503] Não mais transformados em mercadoria e empacotados para consumo, as plantas e os animais se tornariam nossos camaradas. Os golfinhos viveriam em piscinas ao lado de cada família como cães.[504] A harmonização e os avanços em medicina significariam que o homem "viveria seis vezes mais do que vive hoje",[505] uma expectativa de vida que ele acreditava que já poderia atingir, em alguns lugares onde a nutrição e a higiene eram avançadas, em torno de "160 anos".[506] Talvez em resposta à frequência com que tais ideias eram satirizadas por outros marxistas, Posadas acreditava que as piadas, interpretações irônicas dos absurdos da sociedade de classes, "não existiriam mais" dentro de alguns anos.[507]

Muito além do conceito de tomada dos meios de produção pelos trabalhadores, a visão que Posadas tinha do futuro comunista envolvia a tomada de *todas as coisas* pela totalidade; literalmente a superação de sujeito e objeto. "Os objetos materiais formarão um único todo junto com os humanos, em oposição

[502] J. Posadas, "Sobre la Alimentación" [circular], 1 jan. 1970, Posadas Tendency collection, MS1209/3/1, p. 308, Senate House Library.

[503] J. Posadas, "El sexo, la conciencia y el marxismo", op. cit.

[504] J. Posadas, "Declaración del camarada Luis en pleno proceso de infarto el jueves 14 de Mayo 1981 a las 10 1/2 de la mañana en la clinica 'citta di Roma" [circular], 10 out. 1981, Posadas Tendency collection, MS1209/17/1, p. 46, Senate House Archives.

[505] J. Posadas, "Sobre la Alimentación", op. cit., p. 1.

[506] J. Posadas, "S/la duracion de la vida humana y la alimentación", 5 ago. 1973, Quatrième Internationale Posadiste Collection, ARCH01158, carpeta 16, p. 1, International Institute of Social History.

[507] J. Posadas, "On the Function of the Joke and Irony in History", ago. 1976, Posadas Tendency Collection, MS1209/10/1, p. 7, Senate House Archives.

à situação atual em que os humanos se pensam acima dos objetos", escreveu Posadas.[508] Douglass se referia a essa teoria como a teoria da *associação comunista com o objeto*. "Ela basicamente postula que você transmite ao mundo, animado e inanimado, seu próprio nível cultural e filosófico de compreensão. Um comunista estilhaçaria um ornamento ou uma obra de arte de que ela ou ele não gostasse ou que não entendesse? Não: seu nível de sofisticação cultural ou material garantiria uma resposta mais ponderada e fundamentada."[509] Da primeira vez que ouviu falar nessa ideia, em uma escola de formação de quadros, Douglass conta que achou aquilo realmente "da pesada", até que se lembrou da culpa que sentira quando criança por esmagar minhocas forçadas a sair do chão por conta da chuva, ou mesmo quando chutou uma lata vazia na estrada e de repente sentiu "pena da lata, cuja vida eu acabei de perturbar", e a devolveu.

Por ora, o capitalismo ainda produzia separação, fome e doença – aflições às quais a Villa não estava imune. Em 1976, Posadas sofreu um pequeno ataque cardíaco que o deixou inconsciente por mais de uma semana.[510] Quando ele acordou, o médico o orientou a trabalhar menos, dormir mais e largar o cigarro e o mate.[511] Ele concordou em se exercitar mais e cortar os estimulantes, mas se recusou a seguir as outras orientações. Excesso de inatividade produzia desarmonia – a causa das doenças. O trabalho era, portanto, a cura.

---

[508] J. Posadas, "Regarding the Existence of Life on Other Planets", 8 ago. 1978, Quatrième Internationale Posadiste Collection, ARCH01158, carpeta 24, p. 2, International Institute of Social History.

[509] David John Douglass, *The Wheel's Still in Spin*, op. cit., p. 40.

[510] J. Posadas, "Declaración del camarada Luis en pleno proceso de infarto el jueves 14 de Mayo 1981 a las 10 1/2 de la mañana en la clinica 'citta di Roma'", op. cit., p. 4.

[511] J. Posadas, "Sobre el abandono del cigarillo", 23 set 1979, Posadas Tendency Collection, MS1209/10/1 243, p. 1, Senate House Archives.

Ele entrou numa fase maníaca de ficar dias sem dormir. Sua escrita se tornou ainda mais volumosa e dispersa. Os tópicos passaram a abarcar um vasto leque temático, indo de afirmações sobre a origem da vida, teorias psicanalíticas, críticas de cinema e comentários sobre como dirigir. Ele começou a desenhar. Traçava centenas de rabiscos circulares usando uma única linha ininterrupta, terminando em uma flecha como forma de representar a unidade emaranhada em sua mente de dança, música, pensamento, história humana e estrelas distantes.[512] Possivelmente traçado usando um compasso, cada desenho era assinado e datado, como que comunicando algo único.

Os camaradas começaram a expressar preocupação quanto ao seu comportamento. "[Luis], você está sem dormir há sete dias", diziam-lhe. "E daí?",[513] ele respondia. "É preciso sentir a necessidade de melhorar e viver intensamente [...] viver, viver. Amar o que fazemos e sentir amor objetivo com a paixão objetiva desse trabalho."[514] Um deles, um médico, foi expulso por sugerir de forma "paternalista" que Posadas precisava de mais horas de sono: "precisamos de um médico camarada que venha morar conosco, porque o médico que tínhamos era um médico medíocre, mais mentiroso do que médico. E se for para ter um médico aqui, é preciso que ele viva a mesma paixão que nós vivemos."[515]

No final do ano de 1977, um dos piores temores de Posadas chegou na forma de um pacote vindo da Argentina. Dentro dele,

---

512 J. Posadas, "Sobre dibujos del Cda. Luis", 10 jun. 1979, Posadas Tendency Collection, MS1209/10/1, Senate House Archives.

513 J. Posadas, "Balance y despidada del Cda. Fermin", 21 dez. 1977, Quatrième Internationale Posadiste Collection, ARCH01158, Carpeta 23, p. 2, International Institute of Social History.

514 Ibid., p. 3.

515 J. Posadas, "Sobre la etapa actual de la Internacional" [circular], 30 dez. 1976, Quatrième Internationale Posadiste Collection, ARCH01158, Carpeta 22, p. 4, International Institute of Social History.

havia uma longa crítica ao movimento escrita coletivamente pelo círculo interno que havia sido expulso três anos antes. O texto defendia as origens políticas do BLA e seu racha com a Quarta Internacional, mas dizia que desde então o movimento havia se tornado um culto de personalidade totalmente idealista, irremediavelmente divorciado do movimento real pelo socialismo. "Eles enviaram essa merda para todo mundo", esbravejou Posadas em um discurso, condenando-os como degenerados sexuais que "romperam" com a Internacional depois de perderem a fé nele. Fora do movimento, eles não conseguiriam iniciar um novo grupo ou elaborar teorias melhores, então teriam sido forçados a atacar seu ex-líder acusando-o de ditador. Em resposta, Posadas disse de si mesmo: "Não, não me parece assim. De qualquer maneira, se ele é um ditador, quero dizer que então um ditador é necessário. Esta é a 'ditadura do proletariado.'"[516]

Mesmo com o controle total sobre sua equipe, ele continuava completamente vulnerável à sua própria paranoia. Os militantes eram constantemente criticados por demonstrarem sinais de imoralidade, individualismo, lentidão na conclusão de tarefas ou pequenos usos indevidos de verbas. Alguns conflitos tinham a ver com o que ele via como erros na educação de Homerita quando ela começou a falar e ler fluentemente. Posadas decidiu designá-la uma tutora de tempo integral, uma jovem que ele passou a chamar de Rene. Não se sabe muito bem se ela tinha sido contratada de fora ou recrutada de dentro da militância para a tarefa, mas o fato é que ela foi logo integrada à corte de Posadas, passando a viajar com ele e Homerita durante a maior parte do ano de 1980. Foram à Iugoslávia para o funeral

---

516 J. Posadas, transcrição sem título [circular], 17 abr. 1977, Quatrième Internationale Posadiste Collection, ARCH01158, Carpeta 23, 5416/1 4591, p. 7, International Institute of Social History.

de Josip Broz Tito,[517] uma das maiores cerimônias funerárias de Estado de todos os tempos, com dezenas de chefes de Estado e centenas de delegados. Seguiram ao sul para Atenas, onde uma foto rara dele foi tirada em frente ao Parthenon, seus quatro dedos enrolados em torno de uma cuia de mate (a mesma que o médico àquela altura já havia aconselhado Posadas a largar).

Foi mais ou menos nessa época que Posadas abandonou abertamente seu código pessoal de moralidade sexual. O sexo agora, ao menos para ele, ia além de apenas ter filhos. "Sim, o ato sexual é procriativo, mas também é capaz de trazer ideias. Embora não sejam produzidas no momento, eles podem liberá-las. Vêm ideias, sugerem-se ideias, insinuam-se pensamentos elevados. E isso ocorre no ato em si."[518] Ao final do ano, Rene já havia se tornado sua nova obsessão romântica, e suas velhas fantasias paranoicas sexuais voltaram. No dia 29 de outubro, ele convocou uma reunião para denunciar que dois homens do partido, segundo ele, estavam dormindo com Rene – uma cena tão dramática que, segundo ele, ela teria ameaçado cometer suicídio.[519]

Mais acusações vieram nos primeiros dias de 1981, quando ele acordou mais cedo ouvindo barulhos que para ele só podiam ser ela transando com alguém na cozinha.[520] Desta vez, Rene se rebelou. Sem condições de continuar tolerando esse tipo de acusação, nem seu tratamento excludente como uma mera companheira fe-

---

[517] J. Posadas, "Conferencia Yugoslavia" [circular], 18 mai. 1980, Quatrième Internationale Posadiste Collection, ARCH01158, Carpeta 26, International Institute of Social History.

[518] J. Posadas, "Intervención del cda L. ante la salida de la casa de la cda. Re." [circular], 3 jan. 1981, Quatrième Internationale Posadiste Collection, ARCH01158, Carpeta 23, 7291 6510, p. 16, International Institute of Social History.

[519] J. Posadas, "Sobre La Cde Re." [circular], 18 out. 1980, Posadas Tendency Collection, MS1209/16/1, p. 1, Senate House Archives.

[520] Ibid., p. 3.

minina, sem contribuições propriamente políticas, ela foi embora da Villa.[521] Posadas a encontrou, trouxe-a de volta, sujeitou-a a uma nova rodada de críticas e exigiu que ela admitisse suas falhas, se dedicasse a ele e aceitasse ter seu próximo filho.[522] De novo, ela recusou e saiu. Homerita, que havia passado a amar Rene como uma segunda mãe, testemunhou a briga toda, aos prantos. Como forma de consolar a filha, Posadas disse que ele tentou consertar Rene, mas que realmente não havia o que se fazer. Ela era "má".[523]

Eventualmente ela acabou retornando para seguir com seus deveres para com a pequena Homerita, mas continuou se recusando a declarar obediência. Preocupado com o fato de que uma desarmonia dessas pudesse se provar fatal, Posadas passou os últimos meses de sua vida mergulhado em uma fase morbidamente reflexiva. Ele redigiu uma nova versão de sua *Historia de la* IV *Internacional* encharcada de alusões aos escândalos sexuais de 1974-75. Seus textos políticos rapidamente perderam o foco para se entregar a devaneios desarticulados sobre sua juventude – seu pai cantando uma velha canção de imigrante "Addio Lugano Bella", suas próprias canções compostas no contexto da Guerra Civil Espanhola, memórias de comer pizza em São Paulo com Elvira. Anedotas sobre a história da Internacional muitas vezes viravam enormes digressões sobre as contribuições de Minazzoli, Almeyra, Labat, Sendic e Sierra – memórias estranhamente doces tingidas de certo arrependimento.

No dia 1º de maio de 1981, Posadas frequentou sua última manifestação política em Roma. Naquela noite, ele estudou as

---

521 Ibid., p. 2.

522 J. Posadas, "Declaración del camarada Luis en pleno proceso de infarto el jueves 14 de Mayo 1981 a las 10 1/2 de la mañana en la clinica 'citta di Roma", op. cit., p. 1.

523 J. Posadas, "Intervención", p. 1-2.

rosas no jardim da Villa. Dessa meditação solitária nasceu seu derradeiro texto, "A rosa e a vida":

> No Estado operário, as flores vivem sem preocupações, porque não são despojadas inutilmente, não são maltratadas. Não se sentem maltratadas. Você pode colher uma flor, mas nesse ato há uma continuação da vida, mesmo que ela deixe de viver, ela provoca vida em nós. Faz parte do curso da vida.[524]

Alguns dias depois, profundamente pensativo durante seu banho matinal, Posadas começou a se sentir tenso e confuso. Concentrado na elaboração de um novo texto, ele tentou ignorar o sentimento familiar. Momentos depois, a sala toda começou a girar. Quando Rene o encontrou, ele já havia perdido o equilíbrio. "Me atirei na cama e disse: 'espera mais um pouco', porque eu estava pensando sobre um artigo. 'Calma, espera, espera. Ataque cardíaco, não dá para esperar um pouco?'"[525] Ele foi levado às pressas à clínica Citta di Roma, gerida pelo Partido Comunista. Ao lado do seu leito hospitalar estavam Rene, Federico e Ines.

> Este ataque cardíaco, Rene, é o produto de toda a minha preocupação e de toda a atitude nociva que você me provocou. Espero que você faça uma declaração, como lhe pedi. Eu estava aguardando ansiosamente para ter um filho com você. Você precisa se corrigir, Rene, você precisa sentir o enorme mal que você provocou com a sua atitude.[526]

---

524 J. Posadas, "A Rosa E. Vida", *Jornal Revolução Socialista*, http://revolucaosocialista.com/conteudo/A-rosa-e-a-vida-/12.

525 J. Posadas, "Declaración del camarada Luis en pleno proceso de infarto el jueves 14 de Mayo 1981 a las 10 1/2 de la mañana en la clinica 'citta di Roma'", op. cit., p. 2.

526 "Historial del ultimo periodo de vida del Camarada Luis desde su

A resposta de Rene foi gravada, mas nunca chegou a ser transcrita. Posadas chamou-a de mentirosa e mandou-a sair de lá. Ele se virou para Ines e pediu que ela ficasse em casa com ele, Rene e Homerita. Em seguida, Posadas se dirigiu a Federico e pediu para ele se certificar de que os camaradas estavam dando continuidade à educação de Homerita na sua ausência. "Aconteça o que acontecer, se eu deixar de viver, Homerita precisa continuar tendo essa experiência."[527]

Posadas passou a tarde e a noite em agonia. A respiração lhe doía. Seus músculos todos doíam. Ele ainda assim lutou para formular uma análise das notícias mais recentes para que Federico transcrevesse. O socialista François Mitterrand tinha sido eleito na França, e o ministro do Partido Trabalhista britânico, Tony Benn, tinha proposto uma frente única com os comunistas – desenvolvimentos que na avaliação dele provavam que uma regeneração parcial se espalhava pela Europa Ocidental. A tentativa de assassinato do Papa João Paulo II era, para ele, evidentemente uma operação da CIA que demonstrava a fraqueza do imperialismo. O início de uma guerra civil em Angola era uma tentativa ianque de quebrar o Estado operário. A situação o lembrou de quando Guevara deixou Cuba para apoiar as guerrilhas congolesas – algo que ele o havia aconselhado a fazer.[528]

Depois de um fim de semana sofrido, Posadas entrou em coma na segunda-feira de manhã. Embora ainda estivesse respirando, ele foi declarado clinicamente morto.[529] Ao longo do

---

entrada a la clinica el Jueves 14 de Mayo hasta el lunes 25 de Mayo, fecha de su muerte" [circular], sem data, Posadas Tendency Collection, MS1209/17/1, 7663 6863, p. 1, Senate House Archives.

527 Ibid., p. 2.

528 Ibid., p. 4.

529 Secretariado Internacional da IV Internacional Posadista, "Biographical Note on Comrade J. Posadas", *Red Flag*, 17 jun. 1981, p. 4. Disponível online na Encyclopedia of Trotskyism Online: https://www.mar-

dia, sua equipe passou para se despedir dele. De repente, naquela noite, o momento sombrio se quebrou. Os olhos de Posadas se abriram. Ele chamou por Homerita, depois declarou: "A vida, sem a luta pelo socialismo, não tem sentido. Quaisquer que sejam as consequências, eu preciso viver."[530]

Era a segunda vez que ele tinha quase morrido – e ele sabia que provavelmente não haveria uma terceira. Ele disse a Homerita para se concentrar em cada palavra dele como se fosse a última. "Estude, leia e aprenda, a fim de se dedicar à atividade do seu papai."[531] Os médicos lhe pediram para relaxar. Novamente, ele os ignorou. Ao longo dos dias seguintes, ele declarou que a Internacional precisaria passar por uma renovação. Eles começariam por limpar e remobiliar a Villa. Seria preciso construir lá um arquivo para que as gerações futuras pudessem estudar sua obra. Mais flores deveriam ser plantadas no jardim para providenciar a Homerita um bom lugar para estudar. "Nós somos flores que falam, mais desenvolvidas do que nossas irmãs flores", explicou.[532] Todo o drama com Rene e Ines deveria ser esquecido.[533]

Passando ao resto da Internacional, ele finalmente reconheceu que eles precisavam de novos quadros. O recrutamento deveria começar imediatamente, especialmente na América do Sul. O Brasil, ele declarou, era a seção mais importante, e o partido deve-

---

xists.org/history/etol/newspape/red-flag-posadas/red_1981.pdf.

530 J. Posadas, "Declaración del camarada Luis en pleno proceso de infarto el jueves 14 de Mayo 1981 a las 10 1/2 de la mañana en la clinica 'citta di Roma", op. cit., p. 8.

531 Ibid.

532 "Historial del ultimo periodo de vida del Camarada Luis desde su entrada a la clinica el Jueves 14 de Mayo hasta el lunes 25 de Mayo, fecha de su muerte", cit, p. 52.

533 J. Posadas, "Declaración del camarada Luis en pleno proceso de infarto el jueves 14 de Mayo 1981 a las 10 1/2 de la mañana en la clinica 'citta di Roma", op. cit., p. 8.

ria se preparar para transferir sua sede para lá o mais rápido possível.[534] Durante vários dias, a equipe se ajuntou atentamente para escutar Posadas falar tudo que podia sobre assuntos tipicamente diversos, que iam desde a história da Internacional até memórias de sua família, passando pela política latino-americana e os Jogos Olímpicos em Moscou (prova de que o mundo inteiro estava se organizando em torno de um sentimento de socialismo). Até os passarinhos do lado de fora da janela estavam se reunindo, disse ele. Logo, todos os animais estariam vivendo lado a lado com os humanos, assim como os gatos e os cachorros. Ele descreveu uma fantasia de ir nadar depois de se recuperar: "Virão dois golfinhos nadar do meu lado. Vocês vão ver. Vou manifestar o desejo de ser ajudado, acompanhado e ensinado pelos golfinhos, e eles virão."[535]

Na quarta-feira, Posadas e Federico assistiram à posse de Mitterrand na televisão. Uma das sinfonias de Beethoven tocava ao fundo. Posadas chorou incontrolavelmente.[536] Ele disse à sua equipe para fazer uma festa comemorativa na sua casa, mesmo que ele não pudesse comparecer. Sua capacidade de falar oscilava a cada dia. Ele contemplou sua experiência de quase-morte, refletindo sobre como pensar em Homerita e nas palavras "Eu preciso viver" o haviam trazido de volta à vida. Chorou novamente, pensando no amor imenso que ele tinha por ela, "a filha de toda a humanidade". Ele se preocupava com a perspectiva da morte, mas comparava essa preocupação a chutar uma bola de futebol em uma partida que ele no fundo deveria simplesmente abandonar. Haveria mais tentativas de assassinato, crises econômicas e a guerra nuclear. Eles continuariam lutando em

---

[534] "Historial del ultimo periodo de vida del Camarada Luis desde su entrada a la clinica el Jueves 14 de Mayo hasta el lunes 25 de Mayo, fecha de su muerte", cit, p. 61.

[535] Ibid., p. 49.

[536] Ibid., p. 52.

meio a tudo isso, jocosos e despreocupados como os golfinhos. Ele prometeu que em vinte dias se levantaria dali. "Mesmo que eu morra", disse ele, "eu me levantarei novamente!"[537]

Na terça-feira, dia 25 de maio, ele se dirigiu aos seus camaradas pela última vez. Foi um breve discurso sobre a invasão da URSS ao Afeganistão, suas repercussões para a Síria e a Palestina, e sobre como, se a Internacional quisesse intervir no processo, eles teriam que cantar mais juntos. Ele se manifestou com uma canção de ninar italiana, suas últimas palavras gravadas:

Va a andare bene! Va a andare bene!
Andrà bene! Andrà Bene!
(Vai ficar tudo bem! Vai ficar tudo bem!
Ficará bem! Ficará bem!)[538]

A todos os simpatizantes da iv Internacional Posadista

É com um profundo sentimento de dor que comunicamos a notícia da morte do camarada J. Posadas, depois de uma luta que ele travou com todas as suas forças contra uma condição, mas que não teve como superar.

Sua morte representa uma interrupção significativa na elevação consciente da inteligência humana [...]. Seus princípios eram: que a humanidade já está amadurecendo em direção ao comunismo; que os Estados operários, com o processo de regeneração parcial, são os epicentros que determinam o curso da história e que representam materialmente cada certeza do triunfo do progresso humano sobre a propagação da barbárie da sociedade capitalista e da propriedade privada; que com a guerra atômica a

---

537 Ibid., p. 47.

538 J. Posadas, "Declaración del camarada Luis en pleno proceso de infarto el jueves 14 de Mayo 1981 a las 10 1/2 de la mañana en la clinica 'citta di Roma", op. cit., p. 17.

humanidade atravessará o sistema capitalista e se preparará para construir o socialismo; que os Estados operários deem o exemplo da organização conforme suas relações sociais, e criem condições sob as quais todo o progresso e a inteligência humana tornem possível um futuro que garanta que a humanidade agirá de maneira humana, incluindo as crianças, as mulheres, os idosos [...].

Sua obra, suas ideias, seus princípios, o exemplo da sua vida toda estão vivos, e assim permanecerão, porque são necessários para o progresso da humanidade em direção ao comunismo. Seus ensinamentos são infinitos e constituem um patrimônio da humanidade. Convocamos os camaradas do movimento comunista de todo o mundo, dos Estados operários, da União Soviética, de toda a liderança revolucionária, todos os cientistas, todos os intelectuais, todos aqueles que lutam pela verdade e pelo progresso humano – convocamos todos para que contribuam com a publicação e difusão do trabalho de J. Posadas na íntegra, e para que contribuam com o progresso da humanidade rumo ao comunismo.

Secretariado Internacional da IV Internacional Posadista
Paris, 18/06/1981[539]

— Morte à utopia! Morte à fé! Morte ao amor! Morte à esperança! — Troveja aos disparos dos fuzis e ao retumbar dos canhões o século vinte.

— Renda-se, patético sonhador! Eis-me, o seu tão esperado século vinte, o seu "futuro"!

— Não! — *Responde o otimista insurreto. — Você é só o presente!*

Leon Trótski, "Sobre o otimismo e o pessimismo", 1901[540]

---

[539] Seção belga da IV Internacional – Posadista, "Bulletin d'information sur le décès du camarade Posadas", jul. 1981. Cortesia de Marie Lynam.

[540] Leon Trótski, *Carta de uma pessoa estranha: Sobre o pessimismo, o otimismo, o século* XX *e muitas outras coisas*, trad. Paula Vaz de Almeida. São Paulo: Iskra, 2020, p. 12.

PARTE III
Neoposadismo

15. Sinceridade histórica

Nos últimos dias de maio de 1981, dezenas de militantes posadistas remanescentes se deslocaram para o cemitério Prima Porta, ao norte de Roma, para falar pela última vez na presença de seu líder, finalmente sem serem interrompidos. Um membro do PCI se encarregou do elogio fúnebre, prometendo continuar seu trabalho em conjunto de afirmar os princípios do socialismo. Desceram seu caixão ao som de uma fita cassete da *Nona Sinfonia*, de Beethoven. Adornavam a lápide um de seus desenhos de rabisco, o símbolo da foice e o martelo com o algarismo quatro, e tanto seu nome de nascença quanto seu nome de partido: Homero Cristalli e J. Posadas.[541]

A Juventude Socialista Sueca e o Partido Trabalhista Britânico enviaram condolências. O *Le Monde* e o jornal inglês *Morning Star* publicaram breves homenagens. O escritor comunista venezuelano Héctor Mujica lamentou a relativamente parca cobertura de imprensa sobre a morte do pensador marxista "mais curioso" e "*sui generis*" a formar novos quadros contra o "caráter antissoviético" da "velha IV Internacional".[542] Na revista *Sous le Drapeau du Socialisme*, Michel Pablo se referiu a seu apóstata como um "pastor da 'revolução permanente'" que acabou enlouquecendo por enxergar a luta "em todo canto simultaneamente, a ponto conferi-la uma dimensão interplanetária"; e que, depois de perder a "maioria de seus antigos quadros", fi-

---

[541] Sarita Fratini, "Di morti e resurrezioni," Sarita Libre (blog), 4 dez. 2015. Disponível online: https://saritalibre.it/di-morti-e-resurrezioni/.

[542] Reimpresso em Section Belge de la Ive Internationale Posadiste, "Bulletin d'information sur le décès du camarade Posadas", op. cit., p. 11-12.

cou ainda mais isolado da realidade social, elevando seus traços grotescos a uma caricatura de si. Ao assumir a "potência mística do Pai, do Herói, do Chefe", satisfazendo-se com a relação fechada entre pastor e rebanho, o movimento teria se tornado um "microcosmo fechado [...] incapaz de intervir na luta de classes". Era um desfecho "nem tão incomum assim no interior movimento internacional dos trabalhadores", insistiu Pablo.[543]

Essa sinopse da vida de Posadas e da trajetória do movimento foi amplamente aceita entre trotskistas e ex-posadistas que esperavam que o pesadelo tivesse finalmente terminado. Adolfo Gilly escreveu que estava "de pleno acordo"[544] com a homenagem crítica de Pablo, e Robert J. Alexander a tomou como evidência de que "a turma de Posadas, composta de pessoas de idade mais avançada, havia deixado de existir logo após sua morte".[545] Mas nessa sua confiança de que o posadismo acabava com o Posadas, que teria morrido "com um amargo sentimento de derrota",[546] o otimismo de Pablo havia novamente o deixado no chinelo.

Nos meses que se seguiram após o funeral, ninguém ousou tentar ocupar seu lugar.[547] Essa posição já estava reservada para a pequena Homerita, que, à época aos seus seis anos de idade, havia saído de Roma e do movimento, pouco depois da morte do pai. Mesmo sem líder, muitos quadros que vinham operando há anos em larga medida de maneira autônoma conseguiram seguir tocando suas atividades como se nada tivesse acontecido.

---

543 Michel Pablo, "Posadas (1911-1981)", *Sous le Drapeau du Socialisme*, jun.-ago. 1981, p. 45.

544 Adolfo Gilly, entrevista via e-mail com o autor, 18 dez. 2018.

545 Robert Jackson Alexander, *International Trotskyism 1929-1985: a Documented Analysis of the Movement*, op. cit., p. 113.

546 Citado em Robert Jackson Alexander, *International Trotskyism 1929-1985: a Documented Analysis of the Movement*, op. cit., p. 665.

547 Héctor Menéndez, entrevista.

Ao final da década, havia ainda seções ativas na Bélgica, Brasil, Bolívia, Colômbia, Equador, Espanha, França, Grécia, Inglaterra, Itália, Venezuela e Uruguai.[548] Uma seção nova chegou a ser inaugurada em Uagadugu durante o regime revolucionário de Thomas Sankara em Burkina Faso. Cada uma delas seguiu publicando seus jornais posadistas, só que agora misturando intervenções de lavra própria com textos inéditos de um farto arquivo de transcrições de seu falecido líder.

Uma vez que o Bureau Europeu continuava na base da inércia, o desejo de leito de morte de Posadas de que a sede da Internacional fosse transferida de volta para a América Latina foi finalmente realizado. Com a dissolução das ditaduras militares anticomunistas do Cone Sul, os posadistas brasileiros, uruguaios e argentinos que tinham há décadas operado na clandestinidade reapareceram na cena pública como homens das cavernas. O *Voz Proletaria* voltou às bancas de jornal saudando o anti-imperialismo da fracassada invasão das Ilhas Malvinas por parte da ditadura e o subsequente processo de redemocratização. O PO(T) reemergiu como o POR (Posadista-Trotskista) [POR(P-T)], com novos espaços em vários bairros de Buenos Aires, onde sediavam debates, cursos sobre o pensamento de Posadas e homenagens ao seu falecido líder no seu aniversário de morte.[549] Com uma influência particular em sindicatos de professores e enfermeiros nos subúrbios de Buenos Aires, em 1988 eles começaram a lançar seus próprios candidatos como parte da Frente Ampla de Libertação (FRAL), uma coalizão com

---

548 "Prensa Trotskista-Posadista," *Voz Proletaria*, 23 fev. 1988, Colección Volantes Partidos Políticos, Partido Obrero Revolucionario (Posadista), AR ARCEDINCI COL-2, Carpeta 6, Centro de Documentación e Investigación de la Cultura de Izquierdas.

549 "Se inaguró local del POR", *Voz Proletaria*, 30 ago. 1988, Centro de Documentación e Investigación de la Cultura de Izquierdas.

o Partido Comunista.[550] Na Bolívia, os posadistas se juntaram ao Izquierda Unida (IU) e no Uruguai e no Brasil permaneceram facções pequenas mas ativas das respectivas coalizões da Frente Ampla (FA) e do Partido dos Trabalhadores (PT), que eventualmente chegaram ao poder.

Em 1986, o filho de Posadas, León Cristalli, assumiu a liderança da Internacional, a esta altura reorganizada mais em torno dessas conquistas modestas.[551] Embora não se saiba ao certo a história toda da sua ascensão, a versão que Héctor Menédez conta é a de que ele havia estado "fora do partido há dez anos, trilhando uma carreira como jornalista democrático", quando uma herança de 75 mil dólares o trouxe de volta à vida partidária como um "usurpador" do BLA.[552] É igualmente provável que Cristalli fosse simplesmente o candidato mais animado e adequado para o cargo. Suas intervenções dos anos 1980, escritas sob o pseudônimo "Joel Horacio", tinham mais a ver com Posadas, tanto em termos de estilo quanto de volume, do que qualquer outro escritor do partido. Ele desenvolveu o conceito de *sinceramiento del curso histórico* para explicar a guinada neoliberal como um desdobramento da teoria sobre regeneração parcial elaborada pelo seu pai. Este conceito de "sinceramento", escreveu um membro da seção uruguaia, referia-se a uma clarificação dos intuitos e objetivos de determinadas forças sociais à medida que as burocracias dos Estados operários passavam por um processo de desintegração e reestruturação capitalista. Os

---

550 "VOTAR AL FRAL Para dar un impulso antimperialista en el pais", *Voz Proletaria*, 18 ago. 1987, Centro de Documentación e Investigación de la Cultura de Izquierdas.

551 Elisio Ramirez, "Entre las 200 personalidades más destacadas de Argentina", op. cit., p. 34.

552 Héctor Menéndez, entrevista. León Cristalli se recusou a ser entrevistado para este livro.

partidos de esquerda, ou os partidos populistas que tendiam ao socialismo, seriam forçados a assumir uma postura mais sincera quanto aos seus objetivos a fim de se diferenciarem dos neoliberais e reacionários de direita que estavam abertamente promovendo a guerra, o ecocídio e a subjugação da classe trabalhadora.[553] Na Argentina, isso significava apoiar o movimento peronista de centro-esquerda que passou a ser identificado com as figuras de Néstor e Cristina Kirchner – contrariando assim com quase todos os outros grupos trotskistas do país.

Cristalli deu continuidade a esse trabalho inaugurando a revista *Conclusiones*, a fim de analisar e promover vários movimentos populistas de esquerda que estavam se espalhando pelo continente naqueles anos 1990. Em 1995, ele entrevistou um tenente-coronel do exército venezuelano que ficou famoso por ter tentado dar um golpe de esquerda três anos antes: Hugo Chávez. Depois de dois anos atrás das grades, Chávez saiu da prisão prometendo construir o socialismo em toda a América Latina, e em 1999 foi eleito presidente da Venezuela em um processo que ele passou a denominar "revolução bolivariana".[554] Por tê-lo apoiado anteriormente, Cristalli gozava de acesso privilegiado ao regime, com seu minúsculo POR(P-T) considerado por alguns os "representantes argentinos do círculo bolivariano [chavista] em Buenos Aires".[555] Também foram estabelecidas pontes com a embaixada russa, que o POR(P-T) ainda qualifica como um Estado operário duas décadas após a queda da URSS. Em outubro de 2017, um diplomata russo participou de um

[553] "El Sinceramiento del curso de la historia," *Por.uy* (blog), mar. 2019. Disponível online: https://por.uy/sinceramiento-del-curso-de-la-historia/.
[554] "Ni Gorilas Ni Eunucos", *Revista Conclusiones*, n. 5, 1994, p. 38-42.
[555] Alejandro Agostinelli, "Una comparsa marxiana más roja que el Che Guevara", *Socompa* (blog), 9 jan. 2019. Disponível em: http://socompa.info/freak/una-comparsa-marxiana-mas-roja-que-el-che-guevara/.

evento na sede deles para marcar o lançamento de um livro celebrando o centenário da revolução bolchevique, com textos de Lênin, Posadas e Vladimir Putin.[556] Para Cristalli, que nesse sentido também defende os atuais regimes cubano, venezuelano, sírio e norte-coreano, Putin contribui para sustentar uma frente contra-hegemônica ao império estadunidense, uma "Frente Mundial Anti-Imperialista Unida" a partir da qual o socialismo poderá se desenvolver.[557]

A eleição de Donald Trump em 2016 foi mais um elemento desse processo, "uma revolução no interior dos EUA que corresponde ao choque da Revolução Russa de 1917", escreveu Cristalli.[558] Para ele, Trump não é nenhum revolucionário, mas assim como no caso de Perón, sua vitória representou uma revolta da classe trabalhadora contra uma oligarquia imperialista tradicional. O fato de ele e Putin serem, eles próprios, um par de oligarcas pouco importa: afinal, na avaliação do partido, o capitalismo há muito já passou de seu prazo de validade, e essas tentativas de sustentar a ordem internacional não passam de tentativas de chegar a uma "estabilidade dos cemitérios".[559] A

---

[556] León Cristalli (ed.), *La vigencia histórica de los Soviets a cien años de la Revolución Bolchevique rusa*, out. 1917, Buenos Aires: Fundación J. Posadas Internacional.

[557] Editorial, "Marx siempre tuvo razón: El sinceramiento en la revolución de las fuerzas productivas" *Revista Conclusiones*, n. 23, nov. 2008.

[558] León Cristalli, "El triunfo electoral de Trump es una revolución en el interior de EEUU que se corresponde a la conmoción de la Revolución Rusa de 1917", *Trump es la crisis de EE.UU. en un mundo en revolución*, n. 1, Buenos Aires: Ediciones Fundación J. Posadas Internacional, 2016, p. 50.

[559] Comunicado del Partido Obrero Revolucionario (Leninista-Trotskista-Posadista), ARGENTINA: EL SINCERAMIENTO DEL CURSO EN LA CONCENTRACIÓN POLÍTICA SOCIAL," 23 jul. 2017. Arquivo disponível online: https://web.archive.org/web/20171212145849/http://cuar-

atividade posadista também se conformou com essa mórbida visão de mundo: "Nós os apoiamos como 'um homem enforcado pela própria corda. Este não é um conceito depreciativo para nós, porque nós, enquanto partido, estamos pendurados como que por 'uma forca' pelo processo social."[560]

Embora a influência deles seja hoje quase nula na Argentina, essa intransigência singular continua a conferir ao POR(P-T) alguma notoriedade. O trotskismo em geral ficou mais conhecido na Argentina por conta das eleições de 1989, em que o Movimento ao Socialismo (MAS), do falecido Nahuel Moreno, recebeu quase meio milhão de votos na sua tentativa de rachar o movimento peronista em uma tendência socialista independente. Nos anos que se seguiram, contudo, o MAS se fragmentou em mais de vinte grupos, muitos dos quais ainda exercem influência sobre sindicatos e governos locais, sempre com uma marcada oposição ao peronismo.[561] Em contraste, a maioria dos argentinos estranha muito ver meia dúzia de trotskistas idosos erguendo faixas com a foice e o martelo no meio de manifestações peronistas em Buenos Aires, talvez ainda mais do que sua continuada reputação como entusiastas de óvnis e guerra nuclear.

Os posadistas europeus não se saíram muito melhor que isso. Os poucos remanescentes (ao que tudo indica, todos discípulos de Posadas da fase tardia de 1975-1981) se reagruparam em um projeto editorial chamado Scientific, Cultural and Political Edi-

---

tainternacionalposadista.org/?p=1571.

560 León Cristalli, "El triunfo electoral de Trump es una revolución en el interior de EEUU que se corresponde a la conmoción de la Revolución Rusa de 1917", *Trump es la crisis de EEUU. en un mundo en revolución*, n. 1, Buenos Aires: Ediciones Fundación J. Posadas Internacional, 2016.

561 Gabriela Liszt, "Who was Nahuel Moreno?", *Left Voice*, 16 fev. 2018: https://www.leftvoice.org/Who-was-Nahuel-Moreno.

tions. A iniciativa foi estabelecida em Bruxelas, por Marcel Poznanski e Claudine Polet, e conta também com membros ingleses, espanhóis, franceses e italianos em seu conselho editorial. Eles registraram o domínio posadiststoday.com, uma versão repaginada do velho site quatrieme-internationale-posadiste.org, quase nunca atualizado. Um ponto a ser notado é que o novo site parou de disponibilizar material do BLA, e o único nome latino-americano listado nele é o da jornalista brasileira Helena Iono, o que parece indicar um racha entre os remanescentes dos *bureaus* Latino-Americano e Europeu. É difícil dizer o motivo, pois a política dos dois grupos parece ser quase idêntica, incluindo o entusiasmado endosso da proposta de Chávez de criar uma Quinta Internacional sediada na América Latina, e o apoio crítico a iniciativas populistas de direita.[562] Sobre o Brexit, por exemplo, eles escreveram: "Esta não é a estrada toda ao socialismo, mas é um começo na direção do socialismo."[563]

"Lamento que haja quem ainda gaste seu tempo com aquilo", disse Guillermo Almeyra sobre os posadistas contemporâneos, em depoimento à *Revista Sudestada*. "Aquilo é outra coisa, não tem nada a ver com socialismo nem marxismo. Eles só querem a seita." Refletindo sobre as décadas que passou dentro do movimento, ele comparou o posadismo a um amante atraente que ficou "velho e desgrenhado, totalmente louco." Cristalli rebateu dizendo que permanecer posadista é menos uma escolha do que um dever frente à necessidade histórica. "Acreditamos estar em uma transição não linear que começou há cerca de quinze anos. Recuperamos seções na Grécia, no Brasil, no Uruguai e aqui,

---

562 Declaração da Internacional Posadista, "Forward to the Fifth International", *Posadists Today*, 12 dez. 2014. Disponível online: http://posadiststoday.com/forward-to-the-fifth-international/.

563 The Posadists Today, "Brexit Result", *Posadists Today*, 8 jul. 2016. Disponível online: http://posadiststoday.com/brexit-result/.

que é o eixo da nossa operação. Também há camaradas que reivindicam o partido na Venezuela, no México, na Guatemala, na Colômbia, na Espanha e na França." Essa regeneração, acrescentou Cristalli, estaria ocorrendo de maneira descentralizada, "ao contrário do estágio precedente, em que todos os desdobramentos partiam de um eixo central, ela agora vem sendo feita coletivamente, algo que nos permite voltar a formar quadros."[564]

Se esses quadros realmente existem, eles operam em segredo. A face pública do posadismo hoje se resume a uma eventual postagem no blog *Posadists Today* ou nas páginas das seções latino-americanas. Jornais só são produzidos na Argentina, no Uruguai e no Brasil, com uma distribuição minúscula e periodicidade cada vez mais esparsa. Seu suposto desinteresse com a atividade de recrutamento parece indicar uma resignação privada de que sua missão de conduzir a revolução mundial foi enterrada junto com o seu líder, se é que já não tinha morrido muito antes disso. Quando não sobrar mais ninguém para publicar o novo *Voz Proletaria* ou para erguer sua bandeira desbotada, o nome e a obra de Posadas serão praticamente esquecidos.

Se isso for mesmo o que Cristalli filho esteja antecipando, tudo indica que essa previsão, assim como a de Pablo, está destinada a fracassar.

---

564 Citado em Marcelo Massarino, "Viaje al interior del posadismo", op. cit.

16. Por que os extraterrestres não estabelecem contato publicamente?

Desde seu surgimento como tendência política, o posadismo sempre teve um caráter duplo. Havia sua face pública de ortodoxia marxista-leninista, seu objetivo de forjar uma vanguarda revolucionária mundial por meio de análise materialista e organização militante. E havia também seu lado excêntrico, místico, futurista e visionário, que se colocava na linhagem dos cosmistas bolcheviques destruídas pelo stalinismo. Depois da morte de Posadas, ambas correntes seguiram de maneira praticamente isolada: a primeira, encabeçada por León Cristalli e o Bureau Europeu, seguiu mais ou menos a mesma lenta derrocada que o resto da velha esquerda, a ponto de se tornar irrelevante; a segunda, encabeçada por Dante Minazzoli e Paul Schulz, se desdobrou na representação caricatural pela qual o posadismo é hoje conhecido e celebrado.

Nascido em uma pequena e isolada cidade nos pampas, em 1918, Minazzoli passou a juventude mergulhado em livros de ficção científica e fenômenos paranormais, incluindo obras do escritor francês do século XIX Camille Flammarion. Renomado astrônomo, Flammarion combinava sua perspicácia científica com descrições especulativas de planetas distantes. Em *La pluralité des mondes habités* [A pluralidade dos mundos habitados], Flammarion descreveu algumas dessas viagens psíquicas pelo espaço com visões da fauna e flora extraterrestre. Essas visões lhe foram transmitidas por uma musa astral chamada Urânia, que certa vez lhe disse:

> A missão da astronomia será ainda mais elevada. Depois de te fazer sentir e tomar consciência de que a Terra não passa de uma cidade em um continente celestial e que o homem não é mais que um cidadão do céu, ela irá além. Revelando o plano sobre o qual o universo físico se edifica, ela irá mostrar que o universo moral é erguido sobre a mesma base, que ambos os mundos formam um único mundo e que a mente governa a matéria.[565]

Seu trabalho inspirou uma onda de ficção protocientífica, utópica e cosmista que foi parar na Rússia. O filósofo e místico ortodoxo Nicolai Fiódorov leu esses gêneros literários em chave política, acreditando que a humanidade tinha uma "causa comum" de dominar a Terra para prevenir desastres naturais, controlar o clima, colonizar o espaço e abolir a morte.

Entre 1873 e 1876, Fiódorov foi tutor de Konstantin Tsiolkóvski e lhe ensinou que a ficção científica de seu autor predileto, Júlio Verne, era uma realidade possível de ser alcançada. Tsiolkóvski dedicou boa parte do resto de sua vida a avançar a essa causa comum e disseminar a visão de mundo cósmica, isto é, a crença em inteligências extraterrestres, das quais somos apenas uma. Ele estudou aerodinâmica, física, filosofia e tornou-se um proponente do socialismo quando percebeu nele um potencial de organizar massas de pessoas para atingir grandes feitos em curtos períodos. Em 1926, ele se juntou a Leon Trótski em uma conferência sobre ciência radiofônica, na qual Trótski elogiou o progresso tecnológico da União Soviética e falou do potencial que inovações como a energia atômica tinham para superar as limitações de espaço e tempo que estavam empatando seu progresso.[566]

---

565 Camille Flammarion, *Urania*, trad. Augusta Rice Stetson. Boston: Estes and Lauriat, 1896, [EBook #41941]: http://www.gutenberg.org/files/41941/41941-h/41941-h.htm.

566 Leon Trótski, "Radio, Science."

Dante Minazzoli, 1994.

O Estado soviético, contudo, tinha de fato pouco interesse em viagens espaciais, e suprimiu o cosmismo no final dos anos

1920. Quando começou a militar, Minazzoli sentiu que era crucial retomar esse aspecto. Como justificativa, ele frequentemente citava o episódio do encontro de H. G. Wells com Lênin:

> Lênin encontrou Herbert Wells em Moscou em 1920 e provou a possibilidade de haver comunicação com outras civilizações, seus eventuais efeitos no pensamento terrestre e a tecnologia que potencialmente se tornaria disponível. Lênin sustentava que esse pensamento novo rapidamente eliminaria os meios violentos de que nos valemos aqui na Terra para obter progresso. Há evidências de que todos aqueles que vierem nos visitar lá de cima serão pacíficos. O mesmo poderá ser dito de nós. Porque dentro de cinquenta ou cem anos, se não nos autodestruirmos, ou ao menos se não produzirmos mudanças profundas na sociedade, nós exportaremos a nossa loucura para todo o resto do espaço.[567]

Não é certo que Lênin tenha dito nada desse tipo quando de fato se encontrou com Wells para discutir o programa de industrialização.[568] Ainda assim, Minazzoli descobriu que essa perspectiva era compatível com o futurismo de Posadas e conseguiu vender a tese para alguns outros membros fundadores do GCI.

---

567 Dante Minazzoli, "Si no hay transformación social, jamás se dará el contacto masivo", op. cit., p. 14-15.

568 Embora Minazzoli tenha oferecido poucas evidências para sustentar sua alegação de que Marx ou Engels levavam a sério questões como viagem espacial ou vida extraterrestre, ele se refere a uma observação de H. G. Wells de que Lênin teria expressado interesse em "estabelecer contato com outros planetas." A fonte dessa citação é J. Kagarlitsky, *The Life and Thought of H.G. Wells*, trad. Moura Budberg, Londres: Sidgwick and Jackson, 1966, p. 46. Vale notar, contudo, que a fonte dessa observação de Wells é incerta. Ver: Patrick L. McGuire, *Red Stars: Political Aspects of Soviet Science Fiction*. Ann Arbor: UMI Research Press, 1977, p. 122, n. 39.

"Posadas disse que o fenômeno era real. Foi tudo que ele disse", escreveu Minazzoli. Por mais que acreditasse, ele não reconhecia a profundidade do que aquilo implicava, conta Minazzoli – "ele não dava grande importância à ufologia, nem à ciência, porque Posadas improvisava".[569]

Durante certo tempo, a habilidade que Posadas tinha de tecer uma colcha de retalhos com elementos convencionais, arcaicos e incomuns (como peronismo, pablismo, indigenismo e terceiro-mundismo), bastou para dar conta do momento. Mas no decorrer dos anos 1970, à medida que se incorporavam cada vez mais elementos – foquismo, monolitismo, moralidade revolucionária, baathismo, para citar só alguns –, o posadismo se tornou um verdadeiro Frankenstein cheio de extremidades supérfluas. O expurgo foi uma tentativa de desmembramento que resultou em um cérebro parcialmente operante liberado para se dedicar às suas ideias semiformadas, carentes de base social ou teórica, e uma série de corpos mutilados mancando, isolados.

Um desses era Minazzoli, arrasado por ter sido expulso de um movimento ao qual ele havia dedicado vinte e cinco anos de sua vida. Naquela época, ele tinha inclusive concordado em se distanciar da sua esposa e abrir mão de ter filhos para poder focar mais nas tarefas do partido. Além de ele ter sido retirado bruscamente do movimento com base em uma acusação infundada de que estava dormindo com Sierra, o aguardado momento revolucionário não veio. Pouco depois, as eleições de Reagan e Thatcher vieram selar definitivamente o fim da onda revolucionária dos anos 1960. A nova ordem mundial neoliberal logo mostrou a que veio, destruindo o pouco que havia sobrado do movimento dos trabalhadores, transferindo poder público a instituições financeiras e intensificando operações genocidas

---

569 Dante Minazzoli, carta a Alejandro Agostinelli, jul. 1990, fornecida por Agostinelli.

de contrainsurgência no mundo todo. Quando ficou claro que o futuro já não estava mais nas mãos dos estudantes nem dos guerrilheiros rebeldes, Minazzoli passou a promover uma teoria da chegada de salvadores do espaço sideral.

Em 1982, ele começou redigir o texto que seria depois publicado com o título "Perché gli extraterrestri non prendono contatto pubblicamente?" [Por que os extraterrestres não estabelecem contato publicamente?], uma versão bastante ampliada de sua tese que Posadas havia regurgitado em seu discurso de 1968 sobre discos voadores. Há milhões de "civilizações alienígenas pacíficas", escreveu Minazzoli, citando a descoberta anunciada por Sagan na conferência de 1961 do SETI em Green Bank:[570]

> Porque em uma escala de períodos cósmicos, isto é, milhares e milhares de anos, as civilizações pacíficas devem predominar. O progresso, o espírito de criatividade ou de invenção requer um clima de liberdade, de fraternidade. De um ponto científico e filosófico da vista, não consigo conceber um ser inteligente, tecnológico e ao mesmo tempo imbecil, capaz de sustentar uma linha constante de progresso. Em períodos longos, longuíssimos, seria inevitável seu processo de degradação.[571]

Em outro lugar, ele citou história bíblicas e "teoria dos alienígenas antigos", de Erich von Däniken, para demonstrar que esses alienígenas já vêm nos visitando há séculos. Quando ingressamos na era industrial, as nossas armas começaram a apresen-

---

570 Dante Minazzoli, *Perché gli extraterrestri non prendono contatto pubblicamente? Come vede un Marxista il Fenomeno degli UFO*. Milão: Nuovi Autori, 1989, p. 320.

571 Dante Minazzoli, "Il fenomeno Ufo, un problema eminentemente politico" [carta a Alfredo Lissoni], 15 set. 1992, disponibilizado por *Guerrigla Marketing*: http://www.guerrigliamarketing.it/mir/minazz.htm.

tar uma ameaça grande demais, por isso pararam de vir. Foi só quando finalmente cindimos o átomo e nos preparamos para explorar o espaço que eles não puderam mais nos ignorar. Eles agora pairam a uma distância cautelosa, aguardando ansiosamente o momento certo para iniciar o "contato cósmico". Minazzoli definiu o momento como "uma nova fase histórica de uma ordem muito particular [na qual] nós, a humanidade terrestre, agora passamos a ser possíveis candidatos a nos tornarmos membros da Comunidade Intergaláctica."[572]

Ao trabalhar essa tese, Minazzoli buscou fazer com a ufologia aquilo que Marx havia feito com a filosofia: resgatá-la de uma interpretação desconectada de fenômenos externos e transformá-la em um veículo de transformação, de nós mesmos e do mundo. "Será impossível atingir um entendimento do atual problema global dos óvnis se ninguém quiser analisar a natureza contraditória do mundo em que vivemos", ele escreveu aos seus companheiros ufólogos. Os alienígenas estavam aqui esperando por nós, sabendo que temos a tecnologia e a ciência necessárias para que fossemos tratados como iguais, mas por conta de nosso "atraso espiritual" nós não havíamos nos "humanizado completamente."[573]

Minazzoli apresentou essa teoria aos principais nomes da área. Ele acreditava que, no fundo, muitos deles tinham traços radicais latentes e potencialmente politizáveis decorrentes da frustração que sentiam diante dos grandes governos, que estariam ocultando evidências do fenômeno, se recusando a apontar representantes globais para caso os alienígenas decidissem

---

572 Dante Minazzoli, "Il fenomeno Ufo, un problema eminentemente politico", op. cit.

573 Dante Minazzoli, "Si no hay transformación social, jamás se Dara el contacto masivo", op. cit., p. 4.

entrar em contato, ou divulgando apenas informes fortemente editados, que muitas vezes se acreditava ser pura desinformação.

Na esperança de estimular e canalizar seus impulsos no sentido do internacionalismo ou do anti-imperialismo, em 1990 ele organizou uma conferência de ufologia em Marselha. E reservou para si a fala de abertura. "O problema mais importante que enfrentamos na ONU depois que a guerra no Vietnã é a questão dos óvnis", ele lhes disse, alertando que se não pensassem em termos políticos, como ele, e não reconhecessem a clara missão diplomática dos alienígenas, eles ficariam vulneráveis às propagandas do governo.[574] Especificamente, a preocupação dele era a de que, com o fim da Guerra Fria – uma situação que poderia potencialmente levar a uma ampla desmilitarização que assinalaria para os alienígenas que era finalmente seguro para intervir –, os poderes imperialistas lançariam uma grande campanha de desinformação promovendo a narrativa de que a intensa atividade de óvnis observada seria uma ameaça, a fim de ampliarem seus orçamentos. Se não levassem em conta a hipótese de Minazzoli, os ufologistas ficariam expostos à manipulação desses agentes imperialistas, ou mesmo de alguma espécie alienígena desgarrada, que espalhariam documentos falsos retratando os alienígenas como seres hostis. Essa campanha de demonização, que aliás já estava pipocando na literatura de ficção científica e no jornalismo de tabloide, além de legitimar uma nova onda de militarização, também atrasaria indefinidamente o contato cósmico ao espantar os alienígenas novamente.[575]

Minazzoli identificava indícios desse tipo de propaganda na mudança de narrativa sobre alienígenas na passagem dos

---

574 Dante Minazzoli, "Il fenomeno Ufo, un problema eminentemente politico", op. cit.

575 Dante Minazzoli, carta a Alejandro Agostinelli, 23 dez. 1990. Marseille. Fornecida por Alejandro Agostinelli.

anos 1950 para os 1960. Na primeira onda de óvnis depois de Roswell, escreveu o antropólogo Steven Mizrach, as pessoas que relatavam ter entrado em contato com extraterrestres "alegavam que os Irmãos do Espaço [nome que usavam para designar os alienígenas] tinham vindo aqui para alertar a humanidade dos perigos interplanetários da guerra nuclear. Estavam aqui, como suseranos benevolentes, para nos resgatar de nós mesmos." Uma década depois, à medida que os alienígenas passaram a ser retratados cada vez mais como invasores russos no cinema de ficção científica e no jornalismo de tabloide, "os relatos de abdução assumem uma [narrativa] menos tingida de 'maravilhamento' e mais próxima de um filme de terror [...], em que os seres não parecem mais os Irmãos do Espaço 'ansiosos para nos explicarem o sentido da nossa vida aqui.'"[576]

"Talvez nessa mentira", escreveu Minazzoli referindo-se à propaganda contra os alienígenas, "nessas declarações e programas de desinformação, de intoxicação, a mesma burguesia mundial e o chefe daquela máfia infernal chamada Estados Unidos podem acabar caindo na sua própria armadilha. Nessa informação-desinformação talvez haja alguma uma verdade parcial."[577] Algo assim de fato ocorreu na década de 1990, quando denúncias vazadas por figuras hoje desacreditadas, como Bob Lazar, deflagraram um movimento ativista entre os ufólogos em torno da pauta da "revelação", que exigia do governo transparência radical sobre tudo que ele sabe. A figura mais proeminente desse movimento foi o ufólogo canadense Stanton Friedman, que chamou as pesquisas confidenciais do governo sobre óvnis de "*Watergate* cósmico"[578] e saiu dando

---

576 Steven Mizrach, "The Para-Anthroplogy of UFO Abductions: The case for the UTH", *Paranthrolpology Journal*, v. 4, n. 2, abr. 2013, p. 9.

577 Dante Minazzoli, carta a Agostinelli, op. cit.

578 Stanton Friedman e Kathleen Marden, *The UFO Cover-Up: What*

centenas de palestras em livrarias e universidades instruindo os interessados em óvnis a desconfiar do governo e do exército.[579] Para Minazzoli, campanhas como essa exprimiam a essência de sua missão: popularizar essa tensão (entre ufólogos crentes e a ordem global) nas fileiras da classe trabalhadora, que "não têm nada a perder, mas têm o universo a ganhar."[580]

Friedman, é claro, não era nenhum marxista, e a desconfiança que ele semeava pode certamente ter alimentado direitistas conspiratórios xenófobos bem mais do que propriamente socialistas. Na sua investigação recente sobre a Rede Mútua de Óvnis (MUFON, a maior organização de pesquisas ufológicas) para o livro *Republic of Lies* [República das mentiras], a jornalista Anna Merlan descobriu que a deferência a "*whistleblowers*" [denunciantes] permanece central para o campo de estudos, independentemente de quão dúbias sejam as alegações desses sujeitos, nem quão regressivas sejam as suas intenções (alguns são abertamente supremacistas brancos); de modo que as pretensões de investigação científica objetiva da organização ficam totalmente soterradas pelos incentivos materiais de se vender histórias chocantes e virais.[581] O livro de Minazzoli era uma tentativa de disputar e reverter essa apropriação comum de sentimentos libertários pelo populismo de direita, mas no

---

World Governments Don't Want you to Know. Nova York: Rosen Publishing Group, 15 dez., 2017, p. 79.

579 Aristos Georgiou, "Renowned UFO Scientist Stanton Friedman, Who Told Students 'Don't Be an Apologist Ufologist,' Dies", *Newsweek*, 20 mai. 2019. Disponível online: https://www.newsweek.com/renowned-ufo-scientist-stanton-friedman-who-told-students-dont-be-apologist-1430213.

580 Dante Minazzoli, *Perché gli extraterrestri non prendono contatto pubblicamente? Come vede un Marxista il Fenomeno degli UFO*, op. cit., p. 25.

581 Anna Merlan, *Republic of Lies: American Conspiracy Theorists and Their Surprising Rise to Power.* Nova York: Metropolitan Books, 2019, p. 203.

geral a publicação teve pouco impacto direto na comunidade ufológica, e os poucos que gostaram do livro ou simpatizaram com sua perspectiva política o fizeram em segredo.[582]

Diante desse fracasso do entrismo de Minazzoli, é tentador interpretar a maneira sucinta e pontual pela qual Posadas abraçou sua tese como uma sábia tentativa de saciar seu militante e redirecionar suas energias à política terrestre. Se isso for verdade, então a rigor a ufologia não deve ser vista como um elemento relevante do posadismo, mas sim um assunto fugaz, entre tantos outros, promovido por um único membro excêntrico, mas que mal interessou seu líder, e que hoje só aparece ocasionalmente em publicações posadistas mais ortodoxas.[583] Essa narrativa, no entanto, se complica se nos debruçarmos sobre a conversão de Paul Schulz à visão de mundo cósmica.

Judeu forçado a sair da Alemanha nos anos 1930 para se refugiar na Argentina, Schulz era um menino solitário e tristonho, até que Posadas apareceu e deu sentido à sua vida quando ele se tornou militante do GCI e do PO(T). Ele se mostrou um militante tão capaz no trabalho que fez nas fábricas de Rosário que foi enviado ao Marrocos para fabricar armas para a FLN em 1959, e em seguida para Argel, e dez anos depois a Frankfurt, onde estabeleceu a seção alemã, que seguiu tocando até os anos 1980. Quando as ordens de Posadas pararam de vir, sua vida desmoronou. Ele perdeu habilidades sociais básicas, não con-

---

[582] Dante Minazzoli, "Si no hay transformación social, jamás se dará el contacto masivo", op. cit., p. 7.

[583] Uma das raras postagens do portal *Posadists Today* celebra a descoberta do exoplaneta Kepler-452b, com características semelhantes às da Terra, em 2015, com a publicação de uma nova versão do ensaio de Posadas sobre os discos voadores. Da mesma forma, em 2018, POR uruguaio também dedicou uma página no site deles à busca por vida extraterrestre. Ver: http://www.por.uy/vida-extraterrestre/ e http://posadiststoday.com/the-quest-for-extraterrestrial-life/.

seguia mais falar com seus enteados nem usar um telefone. Seu casamento se esfarelou, a seção alemã desapareceu e ele recaiu em uma profunda depressão.

Em 1983, no entanto, algo mudou. Schulz começou a ouvir vozes de manhã cedo, ao acordar. Ele tinha 58 anos. De repente, ele se viu motivado a entender o que eram essas vozes e encontrou uma explicação na obra de um sujeito nascido na Suíça chamado Albert Eduard Meier, mais conhecido como Billy Meier.[584] Desde os cinco anos de idade, Meier alegava ter contato com os pleiadianos, uma raça alienígena altamente avançada e benevolente. Eles teriam dito a Meier que ele era a reencarnação de Maomé, Jesus e Buda, e o encarregaram da tarefa de iluminar a humanidade sobre a existência de espécies alienígenas rivais nos conduzindo à destruição. Embora Meier fosse seu principal contato, os pleiadianos também teriam se comunicado com centenas de outros humanos que eles consideravam capazes de entender e disseminar sua mensagem. Uma vez que Schulz se convenceu de que ele fazia parte desse grupo seleto, as vozes ficaram mais claras. Em seu livro de 2001, *Die offizielle Kontaktaufnahme einer außerirdischen Zivilisation mit uns Erdlingen steht nahe bevor* [O contato oficial de uma civilização extraterrestre conosco, terráqueos, é iminente], Schulz resumiu a mensagem de Ptaah, o pleiadiano. Há 40.353.607 raças humanoides no universo vivendo pacificamente, 7,5 milhões só na nossa Via Láctea. Criados como guerreiros para um conflito na constelação de Sirius que terminou há muito tempo, os humanos foram isolados como selvagens e geneticamente modificados para terem uma expectativa de vida de um décimo da dos nossos criadores. Se os líderes e cientistas do mundo

---

584 Werner Grundmann, "Rede vor der Beerdigung von Paul Schulz am 08.03.2013 auf dem Thomas-Friedhof in Berlin-Neukölln", 15 mar. 2013. Acessado em: http://www.wbgrundmann.de/paulschulzrede.htm.

reconhecessem essa história, seria possível desenvolver a tecnologia capaz de corrigir nosso código genético, imunizando-nos contra doenças, revertendo nossos impulsos belicosos e permitindo-nos estabelecer uma fraternidade pacífica com nossos irmãos do espaço.[585]

Schulz se deu conta de que toda a sua vida tinha o preparado para ajudar Meier a elevar a humanidade para essa autoconsciência cósmica. A ascensão de Hitler o havia enviado para a Argentina e o tornado antifascista. Dali, ele passou a militar para o único líder socialista que entendia que "a vida na Terra terá que se conectar com o Cosmos se quiser prosseguir".[586] Agora, ele ingressava no que denominou a "terceira fase" de sua vida, uma "Fase Cósmica" na qual ele estava mais uma vez transmitindo diligentemente o conhecimento proveniente de um poder superior.

Seu ânimo e sua energia intelectual aumentaram. Ele voltou a namorar e a escrever. Em 1990, mudou-se para Berlim com uma nova esposa. Eles compraram uma prensa móvel para seu apartamento e começaram a publicar um boletim chamado *Gesellschaftsreform jetzt!* [Reforma social já!]. Os textos traziam desde críticas posadistas tradicionais ao imperialismo e análises sobre a queda da União Soviética, até revelações dos pleitianos sobre a política mais ampla do cosmo e alertas sobre o perigo de não mudarmos nosso modo de agir. Ele acreditava que Posadas havia nos salvo uma vez ao fortalecer o contrapeso socialista ao imperialismo, de modo a dissuadir uma terceira guerra mundial. Mas, vinte anos após a morte de Posadas,

---

585 Paul Schulz, *Die offizielle Kontaktaufnahme einer außerirdischen Zivilisation mit uns Erdlingen steht nahe bevor, self-published*, 2001. Disponível online: http://www.wbgrundmann.de/paulschulz/stichpkt.htm.

586 J. Posadas, "War Preparations and the Role of the Socialist Countries", *Posadists Today*, 22 mar. 1981, http://posadiststoday.com/j-posadas-on-war/.

Schulz antevia uma nova catástrofe no horizonte: a combinação de crise econômica, superpopulação, mudanças climáticas e uma nova ameaça de guerra mundial. Com o aumento do poder destrutivo das armas nucleares,[587] tal guerra não só destruiria a Terra como criaria um buraco negro que engoliria toda a nossa galáxia – e possivelmente o próprio universo.[588]

Schulz se tornou um prolífico escritor antiguerra nos anos 1990 e na primeira década do século vinte, protestando contra as tensões no Golfo Pérsico, escrevendo aos membros do governo Bush para que não retaliassem os ataques do 11 de setembro, e sempre tentando fazer com que Billy Meier e sua organização abraçassem o marxismo a fim de ampliarem sua teoria de como analisar e transformar a ordem global. Christian Frehner, um representante da organização de Meier, a Comunidade Livre de Interesse pelas Ciências Espirituais e Fronteiriças e Estudos Ufológicos (FIGU),[589] conta que as cartas frequentes de Schulz e de seu único discípulo Werner Grundmann, nunca foram correspondidas. "Eles ficavam interpelando a FIGU repetidamente a respeito de suas suposições 'peculiares' etc. [...] e não tínhamos nenhum interesse em cooperar com aquilo de nenhuma

---

587 Grundmann escreveu, em sua homenagem fúnebre a Schulz: "Ele apontou que na pior das hipóteses, disparar uma bomba de nêutrons na Terra poderia destruir o universo inteiro na velocidade da luz." Werner Grundmann, "Rede vor der Beerdigung von Paul Schulz am 08.03.2013 auf dem Thomas-Friedhof in Berlin-Neukölln", op. cit.

588 Paul Schulz, "Die Katastrophenentwicklung auf der Erde bedroht unser ganzes Universum dem kann und dem muss ein Ende gesetzt werden!" Gesellschaftsreform Jetzt!, sem data, http://www.wbgrundmann.de/paulschulz/zeitschrift/311.htm.

589 Freie Interessengemeinschaft für Grenz- und Geisteswissenschaften und Ufologiestudien (Free Community of Interests for the Border and Spiritual Sciences and Ufological Studies, ou FIGU).

maneira."[590] Schulz seguiu escrevendo e-mails a eles com certa frequência até sua morte em Berlim, em 2013. Depois disso, Grundmann prometeu dar continuidade ao trabalho de Schulz. Isso significou principalmente bombardear a caixa de entrada de Meier com e-mails sobre o assunto, até que foi intimado a sustar seus esforços depois de ser abordado por misteriosos agentes à la "homens de preto".[591]

Ao que se sabe, Minazzoli e Schulz não mantinham contato. Ainda assim, os dois chegaram a conclusões muito próximas, que se diferenciavam apenas na vivacidade dos detalhes. As proposições de Schulz, no entanto, estavam totalmente no domínio da revelação divina – um método geralmente desaprovado tanto no campo marxista quanto no ufológico, que alegam seguir padrões científicos calcados em evidências e falseabilidade. O *Manifesto comunista*, de Marx e Engels, era expressamente contra prometer "castelos no ar" utópicos em lugar de empoderar o proletariado para que ele assuma as rédeas da história e crie uma sociedade sem classes totalmente nova, cuja planta baixa ainda não temos condições de esboçar. Da mesma forma, o famoso ufólogo Jacques Vallée advertiu que as figuras que descrevem civilizações extraterrestres sem evidências eram "mensageiros do engodo". No entanto, ambos esses campos estão repletos de figuras como Minazzoli e Schulz, que misturam imaginação e realidade material ao *primeiro* acreditarem na inevitabilidade da revolução socialista, da utopia ou da hipótese extraterrestre, para *depois* alegarem ser cientistas objetivos à medida que trabalham para justificar as suas crenças.

590 Christian Frehner, entrevista via e-mail com o autor, 12 jun. 2018.

591 Werner Grundmann, "Dokumentation außerirdischer und überirdischer Besuche", 14/04/2004-11/09/2007, http://www.wbgrundmann.de/dokbesuche.htm.

Em 1990, Vallée explorou as fronteiras entre esses dois polos em um artigo chamado "Cinco argumentos contra a origem extraterrestre dos objetos voadores não identificados". Ele argumentou que uma abordagem puramente probatória do fenômeno dos óvnis não justifica a confiança prevalecente de que eles são pilotados por extraterrestres humanoides, já que a maioria dos físicos e astrobiólogos são céticos quanto à possibilidade de viajar na velocidade da luz ou quanto à probabilidade de os alienígenas serem bípedes. Respondendo a teorias como a de Minazzoli de que os óvnis estão sondando a Terra neste período intermediário entre a guerra nuclear e a paz mundial, Vallée argumentou que as experiências com visitantes lá de cima são fenômenos trans-históricos que só passaram a assumir a forma de encontros com alienígenas paternalistas depois que esse tipo de representação começou a aparecer em narrativas de ficção científica. Em lugar disso, ele propôs uma "hipótese psicossocial" de que fenômenos paranormais surgem de lacunas em constante evolução na realidade consensual – algo entre um inconsciente coletivo, fenômenos paranormais externos e histeria em massa.[592]

Bogdánov chegou a conclusões semelhantes em seu *Empiriomonismo*. Partindo do pressuposto de que ambos o mundo material e nossa realidade percebida são criados pelo trabalho social, ele defendeu que o socialismo precisa se dedicar tanto à tarefa material de liberar o trabalho do capital por meio da luta de classes, quanto à tarefa ideológica de construir de novas formas de vida no imaginário social. Lênin denunciou esse conceito como idealista, e acusou Bogdánov de ser um místico que pensava que a realidade podia ser transformada tão facilmente

---

[592] Jacques F. Vallee, "Five Arguments Against the Extraterrestrial Origin of Unidentified Flying Objects," *Journal of Scientific Exploration*, v. 4, n. 1, 1990, p. 105-15. Disponível online: https://www.scientificexploration.org/docs/4/jse_04_1_vallee_2.pdf.

quanto alguém que muda de ideia – como se a matéria pudesse aparecer ou desaparecer magicamente.[593]

Com a expulsão dos bogdanovistas, os bolcheviques de Lênin assumiram o caráter de uma espécie de sacerdócio ou laboratório distribuindo a verdade para as massas ignorantes. O Estado totalitário soviético foi construído sobre essa premissa, possibilitando que Stálin fisicamente exterminasse sua oposição material ou ideológica com a mesma facilidade burocrática que apagar Trótski das fotos do partido ou retirar seus livros das bibliotecas do país. Mas assim como Stálin não foi capaz de matar todos os trotskistas, a ciência e as câmeras onipresentes não foram capazes de refutar todos os fenômenos paranormais. Da mesma forma, a luta comunista sobrevive muito depois do "fim da história" que se seguiu à derrocada da União Soviética. Esses elementos marginais permanecem espectros assombrando os guardiões da realidade – símbolos de verdades ocultas e veredas alternativas para futuros melhores que poderiam a qualquer momento vir à tona na forma de rupturas turbulentas ou como estranhos objetos aparecendo do nada.

Minazzoli faleceu em Marselha em 1996, mesmo ano em que a peça de propaganda jingoísta *Independence day* atingiu primeiro lugar nas bilheterias retratando os alienígenas como inimigos mortais da raça humana. Afastado de sua esposa, o único companheiro de Minazzoli era seu cão Baku – nome dado em homenagem ao pai do anarquismo, Mikhail Bakunin, cuja cisão com Marx na Primeira Internacional abriu um abismo político de um século. Foi desse imaginário político anarquista que Minazzoli, Posadas e o restante do proletariado argentino emergiram. Eles só se tornaram leninistas porque os

593 Vladimir Lênin, "Materialismo e empiriocriticismo: notas e críticas sobre uma filosofia reacionária", in *Obras completas, vol. XIII*, trad. Abguar Bastos. Rio de Janeiro: Calvino, 1946.

bolcheviques foram os primeiros a fazer a ponte entre ideia e realidade, criando Estados operários que deixaram o anarquismo, especialmente após sua derrota na Espanha, parecendo um mero "castelo no ar".

Nos seus últimos anos de vida, Minazzoli e Schulz assistiram a esse "socialismo realmente existente" também se desfazer como areia junto com a consciência de classe. "O contato cósmico com toda a humanidade terrestre é um processo irreversível, mesmo que leve décadas para ser concluído", escreveu Minazzoli no crepúsculo de sua vida, trocando uma profecia de céu secular por outra. E continuou:

> Nenhuma força pode impedi-lo. Nem os poderes terrestres nem os extraterrestres agressivos, com ou sem um "pacto diabólico" entre eles – nada disso será capaz de impedir que a humanidade terráquea venha a se tornar uma integrante plena da Comunidade Intergaláctica. Essa é a minha hipótese. Mas estou profundamente convencido dela.[594]

Esse incansável otimismo era um presente não só de Posadas, mas da afirmação de Lênin de que a história não se move em "linha reta, mas de maneira curva, que se aproxima infindavelmente de uma série de círculos, uma espiral." Essa visão caótica e sinuosa tornou-se tão importante no movimento que uma das centenas de rabiscos obsessivos de Posadas foi gravado em sua lápide. Esse ponto é muito mais bem ilustrado, no entanto, pela estranha redescoberta do livro de Minazzoli, poucos dias após sua morte, por um tal de Luther Blissett, uma figura misteriosa que levaria a história cambaleando em espiral de volta para o posadismo.

---

[594] Dante Minazzoli, "Il fenomeno Ufo, un problema eminentemente politico", op. cit.

17. Óvnis para o povo

Certo dia, em 1983, um atacante de origem jamaicana da seleção inglesa de futebol chamado Luther Blissett tomou um susto quando descobriu que seu contrato havia sido vendido ao AC Milan, um dos melhores clubes da Europa, por 1 milhão de libras. Era um salário enorme para a época, especialmente para o primeiro jogador negro da Itália; mas o mais estranho de tudo é que Blissett não era conhecido por ser um jogador particularmente excepcional. Após suas primeiras rodadas medíocres jogando na Itália, começou-se a especular que o olheiro da equipe tinha confundido Blissett com outro atleta mais talentoso que jogava com ele na Inglaterra: John Barnes.[595] No final da temporada, seu contrato foi vendido de volta aos ingleses pela metade do preço, e a lenda do desastre fez com que seu nome virasse uma gíria italiana para "catástrofe".

O caso espetacular de absurdo capitalista ficou particularmente popular entre artistas italianos de vanguarda influenciados pela vertente autonomista do comunismo. Surgido em torno de 1968, o autonomismo é algo como uma combinação de anarquismo e marxismo – rejeitando o PCI, a hierarquia leninista e o parlamentarismo em favor de autoatividades espontâneas como greves selvagens, saqueios organizados, ocupações e confrontos de rua contra fascistas e policiais. Os autonomistas se tornaram uma força dominante em meio à esquerda revolucionária europeia na década de 1970, impulsionando a agitação

---

595 Marco Deseriis, "Lots of Money Because I Am Many", em Begüm Özden e Firat Aylin Kuryel (eds.) *Cultural Activism: Practices, Dilemmas, and Possibilities*. Amsterdã: Rodopi, 2011, p. 69.

política na Itália em direção a momentos insurrecionais. Após uma série de atos violentos crescentes, alguns deles bandeiras falsas tramadas por elementos como a loja maçônica Propaganda Dois, o Estado italiano iniciou a repressão, efetuando prisões em massa no final da década. Quebrou-se o apelo de massas do movimento, forçando os militantes a recuar para sua infraestrutura contracultural de ocupações urbanas, clubes clandestinos, teatros e galerias de arte.

Em 1994, inspirado na jornada acidental do jogador que foi alçado à fama cultural, um grupo dessa rede lançou o pseudônimo multiusuário "Luther Blissett", uma identidade em aberto para qualquer um usar livremente. Eles começaram a pregar elaboradas peças midiáticas: hackeamentos (tanto digitais quanto sociais), atos de vandalismo e encenações de conspirações satânicas – todas reivindicadas por "Luther Blisset". O nome virou algo como a balaclava usada pelos autonomistas em seus *black blocs* para se protegerem contra a vigilância policial, desindividuando cada participante de modo a criar um herói popular coletivo. Nas palavras do coletivo autonomista Wu Ming, que também faz de uso desse tipo de pseudônimo em sua atuação:

> Não dava pra viver junto sem histórias para contar e ouvir, sem "heróis" cujo exemplo podemos seguir ou rejeitar [...]. Não dá pra se livrar totalmente dos mitos, e por que caralho nós deveríamos? Em vez de perder tempo escutando algum farsante pagando de radical, faz mais sentido entender o que está por trás da vontade dos movimentos sociais por mitos e mitologias, e ajudá-los a manter essas mitologias animadas, flexíveis e em movimento.[596]

---

[596] Wu Ming, "WHY NOT SHOW OFF ABOUT THE BEST THINGS?", *Giap Digest*, n. 18, dez. 2002. Disponível online: https://www.wumingfoundation.com/english/giap/giapdigest18.html.

Um dos projetos do núcleo romano do Projeto Luther Blisset inspirou-se em três filmes que eles tinham visto em 1996. O primeiro era *Independence day*, que começa com enormes naves alienígenas pairando sobre as principais cidades do mundo. Na ambiguidade do momento, pequenos grupos de bichos-grilos e pacifistas se reúnem no topo de um arranha-céu para receber os visitantes – e são, consequentemente, os primeiros a ser vaporizados. O segundo, *Jornada nas estrelas: primeiro contato*, tinha a mensagem oposta. No filme, que se passa em 2063, após uma terceira guerra nuclear, um cientista converte uma arma nuclear em um motor de dobra capaz de realizar viagens interestelares instantâneas. Com isso, a raça alienígena avançada dos vulcanianos se apresenta para receber humanos em uma ONU cósmica e presenteá-los com uma tecnologia de replicação que torna obsoletos a escassez, a economia e o trabalho assalariado. A terceira peça audiovisual, que chegou ao Luther Blisset por meio do companheiro ufólogo Alfredo Lissoni na forma de uma fita de VHS cheia de chiados, era uma entrevista com um velho comunista argentino que supostamente acreditava que tudo aquilo que aparecia no filme *Jornada nas estrelas* estava prestes a acontecer. Andrea Natella, uma integrante do grupo, recorda:

> Minazzoli tinha morrido há alguns dias e lemos com bastante empolgação "Por que os extraterrestres não entram em contato publicamente?", no qual inclusive encontramos muitas sacadas interessantes, bem como ideias que já havíamos discutido de forma independente. Por exemplo, a "lei cósmica", como estávamos a chamando depois de ver *Jornada nas estrelas: primeiro contato*, representava para nós um convite para estimular conflitos políticos na Terra como forma de provocar o Primeiro Contato.[597]

[597] Andrea Natella, entrevista via e-mail com o autor, 25 jun. 2019.

Lendo o trabalho de Minazzoli como uma ponte materialista entre as diferentes representações dos alienígenas em *Independence day* e *Jornada nas estrelas*, eles formaram um grupo de "ufologia radical" chamado Men in Red [Homens de Vermelho] – um nome referindo-se simultaneamente aos *Homens de Preto* e ao MIR, a sigla tanto da estação espacial russa quanto do movimento de esquerda de ação direta e armada que atuou durante o regime de Allende no Chile. Ao longo dos anos seguintes, eles encheram as paredes de Roma com imagens granuladas de óvnis ao lado de bordões políticos, e publicaram a revista *Ufologia radical*, repleta de ensaios que juntavam ufologia com uma política comunista inspirada em Amadeo Bordiga, Antonio Negri e Giorgio Agamben. A principal inovação teórica deles foi o chamado *exoplanetarismo*, uma perspectiva definida em uma entrevista para o blog *Nero* como uma abertura ao "contato autônomo" com uma "alteridade absoluta, incondicional, não codificada". O intuito não era literalmente estabelecer contato com alienígenas, mas sim preparar "um conjunto de atitudes emocionais fortes indispensáveis para o contato independente com extraterrestres, que mesmo que nunca venha a ocorrer, já terá melhorado nossa condição de abertura frente ao mundo".[598]

Em 1998, o MIR fez sua primeira ação pública no Sexto Simpósio Mundial de Ufologia, em San Marino. Entre um discurso de Corrado Malanga, do projeto "Stop Alien Abductions"[599] e uma fala do coronel aposentado do exército estadunidense Phillip J. Corso, que alegava que o governo dos EUA tinha feito engenharia reversa no disco voador de Roswell para criar ar-

---

[598] Danielle Gambetta, "Pretendi la Terza Era Spaziale", *Nero Editions* (blog), 22 fev. 2019. Disponível online: https://not.neroeditions.com/pretendi-la-terza-spaziale/.

[599] Ver: https://stopalienabductions.wordpress.com/whos-corrado-malanga/.

mas secretas visando defender a Terra de alienígenas inimigos, o MIR ocupou o palco para abrir uma grande faixa com os dizeres "*UFO al Popolo*" (óvnis para o povo)[600] e fez um discurso denunciando os organizadores da conferência e suas narrativas:

> [Os ufólogos radicais] sabem muito bem que o impulso centrífugo gerado pelo autonomismo dos óvnis, comparado aos paradigmas obsoletos do capital-Terra, é o campo em que o último jogo pela hegemonia é disputado: a revolução será exoplanetária ou não será. Há algum tempo, a polícia do pancapitalismo terrestre vem monitorando e reprimindo as tensões subversivas e desestabilizadoras inerentes à busca por alianças entre terráqueos e extraterrestres; eles entenderam perfeitamente bem que o fim do sistema de tédio, integrado ao nível do espetáculo endoplanetário, passa pela prática ufológica autônoma pela autodeterminação de uma evolução interespecífica.[601]

Soterrados pelo barulho de vaias e assobios do público, o grupo ergueu seus punhos, reforçou seu bordão e saiu do palco.[602] Apesar da hostilidade inicial, eles alegam que a ação acabou estimulando discussões no interior dos grupos ufológicos italianos, que continuam a exercer uma "forte influência" sobre eles.[603]

---

600 PierLuigi Zoccatelli, "Dagli Austronati Autonomi Ai Men In Red", *Le Religioni in Italia* (blog), sem data. Disponível online: https://cesnur.com/i-movimenti-dei-dischi-volanti/dagli-astronauti-autonomi-ai-men-in-red/.

601 Men in Red, "Unidentified Fighting Object, I Grigi Siete Voi!" [panfleto], *Geurriglia Marketing*, 4 abr. 1998. Disponível online: http://www.guerrigliamarketing.it/mir/volant.htm.

602 Federico Rosati, "UFO al popolo!!!", *Il Giornale dei Misteri*, mai. 1998. Accessado online: http://www.guerrigliamarketing.it/mir/gmisteri.htm.

603 Natella, entrevista com o autor.

Uma missão igualmente importante do MIR era desafiar a "alteridade incondicional do ativista comunista". Se os militantes conseguissem se desvencilhar do medo de entrar em contato com alienígenas, eles certamente seriam capazes de falar com os trabalhadores também. Foi por conta desse temor que Piero Leone frequentemente se comparava, em suas memórias, a um marciano visitando a Terra. Curiosamente, nos anos 1960, ele foi designado para entrar em um dos primeiros grupos do *operaismo* italiano, uma tendência fundamental ao autonomismo, que buscava desalienar militantes comunistas por meio de *investigações com trabalhadores* – entrevistas realizadas com operários sobre as suas lutas diárias. "Eu não entendia os problemas que estavam sendo discutidos (problemas não sobre o trabalho de organização na fábrica [...] mas sobre disputar a organização capitalista do trabalho)", conta Leone, ao lembrar de sua entrevista com um trabalhador automotivo da Alfa Romeo em Bolonha.[604] Embora ele tenha abortado a sua missão, as investigações ajudariam a produzir um acúmulo a ponto de produzir uma situação, no final dos anos 1960 e início dos anos 1970, em que estudantes comunistas e operários de chão de fábrica se rebelaram juntos contra seus patrões e contra a sociedade capitalista em geral.

O MIR enviava seu jornal a grupos de esquerda do mundo todo, inspirando a criação de novos grupos na Itália, na Inglaterra e nos Estados Unidos. Começou a surgir algo como uma Internacional ufóloga radical, com direito a congressos intergalácticos em Viena e Bolonha. Eventualmente eles acabaram entrando em conflito com uma organização semelhante, embora muito mais satírica, a Associação de Astronautas Autônomos (AAA). Na verdade, o grupo era anterior ao MIR, tendo sido fun-

---

[604] Piero Leone, "Circolo vizioso: La mia esperienza all'interno della Quarta Internazionale posadista con un modesto tentativo di analisi socio-politica", op. cit.

dado em 1995 com um "Plano Quinquenal para a construção de uma rede mundial de grupos locais e comunitários dedicados à construção de suas próprias naves espaciais". Em 1998, eles já reivindicavam conquistas como "*raves* espaciais, incríveis trajes espaciais, sexo em gravidade zero, críticas afiadas de agências espaciais financiadas pelo governo, partidas de futebol com três times".[605] As divergências teóricas entre os dois grupos culminaram em um debate em torno da estratégia de imediatamente adentrar o espaço. O MIR argumentava que era necessário primeiro ter uma revolução social, a fim de evitar a disseminação do militarismo e do capitalismo, e a AAA rebatia dizendo que as suas aventuras estavam produzindo as condições para a revolução social. Era uma disputa, familiar aos marxistas e anarquistas, entre espontaneísmo e organização, jocosamente reencenada no interior do espaço seguro de duas seitas semifictícias.

No final do milênio, no entanto, o movimento foi trazido de volta à Terra. O autonomismo explodiu no cenário global quando milhares de ativistas dos movimentos trabalhista, indígena e ambiental foram às ruas de Seattle para protestar contra o encontro da Organização Mundial do Comércio (OMC) em 1999. Entre os participantes, havia algumas centenas de anarquistas aplicando pela primeira vez a tática autonomista *black bloc* para quebrar dezenas de vidraças e erguer barricadas em chamas no centro da cidade. A combinação dos esforços de desobediência não violenta com o quebra-quebra de rua de fato conseguiu interromper o encontro – uma primeira vitória para o novo movimento "antiglobalização"[606] conhecido por sua

---

605 "Third Annual Report of the AAA," 1998. Acessado online: http://asan.space/wp-content/uploads/2017/04/The-Third-Annual-Report-ofthe-AAA_1998.pdf.

606 Por vezes também denominado movimento "altermundialização" para conotar um interesse em internacionalismo, em oposição à re-

prática de "pular" de cúpula em cúpula, se amotinando na esperança de construir uma resistência mundial às instituições financeiras internacionais e a enclaves elitistas antidemocráticos.

À medida que o movimento pegou embalo, a polícia começou a usar os *black blocs* como um pretexto para ações brutais de controle de multidões, instando o surgimento de debates sobre a efetividade desse tipo de confronto de rua e sobre os objetivos mais amplos do movimento. Uma das posições nesse debate veio de um grupo de militantes da cidade de Bellingham (Washington), chamado Spock Bloc Revolucionário Anarquista. O grupo havia sido parcialmente inspirado pela experiência de um curso de verão pós-OMC, no qual as teorias autonomistas de Negri foram discutidas pela primeira vez no contexto de um importante movimento social norte-americano. Até então, conta Blair Taylor, militante do Spock Bloc, os impulsos estratégicos e analíticos do marxismo e o aventurismo orientado à ação do anarquismo eram estritamente separados.[607] Vestindo orelhinhas pontudas e uniformes da Frota Estelar, os integrantes do Spock Bloc foram às ruas de Los Angeles para se contrapor à Convenção Nacional Democrata de 2000 levando uma faixa dizendo "A hierarquia é ilógica, a liberdade é racional". Um manifesto divulgado pouco depois defendia a "vulcanização" do movimento anarquista emergente por meio de uma insistência em racionalidade tática e visão positiva:

> As ações que tomamos devem proceder logicamente a partir da visão que estamos trabalhando para alcançar. Isso, portanto, levanta a questão: Será que o que estamos fazendo atualmente – indo às ruas com protestos em massa e ação direta – está de fato nos levando

tórica nacionalista e cripto-antissemita sobre "globalistas" agindo nas sombras.

607 Blair Taylor, entrevista via telefone com o autor, 11 ago. 2019.

> em direção ao nosso objetivo de uma sociedade onde todos os indivíduos são livres para florescer em suas plenas potencialidades?[608]

Eles argumentavam que o caminho mais lógico era voltar o foco do movimento para a resistência local ao capitalismo no nível comunitário, em vez de ficar viajando de cidade em cidade, ou país em país, para um final de semana de desobediência.

O sentimento refletia não apenas a forte influência do autonomismo europeu, mas também do movimento indígena dos *zapatistas*. O levante zapatista começou na esteira da ratificação do Acordo Norte-Americano de Livre Comércio (NAFTA) em 1994, um acordo que inicialmente devastou a economia mexicana, ameaçou terras indígenas e interrompeu seus modos de vida tradicionais. Em resposta, grupos de indígenas mascarados pegaram em armas para tomar cidades locais e construir comunas autônomas em todo o Chiapas, estado mais pobre do México. Eles não eram puramente localistas; um ponto que eles sublinharam na escolha de nome para o seu encontro internacional de 1996: "Encontro Intergaláctico". Dez anos depois, eles anunciaram a "*Otra Campaña*" para conectar grupos indígenas, feministas, sindicais e LGBT, incorporando-os ao modelo zapatista de um "mundo em que todos os mundos se encaixam".[609] Insistindo no tema, eles anunciaram ainda seu próprio "programa espacial autônomo", uma exposição de arte que apresentava

[608] RASB, "Revolutionary [sic] Anarchist Spock Bloc Manifesto", 3 set. 2000. Acessado online: https://www.nyc.indymedia.org/en/2000/09/206.shtml.

[609] Bastian, "Zapatistas: Intergalactic encounter," *Indymedia UK*, 26 nov. 2005. Acessado online: https://www.indymedia.org.uk/en/2005/11/328492.html.

naves espaciais feitas de espigas de milho e grãos de cacau pilotadas por zapatistas mascarados e vestidos de preto.[610]

Evocado por uma das lutas mais respeitadas do mundo, o conceito cósmico havia sido alçado, de um pequeno projeto artístico lúdico no interior de círculos autonomistas, para o estatuto de tropo comum em comunicados revolucionários. Dois exemplos recentes surgiram nas ruas de Santiago durante uma revolta geral em outubro de 2019[611] e, antes disso, em uma convocação para proteger a *zone à defendre* (ZAD), uma área verde nas imediações de Nantes, França, ocupada em 2015 para impedir a construção de um aeroporto. Ameaçados pela polícia em 2018, os moradores da ZAD, que àquela altura já era mais uma aldeia autônoma do que um mero bloqueio temporário, convocaram "solidariedade intergaláctica",[612] evocando a descrição exoplanetária de luta do livro *Motim e destruição agora*, escrito pelos autonomistas do Comitê Invisível em 2016:

> O processo de fragmentação [na ZAD], longe de constituir um distanciamento do mundo, só multiplicou as circulações mais inesperadas, as mais planetárias e as mais próximas. [...]. Novas realidades coletivas, novas construções, novos encontros, novos pensamentos, novos usos, recém-chegados em todos os sentidos com os confrontos necessariamente induzidos pela fricção entre

---

610 Catherine Wagley, "Do the Mexican rebel Zapatistas have a Space Program? A New Exhibit Imagines One", *LA Weekly*, 7 mai. 2012. Acessado online: https://www.laweekly.com/do-the-mexican-rebel-zapatistas-have-a-space-program-a-new-exhibit-imagines-one/.

611 Ver: https://en.liaisonshq.com/2019/10/22/the-empire-is-trembling.

612 Anônimo, "A Call for Intergalactic Solidarity Actions Everywhere to End the Destruction of the ZAD of Notre Dame des Landes", *Zad Forever* (blog), 11 abr. 2018. Acessado online: https://zadforever.blog/2018/04/11/a-call-for-intergalactic-solidarity-actionseverywhere-to-end-the-destruction-of-the-zad-of-notre-dame-deslandes/.

> os mundos e os modos de ser. E daí uma intensificação considerável da vida, um aprofundamento das percepções, uma proliferação de amizades, de inimizades, de experiências, de horizontes, de histórias, de contatos, de instâncias [...]. Há na fragmentação algo que aponta na direção do que chamamos "comunismo".[613]

Embora se possa traçar uma clara linhagem que liga Minazzoli a esses textos, se esses autonomistas conheciam o posadismo, era certamente apenas como um objeto de ridicularização. O escritor inglês Matthew Salusbury lembra de como seus camaradas riam do Partido Revolucionário dos Trabalhadores Posadista (RWP) quando seus militantes apareciam nas manifestações contra a guerra do Iraque em 2003: "Para anarquistas e espíritos livres como eu [eles eram] um culto biruta, minúsculo e obcecado em torno de um líder. Eles representavam tudo aquilo que a gente achava muito errado nos grupos 'autoritários de esquerda' e nos serviam de exemplo vivo dos perigos desse tipo de estrutura – e isso de uma maneira engraçada, já que a gente se divertia contando histórias deles no bar depois das nossas reuniões de militância".[614] Daí um estagiário da *Fortean Times* (FT), uma revista inglesa especializada em cobrir fenômenos paranormais, apresentou aos seus editores uma pauta de uma matéria sobre o grupo, se aproveitando de um falso boato de que o RWP distribuía panfletos sobre óvnis nas manifestações. "Eu tive que forçar o aspecto de culto aos óvnis para conquistar o interesse da FT", disse.[615]

Depois de passar alguns meses lendo a *Red Flag* e entrevistando Paul Schulz, Salusbury produziu a primeira retrospectiva do posadismo feita em língua inglesa e de alguém de fora do

613 Comitê Invisível, *Motim e destruição agora*, trad. Vinícius Honesko. São Paulo: n-1, 2018, p. 51-3.

614 Matthew Salusbury, entrevista via email com o autor, 11 abr. 2019.

615 Ibid.

movimento trotskista: "Trots in Space".[616] Quase inteiramente preciso, embora hiperbólico, a matéria se tornou um clássico do *FT* e uma das principais fontes da página de Posadas na Wikipédia e de inúmeras postagens em blogs.[617]

Em 2012, o escritor marxista David Broder complementou essa matéria do jornalista Matthew Salusbury com uma nova tradução em inglês do ensaio de Posadas sobre discos voadores (que até então só podia ser encontrado fazendo pesquisa de arquivo) para o site *Marxists.org*. O trabalho desses dois transformou Posadas (até então lenda urbana e piada interna em círculos de esquerda) em um herói popular da era espacial. O escritor de ficção científica Jake Arnott incorporou o posadismo em seu romance de 2012 *The House of Rumour* [A casa dos rumores], no qual um membro exilado do POR cubano xaveca a namorada do protagonista durante uma apresentação da Sun-Ra Arkestra, um conjunto de jazz *afrofuturista*. No jogo de tabuleiro "Trot Wars", de 2016, é possível jogar com o personagem Posadas. Anton Vidokle, artista que escreve sobre cosmismo russo, acredita que Posadas pode ter transitado pelos mesmos círculos que o escritor modernista Jorge Luis Borges e o cineasta surrealista Alejandro Jodorowsky – uma hipótese quase certamente errada, dado que Posadas tinha pouco interesse em contracultura. Por conta do interesse anglófono pela sua figura, no entanto, Posadas voltou a ser conhecido na Argentina, em um momento em que a memória cultural das contribuições políticas de seu movimento já havia arrefecido há bastante tempo. Em 2010, ele foi o 36° colocado em uma lista elaborada pela revista *Veintitres* das 200 figu-

---

616 Matthew Salusbury, "Trots in Space," *Fortean Times*, ago. 2003. Arquivado online: https://web.archive.org/web/20040412213345/http:/www.forteantimes.com:80/articles/176_trots3.shtml.

617 Ver: https://web.archive.org/web/20120505054154/http:/en.wikipedia.org/wiki/J._Posadas.

ras históricas argentinas mais conhecidas. "O posadismo", dizia a matéria, "é a tendência trotskista menos conhecida do país, mas a mais valorizada no resto do mundo."[618]

A peça "Proyecto Posadas", do dramaturgo portenho Andrés Binetti, sintetizou bem a tradição popular em torno do movimento. Situado no início dos anos 1970, um grupo posadista se reúne em uma barbearia no centro de Buenos Aires depois do expediente para organizar a festa de aniversário de seu líder. Eles inflam balões, preparam empanadas e discutem sobre óvnis, mas antes de Posadas chegar, um bando de direitistas da CGT invade o estabelecimento e os ameaça: "Se [vocês] continuarem com essa baboseira extraterrestre, vamos liquidar [vocês] todos [...]. Entrem na sua nave espacial e vão para a Rússia."[619] O público depois podia divulgar a peça nas mídias sociais tirando fotos com um balão de fala de papelão com as palavras "*Yo vi Posadas*",[620] uma referência à ausência à la Godot do próprio Posadas.

Em 2014, o escritor inglês Aaron Bastani ajudou a reanimar um interesse socialista genuíno no futurismo e no espaço com uma série de vídeos e colunas explorando o termo *Comunismo de Luxo Totalmente Automatizado* (FALC). Era uma visão de um futuro opulento pós-escassez possibilitado por rápidos avanços tecnológicos, subvertendo tanto os futurismos burgueses quanto a concepção popular de comunismo como uma vida cavando valas em uma lavoura empoeirada. "À medida que a informação, a mão de obra, a energia e os recursos tornam-se permanentemente mais baratos – e o trabalho e os limites do velho mundo vão se

---

618 Pablo Robledo, "200 Argentinos/Vida pasión y muerte (1810-2010)", *Revista Veintitres*, 2010. Republicado em Elisio Ramirez, "Entre las 200 personalidades más destacadas de Argentina" *Revista Conclusiones*, nov. 2010, p. 35.

619 Andrés Binetti, *Proyecto Posadas*, 2013. Texto fornecido pelo autor.

620 Ver: https://imggra.com/media/1911692755790719080.

tornando obsoletos", escreveu Bastani, "o que acontece é que nós não só satisfazemos todas as nossas necessidades, como também dissolvemos as fronteiras entre o útil e o belo. O comunismo é luxuoso – ou então não é comunismo."[621] O espaço entrou no esquema do FALC depois que Elon Musk lançou a ideia de minerarmos os asteroides a fim de extrair minerais raros usados na produção de smartphones e baterias de veículos elétricos. Bastani comentou que uma empreitada dessas tinha o potencial de erradicar as duras condições de trabalho e a destruição ecocida próprias da mineração aqui na Terra, desde que o projeto fosse tocado para o bem de toda a humanidade, e não só em benefício da SpaceX, a corporação de Musk.[622] O "Comunismo Espacial de Luxo Totalmente Automatizado" virou todo um tópico para usuários entusiastas do Reddit e inspirou a criação de várias páginas de Facebook repletas de memes, mesclando imagens soviéticas com peças de propaganda da era de ouro da corrida espacial e astronautas fincando várias bandeiras revolucionárias na lua.

Logo, começaram a aparecer nos memes imagens nostálgicas de alienígenas dos anos 1990, já populares entre os estetas do Tumblr, e incorporar a figura de Posadas foi o próximo passo lógico. À medida que descobriram seu entusiasmo pela guerra nuclear e pelos golfinhos, os memeiros de plantão começaram a criar páginas dedicadas exclusivamente a explorar o posadismo. A primeira delas apareceu em 2016, no meio do turbilhão de radicalização das eleições presidenciais dos EUA, quando um candidato fascistoide e um socialista passaram a disputar o *mainstream*. O interesse em

---

[621] Aaron Bastani, *Fully Automated Luxury Communism: a manifesto*. Londres: Verso, 2019, p. 56.

[622] Brian Merchant, "Fully Automated Luxury Communism", *The Guardian*, 18 mar. 2015. Acessado online: https://www.theguardian.com/sustainable-business/2015/mar/18/fully-automated-luxury-communism-robots-employment/.

Posadas atingiu seu auge em julho de 2017,[623] ultrapassando Ernest Mandel e Nahuel Moreno nas buscas do Google,[624] e por um breve momento foi até mais procurado do que o termo "trotskismo".[625] De repente, Posadas não era mais só uma curiosa nota de rodapé de uma nota de rodapé, mas uma das primeiras figuras socialistas com as quais se deparavam os jovens que estavam se radicalizando.

Nenhum grupo fez mais para reavivar o nome de Posadas do que a Liga Intergalática dos Trabalhadores – Posadista (IWL-P). Apresentando-se como um partido revolucionário filiado à linhagem histórica posadista, o IWL-P juntava o conceito de "magia dos memes" – a potência que os memes têm para influenciar a realidade material – com a concepção leninista de produzir e disseminar propaganda como um meio de construir o Partido. Em vez de jornais, o administrador da página do Facebook do IWL-P, o Comrade Communicator [Camarada Comunicador], optava pelas mídias dominantes de sua época: vídeos de YouTube, podcasts e memes. Com a ajuda de imagens virais retratando, por exemplo, um "Pepe, o Sapo", trajando um manto pseudossacerdotal e acolhendo várias tendências enfraquecidas da esquerda terrestre à transcendência do comunismo espacial,[626] ou Posadas como o Morpheus, do filme *Matrix*, oferecendo aos leitores "a pílula verde levemente incandescente"[627], a página chegou passou dos dez mil seguidores em poucos anos.

---

623 Ver: https://trends.google.com/trends/explore?date=all&q=Posadism. Acessado pela última vez em 23 dez. 2019.

624 Ver: https://shre.ink/ggm9

625 Ver: https:/trends.google.com/trends/explore?date=all&q=Posadism,Trotskyism. Acessado pela última vez em 23 dez. 2019.

626 Intergalactic Workers' League – Posadist, "Comrade High Commander speaks", Facebook, 20 abr. 2017: https://www.facebook.com/IntergalacticWorkers/photos/a.1129865800365334/1558882444130332/.

627 Intergalactic Workers' League – Posadist, "You take the blue pill, the story ends...," Facebook, 12 mai. 2017, https://www.facebook.com/In-

À medida que a popularidade do partido cresceu, o Comrade Communicator gradualmente transformou o IWL-P em uma seita plenamente operacional, com vários militantes empenhados em preparar a esquerda para receber nossos camaradas intergalácticos. Eles conspiraram para se infiltrar na SETI a fim de "tomar os meios de detecção", sabotar os bunkers de apocalipse da elite e espalhar uma teoria de que a CIA e o FSB russo colaboraram para instalar Trump na presidência, a fim de evitar que Hillary Clinton revelasse a todos a existência de alienígenas.[628] Por trás de tudo isso havia uma curiosa mitologia de origem. Nascido na Ucrânia soviética e criado em Coney Island, Nova York, o Comrade Communicator conta que foi recrutado para o posadismo por um estranho ancião russo que ele encontrou berrando para os golfinhos de Brighton Beach. O homem se apresentou como Comrade High Commander [Camarada Alto Comandante], revelou que havia descoberto o posadismo na época do colapso da União Soviética e tinha decidido criar um partido contra o "revisionismo" do posadismo ortodoxo de León Cristalli.

O Comrade Communicator falou duas vezes no Left Forum de Nova York, panfletou em uma feira nova-iorquina de livros anarquistas em 2018, participa regularmente na Mermaid Parade [Parada da Sereia] de Coney Island e costuma oferecer "testes de estresse socialista" nas ruas da cidade. Em 2018, ele e outro militante do IWL-P participaram da manifestação do Primeiro de Maio na Union Square, em Manhattan. Carregando um ícone de J. Posadas em estilo meio eslavo, uma camiseta representando diferentes tipos de óvnis e um broche de esmalte da Roscosmos, ele parecia ligeiramente fora do lugar entre as dezenas de outras pequenas seitas marxistas na praça. Alguns *trolls* da *Alt-Right* apareceram para

---

tergalacticWorkers/photos/a.1129865800365334/1570459289639314/.

[628] Zero Books Posadist Special, *Zero Books Podcast*, 8 jun. 2017. Disponível em: https://douglaslain.net/zero-books-posadist-special/.

tirar sarro deles pelo uso da foice e do martelo, teóricos da conspiração vieram discutir as possíveis ligações entre os óvnis e os atentados de 11 de setembro, e um membro da Corrente Marxista Internacional – um grupo trotskista que afirma que o *Big Bang* nunca aconteceu – debateu a origem do universo com eles. Talvez os únicos que de fato sacaram a piada fossem os membros da Cáucaso Posadista do DSA – uma facção satírica dos Socialistas Democráticos da América que mesclava o tom apocalíptico dos eventos climáticos extremos provocados pelas mudanças climáticas com a tarefa de criar uma nova sociedade enraizada em solidariedade, para organizar festas beneficentes em 2018 para os esforços de socorro aos afetados pelos furacões em Houston e na Flórida. Seus membros jovens tiraram *selfies* com o Comrade Communicator como se ele fosse um mascote do parque de diversões.

O principal rechaço que os neoposadistas receberam naquele dia, no entanto, foi contra sua promoção do chauvinismo pró guerra nuclear. Estranhando o fato de que revolucionários marxistas-leninistas se ofendessem com essa posição, a Liga respondeu à crítica em um panfleto, impresso para o Primeiro de Maio, intitulado "Marxismo como futurologia: entendendo o catastrofismo posadista em seu contexto adequado":

> Sempre que um posadista entra na sala, é como se a Morte Rubra tivesse chegado ao baile de máscaras. O trotskista terrestrialista que tinha acabado de começar a dar um sermão a algum anarquista sobre a necessidade revolucionária da supressão do soviete de Kronstadt de repente se cala. O stalinista que estava prestes a começar a dar um sermão ao trotskista sobre a necessidade revolucionária do Grande Expurgo berra em choque. De cima a baixo, estamos sempre ouvindo o velho refrão: "a revolução não é um jardim de rosas!". Mas qualquer discussão sobre as potencialidades

> revolucionárias da guerra nuclear está fora de questão. Por quê? Ora, por que mais? Porque faz com que suas rosas murchem![629]

A sátira ácida do IWL-P lançou uma sombra sobre aquele dia primaveril no parque. De repente, a multidão de algumas centenas de pessoas parecia pouco mais do que um conjunto de vários grupinhos sectários autossatisfeitos reencenando movimentos fracassados, que ficavam parecendo ainda mais débeis diante do cenário de fortalecimento do populismo de direita e agravamento da catástrofe climática. A repetição da história, lamentou Marx certa vez, muitas vezes segue o esquema hegeliano: "primeiro como tragédia, depois como farsa". Talvez apenas procurando uma desculpa para aproveitar um dia ao sol, o Comrade Communicator sugeriu um adendo:

> Isso que nós da esquerda adoramos chamar de nosso trabalho político, por vezes até de nossa militância revolucionária, na verdade não tem nada de político nem de revolucionário. Se assemelha muito mais ao ritual religioso. Comícios em massa, distribuição de jornais, reuniões intermináveis, campanhas eleitorais, confrontos de rua, escrita de artigos que nunca serão lidos, publicação de livros que não terão qualquer uso prático para absolutamente ninguém [...]. Talvez em outra época, em outro lugar, esses rituais tiveram uma relação com um movimento mais amplo, uma estratégia mais ampla. Esse tipo de agitação sempre esteve presente nos momentos revolucionários. E assim, desprovidos de qualquer concepção real da coisa em si, tentamos nos apropriar da revolução encenando suas esquisitices inessenciais *ad nauseam*. Isso é o que vem depois da farsa. Isso é LARP.[630.]

---

629 Comrade High Communicator, "Marxism as Futurology" , 2008, p. 5.

630 "Live Action Roleplaying" um *hobby* que envolve se fantasiar de personagens de RPG como "Dungeons & Dragons" e encenar batalhas com armas de espuma, geralmente em parques públicos Intergalactic Worke-

18. Sobre a função da piada e da ironia na história

Da sede do partido em um pitoresco bairro da Montevidéu social-democrata, o secretário do POR uruguaio Raul Campanella tem pouco interesse em capitalizar em cima do reaparecimento de seu líder no mundo dos memes. Além de no geral considerar o discurso nas redes debochado e ineficaz, para ele Posadas foi um grande organizador e pensador de seu tempo, mas suas teorias mais importantes tinham relevância para um momento histórico que já não é mais o nosso.[631]

Do outro lado do rio, em Buenos Aires, León Cristalli defende seu pai de maneira semelhante, alegando que suas previsões de guerra nuclear e da regeneração parcial acabaram se realizando de maneira diferente. "O curso da história demonstrou que ele estava correto [...]. Quantos milhões de seres humanos morreram em todos os conflitos após a Segunda Guerra Mundial?"[632] Foi tão somente a persistência dos Estados operários que impediu, e continua a impedir, o derradeiro acerto de con-

---

rs' League – Posadist, "Comrade High Commander speaks", op. cit.

631 "Este não é o palco de J. Posadas, ele não tinha como ter antevisto que o processo altamente avançado de regeneração retrairia em forma [...] da mesma maneira que Marx não tinha como ter antevisto que o primeiro país que desenvolveria uma revolução socialista [...] seria a Rússia tsarista." Joel Horacio [Leon Cristalli], *Conclusiones de la Guerra del Golfo.* Buenos Aires: Ediciones Voz Proletaria, 1991, p. 26.

632 Citado em Marcelo Massarino, "Viaje al interior del posadismo", *Sudestada*, 2009. Disponível online: http://factorelblog.com/2018/04/08/posadismo-interior/.

tas.[633] Igualmente minimizando o interesse por alienígenas, ele observou: "Quando é o Carl Sagan que está dizendo, não tem problema nenhum, mas quando Posadas falou essas coisas [...] ele é imediatamente taxado de biruta planetário."[634]

Há outros, fora do movimento, que criticam esse renascimento de Posadas como meme ou personalidade de uso múltiplo como uma iniciativa cruel. Eles geralmente argumentam que Posadas tinha transtornos mentais[635] e que esse tipo de humor em torno de suas excentricidades acaba sendo no fundo um ataque fácil, covarde e capacitista contra ele, que ainda por cima desrespeita os milhares de militantes trotskistas de todo o mundo que lutaram incansavelmente pelo socialismo – muitos dos quais foram presos, torturados ou mortos na luta.

Esta crítica é tão válida hoje quanto era há sessenta anos, quando Posadas expôs pela primeira vez as suas idiossincrasias. Mesmo naquela época o posadismo já era uma espécie de espelho distorcido da esquerda. Aqueles que zombavam de suas posições birutas, cultismo, teorias conspiratórias, catastrofismo chauvinista e digressões paranormais estavam apenas rindo de

---

633 Joel Horacio [Leon Cristalli], *Conclusiones de la Guerra del Golfo*, op. cit., p. 8.

634 Citado em Marcelo Marcelo Massarino, "Viaje al interior del posadismo", *Sudestada*, 2009. Disponível online: http://factorelblog.com/2018/04/08/posadismo-interior/.

635 No fórum RevLeft, o usuário *penguinfoot* disse que Posadas escreveu o ensaio sobre os discos voadores "depois de ter sido torturado. Não tem graça". A afirmação foi citada por outro usuário, *Devrim*, que disse que tinha ouvido essa história da tortura de um ex-posadista italiano, de cujo nome ele não se recorda. O verbete sobre Posadas no *RationalWiki* também termina com essa observação, sem citar fontes: "A bem da verdade, Posadas ficou mais do que um pouco esquisito depois de ser torturado." Ver: https://www.revleft.space/vb/threads/143848-What-are-Posadists e https://rationalwiki.org/wiki/Posadism.

seu próprio reflexo distorcido – um ponto ecoado por seus ex-militantes no *Boletín Marxista 8*:

> Em última instância, Posadas é uma figura trágica, e só as pessoas mais superficiais tentarão explicá-lo a partir dos seus aspectos mais grotescos e humorísticos [...]. Essas pessoas temem que, se olharem de perto o fundo do poço que é o posadismo, vão acabar vendo seu próprio reflexo. Por isso procuram preservar suas vidas conservadoras, até que no fim tudo venha abaixo. Uma vez que a regressão de uma pequena tendência proletária trotskista faz parte de um problema maior envolvendo a revolução mundial (semelhante às aberrações stalinistas, a idolatria de Mao ou de Kim II Sung...), não estamos objetivamente preocupados com um caso que não se resume a uma simples loucura individual.[636]

Tanto naquela época quanto hoje, a relevância política e ética do posadismo deve muito ao peso de sua intriga cômica. O filósofo Simon Critchley argumentou que a maior parte do humor é uma *comédia de reconhecimento* que "simplesmente reforça os preconceitos existentes e nos faz sentir melhor sobre nós mesmos", efetivamente defendendo a ordem social vigente ao *pisar* em algo ou alguém inferior ao público: "chutar cachorro morto".[637] Historicamente, o posadismo foi sempre alvo desse tipo de "humor reacionário" – usado pelos stalinistas para atacar trotskistas, por trotskistas para atacar outros trotskistas e pela direita para atacar a esquerda em geral.

---

636 Lucero [Gilly], Manuel [Guillermo Almeyra], Diego E. [Labat], Viana, Ernesto [di Franco], Madero [Anate Almeyra], Victor [Jordi Dauder], D., M., Gianni, "A Critical Assessment of the Former Latin American Bureau Tendency within the Fourth International", op. cit.

637 Simon Critchley, *How to Stop Living and Start Worrying: Conversations with Carl Cederstrom*. Cambridge: Polity Press, 2010, p. 82-4.

O humor que se desenvolveu em torno do posadismo na última década, no entanto, carece dessa dimensão estratégica. Para os memeiros de vanguarda, as noções mais ridicularizadas de Posadas são acolhidas como interrupções vibrantes na história sombria da luta socialista e no desespero da banalidade do presente. Desprovidos de proposições políticas sinceras ou inimigos para caluniar, os memes posadistas representam o que Critchley chamou de "humor de verdade" – semelhante à sátira de Jonathan Swift, ao humor ácido dos surrealistas e à literatura do absurdo de Kafka – que confrontam diretamente a tensão do *status quo*: "Uma grande piada nos permite ver o familiar desfamiliarizado, o ordinário como extraordinário, e rimos com uma espécie de grunhido de prazer".[638] A chegada de Posadas aos anais almiscarados da história do socialismo revolucionário coloca em questão as alegações de "ciência eterna" canônica e objetiva feitas pelos seus sacerdotes sobreviventes e, talvez com isso, abre a porta para arejá-lo.

Embora o riso possa hoje ser mais subversivo, ele não necessariamente se traduz em ação. O único elemento do posadismo que a juventude de hoje estranha demais, afinal, é aquele que o tornava o mais comum entre seus pares: a certeza de que a revolução estava chegando e um compromisso com fazê-la acontecer. Essa mesma crença motivou Lênin a enfrentar o risco da chacota e apresentar suas *Teses de abril*, a trabalhar com Trótski para lançar a rebelião de outubro de 1917, mesmo sabendo que aquilo provocaria uma contrarrevolução, e depois a lutar uma guerra civil brutal, mesmo sabendo que se a revolução não fosse capaz de se alastrar aquilo comprometeria todos os esforços deles. "Quando vinte e cinco países atacaram a URSS, Lênin fez mais piadas do que nunca", escreveu Posadas em um ensaio de 1976 argumentando que as piadas "desapareceriam" uma vez que o socialismo acabasse com toda a dominação e todo dis-

---

638 Ibid., p. 87.

tanciamento irônico. Até lá, ela deveria ser usada como arma contra o inimigo:

> Quando há segurança para seguir objetivamente a experiência da história, há um motivo de pura alegria. A morte dos camaradas, o defeito de uma ação revolucionária, a junta de assassinos no Chile [...] essas coisas produzem uma análise necessária, dedução do que aconteceu, mas não insegurança [...]. A tristeza foi expelida das relações humanas [...]. A guerra é uma consequência da propriedade privada, não é um mistério nem um mal da natureza ou do cosmo, mas um produto das relações humanas que a humanidade sente que pode mudar agora. Que motivo há para não ser alegre e não fazer piadas nas reuniões? É necessário fazer piadas que tendem a elevar a inteligência para entender [...]. Esta é a função da piada. A piada dirigida ao inimigo deve ser feita para diminuir sua perspectiva histórica, mesmo considerando que ele está armado. Por isso, as piadas que fazemos sobre as camadas capitalistas visam diminuir a importância delas sem parar para considerar que elas dispõem de armas, que elas seguem e seguirão causando desastres para a humanidade.[639]

Infelizmente, a piada caiu no colo dos bolcheviques. Embora tenham emergido vitoriosos da guerra civil, as revoluções proletárias na Europa nunca vieram – um chiste histórico que eles fingiam não entender. Mantendo a fé, o Comintern declarou em 1922 que o capitalismo ainda estava em sua "agonia de morte" e justificou a necessidade de seguir com um Estado ditatorial, uma política de disciplinamento da classe trabalhadora,

---

639 J. Posadas, "On the Function of the Joke and Irony in History", 18 ago. 1976, Posadas Tendency Collection, MS1209/10/1, p. 2, Senate House Archives.

coletivização forçada, industrialização e socialismo em um só país enquanto aguardavam seu colapso.[640]

À medida que a barbárie stalinista se cristalizou e o impacto da Segunda Guerra Mundial se aproximava como um asteroide em rota de colisão com a Terra, a fé sólida de Trótski exigia uma nova etapa de evolução. A Quarta Internacional chegou como uma pequena e astuta criatura em meio a potências mundiais jurássicas, velhas Internacionais e sindicatos anarquistas fossilizados. Mas o impacto não limparia o campo em uma única explosão. Em vez disso, a ordem do pós-guerra era um ambiente alterado que a cada ano se tornava um pouquinho menos habitável para a vida revolucionária. Tremendamente enfraquecida, a Internacional de Pablo e Posadas só tinha condições de pegar carona nas caudas dos mamutes stalinistas e nacional-populistas à sua direita, oferecendo uma ilusão de estabilidade dentro de seu declínio coletivo no atoleiro do século XX.

No *Boletín Marxista 8*, os ex-posadistas admitiam que essa estratégia entrista desesperada era, "[assim como] todo pragmatismo, o inimigo mortal do raciocínio marxista e toda e qualquer generalização teórica possível."[641] Hoje, com mais um caos epocal ainda maior no nosso horizonte, esse pseudopragmatismo ainda pode ser visto na promessa liberal de progresso gradual, na aliança cega da ortodoxia marxista-leninista aos poucos Estados operários remanescentes e na nostalgia anarquista pela relevância que tinham no antigo movimento dos trabalhadores.

---

640 Fourth Congress of the Communist International, "Theses on Comintern Tactics," 5 dez. 1922, trad. John Riddell, disponibilizado no Marxist's Internet Archive: https://www.marxists.org/history/international/comintern/4th-congress/tactics.htm.

641 Lucero [Gilly], Manuel [Guillermo Almeyra], Diego E. [Labat], Viana, Ernesto [di Franco], Madero [Anate Almeyra], Victor [Jordi Dauder], D., M., Gianni, "A Critical Assessment of the Former Latin American Bureau Tendency within the Fourth International", op. cit.

Conforme as temperaturas quebram novos recordes a cada ano e nosso planeta de asfalto volta a se tornar piche, é muito mais pragmático atinar com o apocalipse do que com esses contos de fadas de ressurgência das massas do século XX. Não deve ser nenhuma coincidência, então, que a voz mais alta – que em plena Guerra Fria estava pregando que a utopia viria depois da destruição mutuamente assegurada – volte agora a reverberar em um momento em que a catástrofe climática emerge como consenso científico. Tampouco é de se espantar que as narrativas fantásticas do cosmismo socialista estejam sendo ressuscitadas agora, no início de uma Nova Era Espacial que só oferece salvação para a classe burguesa. A princípio resgatada da lata de lixo da história por alívio cômico, a figura distorcida de Posadas vem se tornando mais cativante, até inspiradora, a cada meme de nuvem de cogumelo.

Sem a pretensão de corrigir a imagem histórica de Posadas, nem de encontrar um núcleo racional dentro de seus sermões doidos, os neoposadistas demonstram como a politização na era digital abre novas fronteiras, desconhecidas e extremas. O meme "minha jornada política" retrata a típica evolução dos jovens politizados por meio da propaganda memética, que passam rapidamente do liberalismo ou do conservadorismo básicos a combinações grotescas de movimentos adormecidos ou marginais: paleoconservadorismo com hoxhaismo, stirnerismo com comunismo de conselhos, posadismo e primitivismo, trans-humanismo com etnonacionalismo, Juche e ecofascismo. A maioria desses diagramas começa em 2016 e traça o movimento da posição do protagonista no curto período de quatro a cinco anos, partindo do centro em uma viagem interminável para muito além dos limites do espectro político.[642]

Embora os mais monstruosos desses desejos políticos sejam impossíveis, os efeitos de sua propaganda têm amplo alcance.

---

642 Ver: Joshua Citarella, "Politigram & the Post-left 2018", p. 7, http://joshuacitarella.com/_pdf/Politigram_Post-left_2018_short.pdf.

Em larga medida blindados, tanto da responsabilidade quanto da maturação pessoal obtida por meio da luta material, cara a cara, esses mutantes modernos agora esvaziaram totalmente qualquer otimismo com o qual os movimentos de *hashtag* (Black Lives Matter, Occupy etc.) assinalavam com uma nova onda revolucionária construída sobre as promessas igualitárias e diretamente democráticas da praça pública digital. Em 2016, a potência viral da política online involuiu para uma guerra memética na qual a extrema-direita saiu brutalmente na frente. Habilmente canalizando a repulsa generalizada ao neoliberalismo contra qualquer alternativa progressista, Duterte, Farage, Trump, Salvini, Duque, Bolsonaro e Boris Johnson chegaram ao poder surfando em uma onda revanchista de xenofobia, misoginia, homofobia, nacionalismo e autoritarismo de lei e ordem.

Nascido nesse mesmo furacão, o neoposadismo representa um inabalável contraponto à política neofascista da exclusão. Em seu cerne reside uma abertura radical – não apenas em sua *xenofilia* por imigrantes e refugiados, população LGBTQIA+, extraterrestres e animais não humanos – mas uma rejeição às quatro formas de alienação que Marx descreveu em 1844: a separação dos humanos de si mesmos, dos indivíduos uns dos outros, dos grupos sociais e populações uns dos outros, e dos humanos em relação ao seu mundo.[643]

Para Marx, essas divisões estão enraizadas na lógica mais fundamental da sociedade capitalista: comandar o trabalho para produzir mercadorias. Essas mercadorias são produtos que têm um uso particular, mas mais importante que sua utilidade é o fato de que podem ser trocadas por um valor maior do que o investimento inicial do capitalista em maquinaria e mão de obra. Sob o capitalismo, a única mercadoria que a maioria das pessoas

---

643 Karl Marx, *Manuscritos econômico-filosóficos*, trad. Jesus Ranieri. São Paulo: Boitempo, 2008.

têm para vender é de sua capacidade de produzir mercadorias para os capitalistas, e muitas vezes precisam vender a maior parte de seu tempo e força de trabalho para conseguir sobreviver. Mas mesmo que possam desligar o cérebro durante o trabalho, elas não podem escapar da sociedade capitalista alienante que produzem. Tudo e todos que elas veem parece ter algo como uma etiqueta de preço quantificando a permutabilidade do produto ou a renda da pessoa, o que não reflete necessariamente seu verdadeiro valor. Tal como um vampiro, o capital suga o trabalho vivo de você para criar esse mundo morto de objetos – escreveu Marx, evocando uma imagem popular da época.[644]

Mas Marx também vislumbrou um caminho para atravessar esse esquema sombrio. À medida que o modo de produção capitalista se generalizava e expandia em mercados nacionais e globais, ele passava a depender cada vez mais da concentração e cooperação de trabalhadores em fábricas e cidades. Populações anteriormente isoladas de camponeses começaram a desenvolver uma linguagem, cultura e luta em comum. Organicamente, eles perceberam que, se unindo para reter sua mão de obra, eles tinham cacife para exigir reduções nas suas jornadas de trabalho e elevações salariais a fim de tornar suas condições de trabalho mais humanas. Por meio dessa luta material, as suas vidas adquiriram um novo significado político. Ser trabalhador era essencialmente a mesma coisa em qualquer país ou continente, e eles eram ainda mais fortes se conseguissem se organizar para além das fronteiras nacionais.

Temendo essa unidade dos trabalhadores contra os patrões, os pensadores burgueses semearam a divisão buscando justificar que suas posições na hierarquia social eram naturais. Os proprietários estavam no topo porque, afinal, eram melhores e mais inteligentes,

---

[644] Karl Marx, *O capital: crítica da economia política, Livro I: o processo de produção do capital*, trad. Rubens Enderle. São Paulo: Boitempo, 2011.

e os de baixo pertenciam ao lugar em que estavam. A um estrato de trabalhadores um pouco mais bem de vida (na Europa e na América do Norte, tipicamente homens heterossexuais brancos) foi dito que o socialismo queria tirar seus privilégios naturais nessa hierarquia. Para reforçar ainda mais esse ponto, os trabalhadores foram alistados para lutar em guerras contra os trabalhadores de outros países sob a premissa de que a sua nação seria a melhor e mais forte, e que era a sua classe dominante nacional que deveria dominar o mundo.

Uma orientação fundamentalmente positiva perante os *outro* "alienígena" torna-se assim um trunfo para as lutas comuns. Organizações de estudantes e trabalhadores, grupos comunitários, sociedades de ajuda mútua, partidos políticos e mobilizações antiguerra – tudo isso depende de alianças que transpõem as "linhas inimigas" traçadas pela classe dominante. O declínio acentuado desse tipo organização coletiva não só fortaleceu o poder do capital para arrochar os salários reais, revogar serviços sociais e desregulamentar as condições de trabalho e de vida, como também tornou a sociedade um lugar mais dividido, perigoso e deprimente. De acordo com um estudo de 2015 do sociólogo Joe Cortright, as tendências de fechar e policiar o espaço públicos, a segregação econômica e o uso crescente das mídias sociais aumentaram o isolamento e a desconfiança em relação a estranhos.[645] Sentir-se rejeitado, sem lugar e sem esperança é geralmente considerado um problema individual, mas depressão, doença mental, obesidade, dependência de drogas e suicídio são epidemias cada vez piores em regiões onde o desemprego e o subemprego tornaram milhões de pessoas totalmente supérfluas para o capital – de modo que suas vidas viram uma mercadoria que muitas vezes nem elas querem mais.[646]

---

645 Joe Cortright, "Less in Common", *City Observatory*, jun. 2015. Disponível online: http://cityobservatory.org/wp-content/files/CityObservatory_Less_In_Common.pdf.

646 Ver: https://www.who.int/mental_health/management/depression/

Os populistas de direita e os centristas liberais oferecem explicações diferentes para essa pobreza e desesperança, mas ambas buscam preservar sua hierarquia. Mesmo que no fundo tenha sido a própria classe política capitalista que negociou os acordos de livre comércio e a fuga de capitais que levaram à desindustrialização do Norte da Europa e da América do Norte, a direita aponta como bodes expiatórios os trabalhadores estrangeiros, cujas vidas também foram viradas de cabeça para baixo pelo livre comércio, ou então recorre a teorias conspiratórias antissemitas praticamente explícitas sobre "globalistas" agindo nas sombras para enfraquecer a identidade nacional a fim de dominar o planeta. Os liberais, por outro lado, apelam muito menos a temas raciais e teorias da conspiração, preferindo convidar indivíduos de grupos marginalizados para os corredores do poder – contanto que não questionem a exploração capitalista em si. Com essas duas mistificações, a relação essencial de classe fica tão protegida que a ordem global parece absolutamente imutável, o que só aprofunda ainda mais a falta de esperança em relação ao futuro.

Não é de se espantar que posições niilistas tenham se tornado tão comuns entre aqueles que entendem o quão profundamente insustentável é esse sistema de aparência impenetrável. Mesmo muitos socialistas dedicados acreditam que já não há mais tempo para deter o capitalismo antes que ele destrua a civilização por meio de mudanças climáticas e/ou guerra nuclear. Aqui, o neoposadismo oferece outra forma de abertura radical para um *outro* alienígena demonizado: o futuro.

As distopias de ficção científica (aparentemente o único tipo plausível de narrativa hoje), são muitas vezes ambientadas em futuros pós-apocalípticos nos quais grande parte do mundo foi

---

wfmh_paper_depression_wmhd_2012.pdf e Jamie Ducharme, "U.S. Suicide Rates Are the Highest They've Been Since World War II", *Time*, 10 jun. 2019, https://time.com/5609124/us-suicide-rate-increase/.

destruído, mas as relações sociais contemporâneas permanecem intactas. Dois exemplos recentes notáveis são os filmes *Expresso do amanhã* (2013), em que a humanidade inteira está espremida em um único trem com vagões segregados em termos classe e que, se parar de rodar, todos os seus habitantes morreriam, ou *Elysium* (2013), em que a burguesia fugiu para uma colônia orbital de luxo totalmente automatizada, abandonando as classes mais baixas que têm de trabalhar em um planeta Terra devastado. Convencido de que o capitalismo depende de certa estabilidade ininterrupta para garantir o movimento do processo de acumulação e manter as massas servis, Posadas considerava impossíveis cenários como esses. Em "A guerra não é o fim do mundo", ele descreveu com certo prazer como a classe dominante se preparava para sua guerra nuclear construindo "abrigos para si mesma centenas de metros abaixo do solo, com cinemas, geradores, banheiros e aposentos para empregados domésticos", e como, depois da guerra, a burguesia emergiria à superfície esperando encontrar mortos ou derrotados todos aqueles trabalhadores raivosos, mas em vez disso se depararia com "o que resta das populações mundiais" unidas por esse "monstruoso crime capitalista", dedicada agora a "liquidar todo e qualquer resquício de capitalismo e de burocracia que ainda tiver sobrado."[647]

Por mais que seja um raciocínio cientificamente duvidoso, dado o que hoje se sabe sobre como seria o inverno nuclear, quando aplicado à catástrofe climática, o argumento de Posadas apresenta uma hipótese marxista válida que questiona a expectativa de que as relações sociais e econômicas permaneceriam inabaladas por essa grande mudança histórica. Embora seja certamente possível que colapso ecológico possa assistir à ascensão

---

[647] J. Posadas, "War is Not the End of the World: It is an Atomic Charco", *Posadists Today*, 9 set. 1972. Disponível online: http://posadiststoday.com/j-posadas-on-war/.

de combinações de fascismo climático, tecnocapitalismo ou um regime neofeudal de senhores da guerra, também é possível que a interrupção das cadeias nacionais e internacionais de suprimentos revele que o capitalismo não passa de precário castelo de cartas, oferecendo a primeira oportunidade de construir uma nova sociedade em escala mundial baseada em uma rejeição total da ordem capitalista e dos princípios liberais fracassados.

Isso não só foi o que de fato ocorreu na Rússia em 1917, como, de acordo com Hegel na *Filosofia da história*, representa o movimento geral da história como nada menos que "o progresso na consciência da liberdade". Algumas frases depois, porém, ele adverte que esse nem sempre é um estado de coisas perfeito, descrevendo a história "como esse matadouro onde foi imolada a sorte dos povos, a sabedoria dos Estados e a virtude dos indivíduos".[648] Marx criticou alguns socialistas hegelianos, especificamente o anarquista Pierre-Joseph Proudhon, pelo impulso de imaginar o progresso apenas no "lado bom" da história. "Como fará o sr. Proudhon para salvar a escravidão? Colocará o problema: conservar o lado bom dessa categoria econômica e eliminar o lado mau." Marx, em vez disso, sugeriu que a própria escravidão era o lado mau, e que "é o lado mau que produz o movimento que faz a história, constituindo a luta".[649] Ele talvez estivesse pensando na revolução haitiana, um processo no qual os africanos escravizados, inspirados pela Revolução Francesa, se libertaram por meio de ondas após ondas de imensa violência contra as classes dominantes determinadas a acorrentá-los novamente. "Ademais, é de provocar espanto", concluiu Marx, "que uma sociedade fundada na *oposição* de classes conduza à *contradição* brutal, a um choque

---

[648] Georg Wilhelm Friedrich Hegel, *Filosofia da história*, trad. Maria Rodrigues e Hans Harden. Brasília: Editora UnB, 2008, p. 25-6

[649] Karl Marx, *Miséria da filosofia*. São Paulo: Boitempo, 2017.

corpo a corpo como derradeira solução?"[650] Em outro escrito, ele elaborou o esquema na contradição desenvolvida entre as classes proprietárias e o proletariado: "Dentro dessa antítese o proprietário privado é, portanto, o partido *conservador*, e o proletário o partido *destruidor*. Daquele parte a ação que visa a manter a antítese, deste a ação de seu aniquilamento."[651]

A tarefa do proletariado, portanto, não era apenas "negar" a sociedade de classes ao alcançar o poder e dar continuidade à produção capitalista, como fizeram os revolucionários franceses quando substituíram a aristocracia pela burguesia. Trata-se, na verdade, de "negar a negação" ao destruir completamente a si mesmos enquanto classe para criar algo inteiramente novo. Foi nessa premissa que Posadas baseou sua posição de que a destruição parcial provocada pelas guerras mundiais produziu apenas o socialismo parcial dos Estados operários, ao passo que a destruição total da guerra nuclear levaria a uma resolução total – um comunismo *pleno*, que Marx certa vez formulou messianicamente como "o enigma resolvido da história".[652]

Embora a destruição nuclear faria boa parte do trabalho negativo do proletariado por ele, Posadas também reconhecia que o comunismo não seria estabelecido sem a liderança de um partido comunista internacional. É aqui que muitos dos utópicos contemporâneos perdem o interesse. Poucos acreditam que os esquemas marxistas-leninistas tradicionais sejam capazes de superar a ordem global endurecida dos Estados de segurança, hoje muito mais armados e não menos sedentos por sangue do que há

---

650 Idem.

651 Karl Marx e Friedrich Engels, *A sagrada família, ou, A crítica da Crítica crítica, contra Bruno Bauer e consortes*, trad. Marcelo Backes. São Paulo: Boitempo, 2003, p. 48

652 Karl Marx, *Manuscritos econômico-filosóficos*, trad. Jesus Ranieri. São Paulo: Boitempo, 2008, p. 105.

um século. Mesmo em um cenário marcado por motins de massa no interior das forças armadas e das polícias, o caos da guerra civil e o espectro da "ditadura proletária" leninista apresentam visões de um futuro pelo qual poucos estão dispostos a lutar.

Menos ainda estão dispostos a submeter-se à disciplina da organização leninista, na qual reencontramos vários daqueles aspectos que não são de forma alguma exclusivos ao posadismo: delírios de grandeza, abuso dos militantes e previsões de juízo final. Em *On the Edge: Political Cults Right and Left* [No limite: cultos políticos à direita e à esquerda], os ex-trotskistas Tim Wohlforth e Dennis Tourish descrevem uma série de organizações revolucionárias que operaram de maneira quase idêntica à Internacional Posadista nos anos 1970 e 1980. Separação de amigos e familiares, doutrinação pesada, sessões punitivas de autocríticas, excesso de trabalho exaustivo e a "espiral de comprometimento cada vez maior" eram comuns mesmo em seitas geralmente consideradas moderadas.[653] Valendo-se do trabalho do psicólogo Michael Langone, que define um "culto" como um grupo baseado em um corpo de integrantes excessivamente fervorosos comprometidos com um líder em detrimento de sua própria vontade, saúde e segurança,[654] Wohlforth e Tourish concluíram que as organizações marxistas-leninistas, quando fiéis a uma tradição, se aproximam do extremo insalubre das organizações caracterizadas por "indivíduos manipulados, obrigados a aceitar acriticamente as teorias de líderes incontestes, infalíveis e incorrigíveis".[655]

---

653 Dennis Tourish e Tim Wohlforth, *On the Edge: Political Cults Right and Left*. Armonk: M. E. Sharpe, 2000, p. 6.

654 Michael Langone, "What is a Cult?", site da American Family Foundation. Arquivado online: https://web.archive.org/web/20010208133657/http://www.csj.org/studyindex/studycult/cultqa1.htm.

655 Dennis Tourish, "Ideological Intransigence, Democratic Centralism

Por mais desagradável que o retorno do leninismo possa ser hoje, parece igualmente impossível que a revolução possa ocorrer sem o programa e a disciplina militante oferecidos por um partido internacional. De que outra forma seria possível que milhares, milhões ou bilhões de pessoas se mobilizassem e agissem como um só corpo sem correr o risco de ser imediatamente cooptadas por alas de direita ou de esquerda do capitalismo? Como conectar as lutas recentes em lugares como França, Chile, Equador, Porto Rico, Haiti, Líbano, Irã, Iraque, Hong Kong etc. – com causas e protagonistas tão semelhantes –, de modo a fazer frente à ordem global sem algum tipo de coordenação internacional? Abandonar totalmente as técnicas organizacionais da tradição revolucionária na esperança de que um modelo melhor brote espontaneamente não é, infelizmente, uma solução.

Trótski foi talvez um dos primeiros a perceber que os imensos desafios que a humanidade enfrentava já estavam ultrapassando as fórmulas revolucionárias do passado. A Quarta Internacional foi sua tentativa de recapitular o partido de vanguarda leninista em uma situação marcada por um movimento operário derrotado. Ao fazê-lo, ele ajudou a provar sua inadequação, e é mais do que válido incorporar esse fracasso em quaisquer novas formulações. Héctor Menéndez conta que alguns ex-posadistas chegaram a essa conclusão à medida que o movimento se desintegrava. "Quando Posadas morreu em 1981", disse ele, "começamos a aprofundar nosso trotskismo ao dizer a nós mesmos: 'nós não somos trotskistas'. Mas estudamos Trótski até o fim, porque o grande autor da derrota é Trótski."[656]

Escrevendo em tempos que pareciam igualmente destituídos de esperança como os nossos, quando filhinhos de papai igno-

---

and Cultism: A Case Study", *What Next?*, n. 27, 2003. Disponível em: http://www.whatnextjournal.org.uk/Pages/Back/Wnext27/Cults.html.

656 Héctor Menéndez, entrevista com o autor.

rantes chegaram ao poder diante de um fracasso catastrófico da revolução, Marx afirmou no *18 de brumário de Luís Bonaparte*: "A tradição de todas as gerações passadas é como um pesadelo que comprime o cérebro dos vivos". Tais situações, continuou ele, levam os revolucionários a tentar romper com o passado e criar maneiras radicalmente novas de pensar, organizar e lutar. Mas eles não podem escapar do presente. "Os homens fazem a sua própria história; contudo, não a fazem de livre e espontânea vontade, pois não são eles que escolhem as circunstâncias sob as quais ela é feita, mas estas lhes foram transmitidas assim como se encontram." Reconhecendo a contradição, os revolucionários identificam personagens redentores na história e "conjuram temerosamente a ajuda dos espíritos do passado, tomam emprestados os seus nomes, as suas palavras de ordem, o seu figurino, a fim de representar, com essa venerável roupagem tradicional e essa linguagem tomada de empréstimo, as novas cenas da história mundial." Para Marx, isso que hoje talvez fosse considerado uma constrangedora brincadeira de LARP, podia funcionar como algo realmente útil. Martinho Lutero jogou LARP como apóstolo Paulo para desafiar a Igreja Católica, e os revolucionários franceses jogaram um LARP inspirado na República Romana para libertar a classe burguesa da dominação aristocrática:

> As ressurreições de mortos protagonizadas por aquelas revoluções serviram, portanto, para glorificar as novas lutas e não para parodiar as antigas, para exaltar na fantasia as missões recebidas e não para esquivar-se de cumpri-las na realidade, para redescobrir o espírito da revolução e não para fazer o seu fantasma rondar outra vez.[657]

---

[657] Karl Marx, *O 18 de brumário de Luís Bonaparte*, trad. Nélio Schneider. São Paulo: Boitempo, 2011, p. 25-7.

O desafio, portanto, não é nem recriar os movimentos revolucionários do passado, nem revisar totalmente sua história, mas salvaguardar a verdade funcional de sua missão para a luta que temos pela frente. Posadas era um candidato ideal para essa sessão espírita socialista. O nome era um pseudônimo coletivo anonimizador do Grupo Quarta Internacional, e mesmo depois que um homem o tomou para si em um surto delirante de megalomania, *Posadas* era sempre abordado na terceira pessoa. Sem interesse pelas tiranias banais de Homero Cristalli, os neoposadistas preferiram reviver Posadas como um profeta folclórico da catástrofe, do futurismo socialista e da unidade epocal. Ao fazê-lo, eles negaram os ciclos de negação entre indivíduo e coletivo, consciência e existência, tragédia e farsa, para libertar o verdadeiro espírito de Posadas.

Em suas teses "Sobre o conceito de história", Walter Benjamin elogiou tais atos redentores do materialismo histórico que não pretendem reconhecer o passado "tal como ele propriamente foi", mas "apoderar-se de uma lembrança tal como ela lampeja num instante de perigo." Mas ele também advertiu: "Para ambos o perigo é único e o mesmo: deixar-se transformar em instrumento da classe dominante."[658] Permanece em aberto se esse Posadas espectral, com suas feições absurdamente otimistas apontando o caminho como uma figura de proa encarando o apocalipse certeiro ao qual o capitalismo está nos conduzindo, será capaz de inspirar uma nova geração de socialistas a se mobilizarem por meio do tipo de militância incansável que certa vez construiu um movimento global de comunistas (não ironicamente) animados, e ao mesmo tempo superar os inúmeros pesadelos de sua história – ou se ele só nos fornecerá algumas risadas mórbidas durante essa derrocada final rumo ao abismo.

---

[658] Walter Benjamin, "Sobre o conceito de história", Tese VI, em: Michael Löwy, *Walter Benjamin: aviso de incêndio*, trad. Wanda Nogueira Caldeira Brant. São Paulo: Boitempo, 2005, p. 65.

De qualquer forma, o neoposadismo é uma bizarra placa sinalizadora para um futuro incerto no qual há pouca esperança de que Lênin ou Mao venham a se levantar de seus sarcófagos, e ainda menos esperança de que a Quarta Internacional seja capaz de se recompor a partir de suas dezenas de grupelhos espalhados como cinzas pelo mundo. Quem fez esse argumento de maneira potente foi um grupo de vândalos protomemeiros em 2009. No rescaldo imediato da crise financeira, quando o interesse em Marx começou a aumentar mais uma vez e a Velha Esquerda voltou a sonhar com um renascimento, eles marcaram o aniversário de 88 anos da supressão da revolta de Kronstadt quebrando o cadeado na tumba de Trótski em Coyoacán, roubando seus restos mortais e assando-os como um biscoito de chocolate, feito um presente para anarquistas e comunistas de todo o mundo.[659] Os ladrões de túmulos depois explicaram suas ações da seguinte forma:

> Propomos jogar nova luz sobre a ideia de que a história não termina com o passado, e que um pequeno grupo de bandidos pode conferir nova direção a lutas que há muito se assumiu estarem congeladas no tempo. Queremos expandir a luta para incluir objetos mortos do passado que nos mantêm reféns no presente. De todo modo, se Trótski estiver certo sobre a história, nós não determinamos nada: somos apenas personagens cujas ações já estavam inscritas na Revolução de Outubro. Tal como seu destino, coincidentemente, de se tornar um biscoito.[660]

---

[659] Gabriela Pérez Noriega, diretora do Museo Casa Leon Trotsky, negou categoricamente que as cinzas de Trótski haviam sido roubadas. (Conversa pessoal com o autor, Havana, Cuba, 7 mai. 2019).

[660] Anônimo, "Trotsky's Ashes Stolen and Baked in Cookies," *Indy Media UK*, 17 abr. 2009, https://www.indymedia.org.uk/en/2009/04/427707.html.

Linha do tempo

1536 – Pedro de Mendoza conquista os querandíes ameríndios. Estabelece Buenos Aires, na costa oeste do Rio da Prata.

1789-99 – Revolução Francesa.

1816 – Províncias Unidas do Rio da Prata, futura Argentina, declaram independência da Espanha.

1848 – Karl Marx e Friedrich Engels publicam o *Manifesto comunista*. Uma enorme onda revolucionária varre a Europa.

1853 – Constituição argentina retira as barreiras à imigração europeia.

1864 – Fundada em Londres a Associação Internacional dos Trabalhadores (AIT), posteriormente conhecida como a Primeira Internacional, por anarquistas e outras vertentes de socialistas, incluindo Karl Marx.

1871 – É declarada, em março, a Comuna de Paris. Suprimida em maio.

1873 – O cosmista russo Nikolai Fiódorov torna-se tutor do jovem adolescente Konstantin Tsiolkóvski.

1886 – Eclodem os motins de Haymarket, em Chicago.

1889 – É fundada a Segunda Internacional, por um número de partidos socialistas e trabalhistas, com uma estratégia social-democrata.

1901 – Forma-se a Federação Operária Regional Argentina (FORA), organização sindical anarcocomunista.

1905 – Eclode um enorme levante na Rússia. São formados conselhos operários, os sovietes, por todo o império.

1908 – O líder bolchevique Aleksandr Bogdánov publica o romance socialista de ficção científica *Estrela vermelha*.

1909 – Em Buenos Aires, a polícia abre fogo contra uma manifestação de massas convocada por anarquistas no Primeiro de Maio.

1912 – Nasce Homero Cristalli (Posadas), no dia 20 de janeiro, na capital argentina.

1914 – Estoura a Primeira Guerra Mundial.

1915 – Lênin forma um contingente de antimilitaristas na Conferência Socialista de Zimmerwald, na Suíça, e defende transformar a "guerra imperialista" em uma "guerra civil". A liderança hegemônica da FORA abandona a plataforma anarcocomunista da federação.

1916 – Simpático aos trabalhadores, Hipólite Yrigoyen é eleito presidente da Argentina.

1917 – Fevereiro: motim deflagrado em torno de pão e paz derruba a monarquia russa e estabelece um governo provisório liderado pelos socialistas. Outubro: Lênin e Trótski lideram uma revolução que derruba o governo provisório e instala os bolcheviques no poder.

1918 – Leon Trótski organiza o Exército Vermelho. Lênin anuncia um Terror Vermelho para se contrapor ao Terror Branco dos monarquistas revanchistas. Fim da Primeira Guerra Mundial. Início da Guerra Civil Russa. Nasce Dante Minazzoli.

1919 – Na Argentina, uma quase revolução é reprimida por massacres e pogroms em uma série de acontecimentos hoje conhecidos como a Semana Trágica. Lênin estabelece a Terceira Internacional, também conhecida como Internacional Comunista, ou Comintern.

1921 – Marinheiros na base naval de Kronstadt, perto de São Petersburgo, se revoltam contra os bolcheviques, que eles acusam de terem se tornado uma autocracia burocrática. Milhares são massacrados pelo Exército Vermelho.

1922 – Termina a Guerra Civil Russa.

1926 – Discursando em Moscou, Trótski anuncia suas esperanças em torno da energia atômica e outras tecnologias futuras.

1928 – Trótski é exilado da URSS. Homero Cristalli torna-se meio-campista do clube de futebol Estudiantes de la Plata por duas temporadas. Nasce Guillermo Almeyra.

1930 – O general de extrema-direita José Félix Uriburu derruba Hipólito Yrigoyen em um processo golpista hoje conhecido como "revolução conservadora".

1931 – Greve do futebol na Argentina.

1932 – Agustín Justo torna-se presidente da Argentina em uma eleição fraudulenta.

1934 – Uma facção do Partido Socialista da Argentina se interessa pelo antifascismo e forma o Partido Socialista Operário (PSO).

1936 – Início da Guerra Civil Espanhola. Liborio Justo denuncia o Partido Comunista e se junta à Liga Comunista Internacional (LCI). Cristalli, recrutado pela facção do LCI dentro da ala esquerda do Partido Socialista, é enviado para organizar trabalhadores de calçados em Córdoba.

1937 – México concede asilo político a Trótski. Liborio Justo reúne várias facções trotskistas em Buenos Aires, anuncia a necessidade de formar um partido independente para se tornar a seção argentina da Quarta Internacional.

1938 – É declarada a criação da Quarta Internacional, liderada por Trótski no México e pelo Partido Socialista dos Trabalhadores (SWP) nos Estados Unidos. Matteo Fossa e Homero Cristalli perdem suas eleições como candidatos do PSO à câmara dos deputados.

1939 – URSS e Alemanha nazista assinam o pacto Molotov-Ribbentrop de não agressão mútua. Estados Unidos, Reino Unido e Canadá dão início ao "Projeto Manhattan" para criar uma arma nuclear. É dissolvido o PSO. Homero Cristalli distribui seu primeiro texto, "Juventude Reformista ou Juventude Revolucionária", em uma manifestação do Primeiro de Maio.

1940 – Trótski é assassinado no México por um agente de Stálin. Posadas se casa com Candida Previtera. Nasce León Cristalli.

1941 – Juan Perón forma o Grupo de Oficiais Unidos (GOU), uma sociedade secreta dentro das Forças Armadas dedicada a promover o alinhamento da Argentina com as potências do Eixo. Hitler invade a URSS. Sob a direção da Quarta Internacional, é realizado o congresso de unificação trotskista em Punta Lara. É criado o Partido Operário Revolucionário Socialista (PORS), com Homero Cristalli exercendo um cargo remunerado de secretário.

1942 – Exército Vermelho cerca 265 mil soldados do Eixo nas imediações de Stalingrado, um ponto de virada da guerra.

1943 – Na Argentina, o GOU assume o poder por meio de um golpe. Juan Perón torna-se ministro do Trabalho. O PORS se fragmenta, e o movimento trotskista é jogado na clandestinidade. Nahuel Moreno forma o Grupo Operário Marxista (GOM).

1944 – Libertação da França. A Argentina fecha com os aliados nos últimos dias de guerra. Perón é convidado de honra na celebração do Dia do Trabalhador, convocada pela CGT. Na Bolívia, é criado o sindicato dos mineiros.

1945 – Exército Vermelho invade Berlim, encerrando o teatro europeu da guerra. Os japoneses capitulam em setembro, depois de as bombas atômicas lançadas pelos EUA sobre Hiroshima e Nagasaki matarem entre 129 e 226 mil pessoas. Perón é preso e suas reformas trabalhistas são revogadas. Em meio a uma mobilização de massas, no dia 17 de outubro ele é solto e anuncia sua candidatura à presidência. Usando o pseudônimo J. Posadas, Homero Cristalli cria o Grupo Quarta Internacional (GCI).

1946 – Perón é eleito presidente. Trotskistas europeus lançam "teses de abril" catastróficas em preparação para o Segundo Congresso Mundial. Na Bolívia, mineiros ratificam a tese de Pulacayo, uma adaptação boliviana do "Programa de transição" de Trótski.

1947 – Começa a ser publicado o jornal da GCI, o *Voz Proletaria*. Guillermo Almeyra se forma na escola militar; conhece Adolfo Gilly. O piloto da Força Aérea dos EUA Kenneth Arnold relata ter avisado estranhos objetos voadores "planos como uma travessa de torta" durante uma missão no Estado de Washington. A Força Aérea dos EUA informa ter recuperado um "disco voador" perto de Roswell, no Novo México.

1948 – Guillermo Almeyra e Adolfo Gilly entram para o GCI. É realizado o Segundo Congresso Mundial da Quarta Internacional, com Michel Pablo como secretário. O Congresso Trotskista Latino-Americano entra em colapso quando Moreno acusa Posadas e Sendic de desvio de verbas.

1949 – Primeiro teste nuclear soviético. Partido Comunista da China vence guerra civil e toma o poder.

1951 – Michel Pablo escreve a análise catastrofista "Para onde estamos indo?". O Terceiro Congresso Mundial da Quarta Internacional elege o GCI como a seção nacional da Argentina, e nomeia Posadas e Sendic membros do Secretariado Internacional e líderes do Bureau Latino-Americano.

1952 – Movimento Revolucionário Nacional (MNR) chega ao poder na Revolução Nacional Boliviana. O novo governo e a central sindical são fortemente influenciados pelo POR boliviano. Criação da seção brasileira.

1953 – Morre Stálin. Várias seções da Quarta Internacional que tinham críticas à liderança de Pablo e Posadas racham, formando o "Comitê Internacional".

1954 – O GCI muda de nome para POR(T), e depois para PO(T).

1955 – Perón é derrubado por uma junta militar. Candidatos peronistas são postos na clandestinidade.

1956 – Críticas de Khrushchev a Stálin em "Sobre o culto à personalidade e suas consequências" e a supressão de um levante na Hungria dividem o movimento comunista global.

1957 – Lançamento do Sputnik. A CGT adapta o programa radical "La Falda", com a participação de posadistas.

1958 – Guerras de libertação nacional na Argélia e no Vietnã levam ao colapso da Quarta República Francesa, de tendência mais de esquerda. O PO(T) é legalizado e lança candidatos para disputar as eleições legislativas argentinas.

1959 – A Revolução Cubana derruba Batista. Michel Pablo e Sal Santen são presos em Amsterdã por falsificação. É fundado o POR(T) mexicano.

1960 – É fundado o POR cubano. Castro anuncia nacionalizações de empresas estrangeiras no Congresso Latino-Americano da Juventude. Uma insurreição dentro das forças armadas guatemaltecas leva à criação do movimento guerrilheiro MR-13.

1961 – Fracassa a manobra do BLA para arrematar a liderança da Quarta Internacional no Sexto Congresso Mundial da organização. A sede da QI é transferida a Roma e Livio Maitan assume como secretário interino. O cosmonauta Yuri Gagarin é o primeiro homem a ir para o espaço. Formulada a Equação Drake na conferência de Green Bank, na Virgínia Ocidental, por dez cientistas do SETI que se autodenominam "A ordem do golfinho".

1962 – Posadas convoca um Congresso Extraordinário da Quarta Internacional sob direção do BLA em Montevidéu. Todas as secções trotskistas europeias são expulsas e substituídas por um novo Bureau Europeu. O POR cubano critica acenos de Castro para o stalinismo. A repressão contra eles começa depois de criticarem a *détente* que resolveu a crise dos mísseis em outubro.

1963 – Secretariado Internacional e Comitê Internacional da Quarta Internacional realizam congresso de reunificação para criar o Secretariado Unido da Quarta Internacional.

1964 – Golpe Militar no Brasil. Diversos militantes posadistas são presos e torturados. Paulo Roberto Pinto (Jeremias) é assassinado. A Internacional Posadista realiza seu primeiro Congresso Mundial em Montevidéu, chamando-o de "Sétimo Congresso Mundial da Quarta Internacional."

1965 – Militantes do POR brasileiro são expulsos depois de criticarem o monolitismo.

1966 – Castro denuncia Posadas e o trotskismo no Congresso Tricontinental. Che Guevara organiza um acordo para libertar os trotskistas presos em troca da dissolução do seu partido. A maior parte do POR(T) mexicano é preso. Carl Sagan e Iosif Chklóvski publicam *Intelligent Life in the Universe* [A vida inteligente no universo].

1967 – Piero Leone é enviado à Síria para organizar a seção da Internacional Posadista depois do golpe baathista. É anunciada a criação da seção grega da IP em meio ao governo da junta militar. Posadas faz discurso dobre sobre o fenômeno dos óvnis no Oitavo Congresso Mundial. Che é morto na Bolívia.

1968 – Enormes levantes de estudantes e trabalhadores acontecem na França, Itália, Reino Unido, EUA, Japão, México, Uruguai e Argentina. Os Estados do Pacto de Varsóvia invadem Praga para reverter as reformas do governo Dubček. Ocorrem importantes rachas dentro da Internacional Posadista. Posadas e dois membros do seu círculo interno são presos numa escola de formação de quadros em Montevidéu. Conseguem exílio em Roma.

1969 – Eclodem levantes de trabalhadores antiditadura em Córdoba e Rosário. A Sede da Internacional Posadista é transferida para Roma. NASA pousa na Lua.

1970 – Marco Antonio Yon Sosa, ex-comandante Posadista do MR-13, é morto pela polícia no México.

1971 – Da prisão, Adolfo Gilly publica uma história da Revolução Mexicana, *La revolución interrumpida*. Nova secção da Internacional Posadista criada no Equador. Primeira Conferência Soviético-Americana sobre Comunicação com Extraterrestres realizada na URSS.

1973 – Héctor Cámpora eleito presidente da Argentina renuncia e permite o retorno de Perón. Peronistas de esquerda são massacrados no aeroporto de Ezeiza. Perón e seu chefe de segurança Lopez Rega formam uma organização paramilitar secreta de extrema-direita: a Aliança Anticomunista Argentina (AAA). São instauradas ditaduras militares no Chile e Uruguai por meio de golpes de Estado. O Nono Congresso Mundial na França dá início ao processo de expulsão do núcleo intelectual do posadismo por acusações de degeneração sexual e indisciplina.

1974 – Na Argentina, guerrilheiros de esquerda tomam a base militar Azul. Perón culpa Posadas pelo ataque. Perón morre subitamente de ataque cardíaco em julho, deixando sua esposa, Isabel, e López Rega no comando do país. Posadas anuncia sua nova companheira: uma jovem militante chamada Ines.

1975 – Sidney Fix Marques dos Santos (Santi), genro de Posadas, é desaparecido por agentes da AAA. Ocorre o Décimo Congresso Mundial da Quarta Internacional Posadista, provavelmente o último. Nasce a segunda filha de Posadas, Homerita, sua aparente herdeira.

1976 – Golpe militar derruba Isabel Perón na Argentina. Inicia-se o Processo de Reorganização Nacional. Posadas sofre seu primeiro ataque cardíaco.

1978 – Ex-posadistas divulgam um longo balanço crítico da tendência do BLA, o *Boletín Marxista 8*.

1979 – Parteiro russo Igor Charkóvski inicia experimentos de parto aquático com golfinhos.

1981 – Posadas sofre seu segundo ataque cardíaco. Morre no dia 25 de maio.

1983 – É restaurada a democracia na Argentina depois de a ditadura sofrer uma derrota militar na Guerra das Malvinas.

1986 – León Cristalli é o novo secretário da Quarta Internacional Posadista.

1989 – Dante Minazzoli publica *Por que os extraterrestres não estabelecem contato publicamente?*, na Itália. União Soviética colapsa.

1990 – Paul Schulz se muda para Berlim para publicar *Social Reform Now!*, um boletim que combina análises posadistas de acontecimentos mundiais com mensagens telepáticas recebidas de extraterrestres pleiadianos.

1996 – Morre Dante Minazzoli. É criado o grupo de ufologia radical Homens de Vermelho (MIR). Zapatistas realizam primeiro "Encontro Intergaláctico" nos Chiapas.

1999 – Hugo Chávez, aliado de Cristalli, é eleito presidente da Venezuela. Ocorrem protestos contra o encontro da Organização Mundial do Comércio (OMC) em Seattle.

2003 – *Fortean Times* publica matéria que traça uma retrospectiva sobre o posadismo. Lula assume a presidencia do Brasil.

2004 – *Frente Amplio* de esquerda ganha as eleições no Uruguai.

2009 – Vândalos anarquistas alegam ter roubado os restos mortais de Trótski para assar biscoitos.

2012 – David Broder publica nova tradução em inglês do ensaio de Posadas sobre discos voadores para o portal *Marxists.org*.

2015 – Aaron Bastani cunha o conceito de "Comunismo de Luxo Totalmente Automatizado". Bureau Posadista Europeu se reagrupa no projeto editorial *Edições Científicas, Culturais e Políticas*, sediado em Bruxelas.

2016 – É criada a Liga Intergaláctica dos Trabalhadores – Posadista (IWL-P).

2019 – Falece Guillermo Almeyra em Marselha, França.